建设工程造价员手工算量与实例精析系列丛书

钢结构工程造价员
手工算量与实例精析

本书编委会　编

中国建筑工业出版社

图书在版编目(CIP)数据

钢结构工程造价员手工算量与实例精析/本书编委
会编. —北京：中国建筑工业出版社，2015.2（2023.1重印）
（建设工程造价员手工算量与实例精析系列丛书）
ISBN 978-7-112-17704-2

Ⅰ.①钢…　Ⅱ.①本…　Ⅲ.①钢结构-建筑安装-
工程造价　Ⅳ.①TU723.3

中国版本图书馆 CIP 数据核字(2015)第 018785 号

本书依据最新版《建设工程工程量清单计价规范》GB 50500—2013、《房屋建筑与装饰工程工程量计算规范》GB 50854—2013 进行编写，结合工程量计算实例，详细讲解了钢结构工程工程量手算的规则和方法，并介绍了钢结构工程计价的相关内容。在内容编写上，本书将钢结构工程中常用的手算公式与根据实际工作总结的计算公式相结合，通过讲解钢结构工程工程量的手算规则和计算实例，向读者说明如何快速计算工程量，并对工程量手算的内容和相关规定进行了说明。

本书可供钢结构工程工程预算、工程造价与项目管理人员工作使用。

责任编辑：岳建光　张　磊
责任设计：李志立
责任校对：陈晶晶　刘梦然

建设工程造价员手工算量与实例精析系列丛书
钢结构工程造价员手工算量与实例精析
本书编委会　编

*

中国建筑工业出版社出版、发行（北京西郊百万庄）
各地新华书店、建筑书店经销
北京科地亚盟排版公司制版
北京建筑工业印刷厂印刷

*

开本：787×1092 毫米　1/16　印张：12　字数：289 千字
2015 年 3 月第一版　　2023 年 1 月第四次印刷
定价：**45.00** 元
ISBN 978-7-112-17704-2
（39372）

本书编委会

主　编　经东风

参　编（按笔画顺序排列）

王红微　王晓东　王雅丽　李艳飞

宋亚男　张　彤　张　敏　陈　威

邵亚凤　高春林　谭　璐

前　言

随着我国国民经济持续、稳定、健康地发展，钢材以其优越的材料特性，成为大型建筑首选的结构形式，钢结构在建筑结构中的应用比例越来越高。钢结构在我国建筑行业中的发展前景非常广阔，在其规模不断扩大、建设速度不断加快的同时，工程投资造价也日益受到人们的广泛重视。工程造价人员管理水平和技术能力的高低，直接关系到工程项目能否有序、高效地完成。如何合理确定钢结构工程投资造价，使有限的投入发挥出最大的效力已成为钢结构工程造价员们迫切需要解决的问题。

工程量计算是确定工程造价的基础工作，其计算精确度及快慢程度直接影响着工程造价的质量与速度。自我国实行工程量计算方法以来，手工算量一直是我国工程量算量主体，算量人员参与整个算量过程，即使发生错误也一般局限于很小的范围和领域，更改错误并不困难，相应的算量人员对计算结果比较信赖。在手工算量的长期应用和发展过程中，算量人员在算量过程中积累了丰富的工程量计算经验，并总结形成了许多速算方法和速算公式，给手工算量提供了极大方便，在很大程度上提高了手工算量的速度。

本书内容主要包括：钢结构工程造价基础、钢结构工程手工算量与实例精析、钢结构工程计价与实例精析。本书在附录部分，给出了常用钢材规格及施工用临时设施资料，供广大读者在实际工作中查阅使用。

在内容编写上，本书将钢结构工程中常用的手算公式与根据实际工作总结的计算公式相结合，通过讲解钢结构工程工程量的手算规则和计算实例，向读者说明如何快速计算工程量，并对工程量手算的内容和相关规定进行了说明。本书可供钢结构工程工程预算、工程造价与项目管理人员工作使用。

由于编写时间仓促及编的经验和学识有限，尽管编者尽心尽力，书中难免出现不足之处，恳请广大读者与专家改正和完善。

目　　录

1 钢结构工程造价基础

1.1 工程造价构成及计算

1.1.1 建设项目投资和工程造价构成

1. 建设项目总投资构成

建设项目投资包含固定资产投资和流动资产投资两部分，是保证项目设计和生产经营活动正常进行的必要资金。

（1）固定资产投资。固定投资中形成固定资产的支出叫固定资产投资。固定资产是指使用期限超过一年的房屋、建筑物、机器、机械、运输工具以及与生产经营有关的设备、工具、器具等。这些资产的建造或购置过程中发生的全部费用都构成固定资产投资。建设项目总投资中的固定资产投资与建设项目的工程造价在量上相等。

（2）流动资产投资。流动资金是指为维持生产而占用的全部周转资金。它是流动资产与流动负债的差额。流动资产包括各种必要的现金、存款、应收及预付款项和存货；流动负债主要是指应付账款。值得指出的是，这里所说的流动资产是指为维持一定规模生产所需要的最低周转资金和存货；这里指的流动负债只含正常生产情况下平均的应付账款，不包括短期借款。

2. 我国现行工程造价的构成

我国现行工程造价的构成主要划分为设备及工、器具购置费，建筑安装工程费，工程建设其他费用，预备费，建设期贷款利息，固定资产投资方向调节税等。具体构成内容如图 1-1 所示。

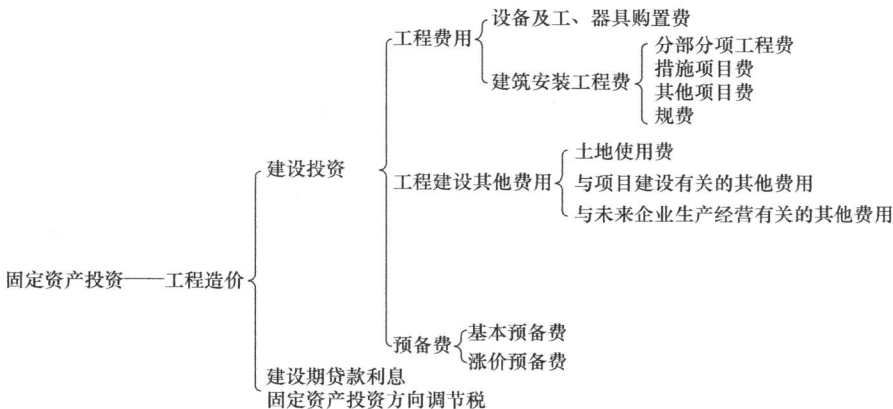

图 1-1　我国现行建设项目总投资构成

注：图中列示的项目总投资主要是指在项目可行性研究阶段用于财务分析时的总投资构成，在"项目报批总投资"或"项目概算总投资"中只包括铺底流动资金，其金额通常为流动资金总额的 30%。

1.1.2 工程造价各项费用组成与计算

1. 设备及工器具购置费用

（1）设备购置费

设备购置费是达到固定资产标准，为建设工程项目购置或自制的各种国产或进口设备及工、器具的费用。设备购置费是由设备原价和设备运杂费构成。其计算公式为：

$$设备购置费＝设备原价＋设备运杂费 \qquad (1-1)$$

其中，设备原价是指国产设备或进口设备的原价；设备运杂费是指除设备原价之外的关于设备采购、运输、途中包装及仓库保管等方向支出费用的总和。

1）国产设备原价

国产设备原价是设备制造厂的交货价或订货合同价。它一般根据生产厂或供应商的询价、报价、合同价确定，也可用一定的方法计算确定。国产设备原价分为以下两方面。

① 国产标准设备原价。所谓国产标准设备是按照主管部门颁布的标准图纸和技术要求，由设备生产厂批量生产的，符合国家质量检验标准的设备。其原价是设备制造厂的交货价，也就是出厂价。若设备是由设备成套公司供应，则以订货合同价为设备原价。有的设备有两种出厂价，即带有备件的出厂价和不带有备件的出厂价。在计算设备原价时，一般按带有备件的出厂价计算。

② 国产非标准设备原价。所谓国产非标准设备是国家尚无定型标准，各设备生产厂不可能在工艺过程中批量生产，只能按一次订货，并且根据具体的设计图纸制造的设备。其原价有很多计算方法，如成本计算估价法、系列设备插入估价法、分部组合估价法、定额估价法等。但不管采用哪种方法都应该使非标准设备计价接近实际出厂价，并且计算方法简便。按成本计算估价法，非标准设备的原价由材料费、加工费、辅助材料费（简称辅材费）、专用工具费、废品损失费、外购配套件费、包装费、利润、税金和非标准设备设计费组成。计算公式为：

$$单台非标准设备原价＝\{[（材料费＋加工费＋辅助材料费）×（1＋专用工具费率）$$
$$×（1＋废品损失费率）＋外购配套件费]$$
$$×（1＋包装费率）－外购配套件费\}×（1＋利润率）$$
$$＋销项税金＋非标准设备设计费＋外购配套件费 \qquad (1-2)$$

2）进口设备原价

进口设备原价是进口设备的抵岸价，通常由进口设备到岸价（CIF）和进口从属费构成。进口设备的到岸价，即抵达买方边境港口或者边境车站的价格。进口从属费用包括银行财务费、外贸手续费、进口关税、消费税、进口环节增值税等，进口车辆还需缴纳车辆购置税。进口设备到岸价的计算公式如下：

$$进口设备到岸价（CIF）＝离岸价格（FOB）＋国际运费＋运输保险费$$
$$＝运费在内价（CFR）＋运输保险费 \qquad (1-3)$$

① 货价。通常指装运港船上交货价（FOB）。设备货价分为原币货价和人民币货价，原币货价一律折算成美元，人民币货价按原币货价乘以外汇市场美元兑换人民币中间价确定。进口设备货价按有关生产厂商询价、报价、订货合同价计算。

② 国际运费。通常指从装运港（站）到达我国抵达港（站）的运费。我国进口设备大部分采用海洋运输，小部分采用铁路运输，个别采用航空运输。

进口设备国际运费计算公式如下：

$$国际运费（海、陆、空）＝原币货价（FOB）\times 运费率 \tag{1-4}$$

$$国际运费（海、陆、空）＝运量 \times 单位运价 \tag{1-5}$$

其中，运费率或单位运价参照有关部门或进出口公司的规定执行。

③ 运输保险费。对外贸易货物运输保险是由保险人（保险公司）与被保险人（出口人或进口人）签订保险契约，在被保险人交付保险费后，保险人根据保险契约的规定对货物在运输过程中发生的在承保责任范围内的损失给予经济上的补偿。

计算公式如下：

$$运输保险费 ＝ \frac{货币原价（FOB）＋国外运输费}{1－保险费率} \times 保险费率 \tag{1-6}$$

其中，保险费率按保险公司规定的进口货物保险费率计算。

④ 银行财务费。一般指中国银行手续费。其计算式如下：

$$银行财务费 ＝ 人民币货价（FOB）\times 银行财务费率 \tag{1-7}$$

⑤ 外贸手续费。主要指按对外经济贸易部规定的外贸手续费率计取的费用，其费率一般取 1.5%。外贸手续费按下式计算：

$$外贸手续费 ＝ [装运港船上交货价（FOB）＋国际运费＋运输保险费]$$
$$\times 外贸手续费率 \tag{1-8}$$

⑥ 关税。由海关对进出国境或关境的货物和物品征收的一种税。其计算公式如下：

$$关税 ＝ 到岸价格（CIF）\times 进口关税税率 \tag{1-9}$$

其中，到岸价格（CIF）包括离岸价格（FOB）、国际运输、运输保险费等费用，它是关税完税价格。进口关税税率包括优惠和普通两种。

⑦ 增值税。对从事进口贸易的单位和个人，在商品报关进口后征收的税种。进口产品增值税额按下式计算：

$$进口产品增值税额 ＝ 组成计税价格 \times 增值税税率 \tag{1-10}$$

⑧ 消费税。对部分进口设备（如轿车、摩托车等）征收。其计算式如下：

$$应纳消费税额 ＝ \frac{到岸价＋关税}{1－消费税税率} \times 消费税税率 \tag{1-11}$$

⑨ 海关监管手续费。主要指海关对进口减税、免税、保税货物实施监督、管理、提供服务的手续费。对于全额征收进口关税的货物不计本项费用。其计算公式如下：

$$海关监管手续费 ＝ 到岸价 \times 海关监管手续费率 \tag{1-12}$$

⑩ 车辆购置附加费。进口车辆需缴进口车辆购置附加费。进口车辆购置附加费按下式计算：

$$进口车辆购置附加费 ＝（到岸价＋关税＋消费税＋增值税）$$
$$\times 进口车辆购置附加费率 \tag{1-13}$$

3）设备运杂费

设备运杂费按设备原价乘以设备运杂费率计算。其中，设备运杂费率按各部门及省、市等的规定计取。设备运杂费一般由以下各项构成：

① 国产标准设备由设备制造厂交货地点起至工地仓库（或施工组织指定的堆放地点）止所发生的运费及装卸费。进口设备则由我国到岸港口、边境车站起至工地仓库（或施工组织指定的堆放地点）止所发生的运费及装卸费。

② 在设备出厂价格中没有包含的设备包装和包装材料器具费；在设备出厂价或进口设备价格中若已含此项费用，则不应重复计算。

③ 供销部门的手续费，按有关部门规定的统一费率计算。

④ 建设单位（或工程承包公司）的采购和仓库保管费，是采购、验收、保管和收发设备所发生的各项费用，包括设备采购、保管和管理人员工资、工资附加费、办公费、差旅交通费、设备供应部门办公和仓库所占固定资产使用费、工具用具使用费、劳动保护费、检验试验费等。这些费用依主管部门规定的采购保管费率计算。

（2）工、器具及生产家具购置费

工、器具及生产家具购置费即新建或扩建项目初步设计规定的，保证初期正常生产必须购置的没有达到固定资产标准的设备、仪器、工卡模具、器具、生产家具和备品备件等的购置费用。通常以设备购置费为计算基数，按照部门或行业规定的工器具及生产家具费率计算。计算公式为：

$$工具、器具及生产家具购置费 = 设备购置费 \times 定额费率 \qquad (1\text{-}14)$$

2. 建筑安装工程费

（1）建筑安装工程费用项目组成

现行建筑安装工程费用项目组成，根据住房和城乡建设部、财政部共同颁发的建标〔2013〕44 号文件规定如下。

1）建筑安装工程费用项目组成（按费用构成要素划分）

建筑安装工程费按照费用构成要素划分：由人工费、材料（包含工程设备，下同）费、施工机具使用费、企业管理费、利润、规费和税金组成。其中人工费、材料费、施工机具使用费、企业管理费和利润包含在分部分项工程费、措施项目费、其他项目费中，如图 1-2 所示。

① 人工费。即按工资总额构成规定，支付给从事建筑安装工程施工的生产工人和附属生产单位工人的各项费用。

② 材料费。即施工过程中耗费的原材料、辅助材料、构配件、零件、半成品或成品、工程设备的费用。

③ 施工机具使用费。即施工作业所发生的施工机械、仪器仪表使用费或其租赁费。

④ 企业管理费。指建筑安装企业组织施工生产和经营管理所需的费用。

⑤ 利润。利润是指施工企业完成所承包工程获得的盈利。

⑥ 规费。规费是指按国家法律、法规规定，由省级政府和省级有关权力部门规定必须缴纳或计取的费用。

2）建筑安装工程费用项目组成（按造价形成划分）

建筑安装工程费按照工程造价形成由分部分项工程费、措施项目费、其他项目费、规

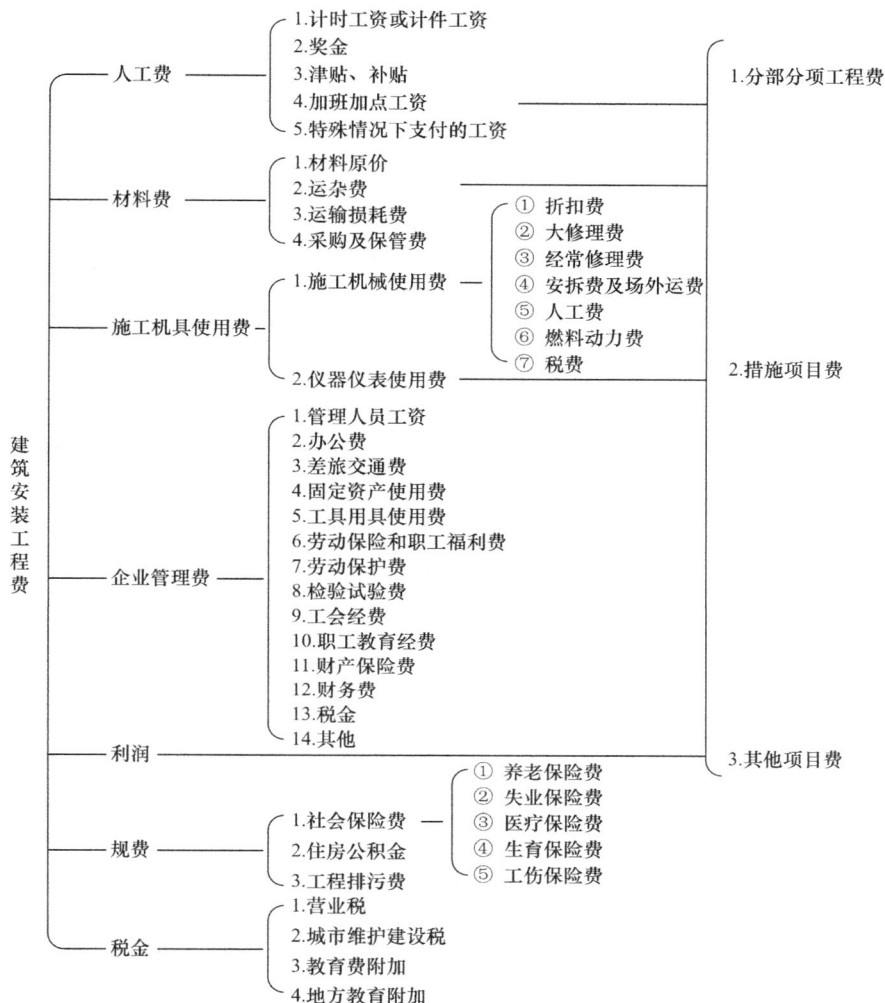

图 1-2　建筑安装工程费用项目组成（按费用构成要素划分）

费、税金组成，分部分项工程费、措施项目费、其他项目费包含人工费、材料费、施工机具使用费、企业管理费和利润，如图 1-3 所示。

① 分部分项工程费。分部分项工程费是指各专业工程的分部分项工程应予列支的各项费用。

② 措施项目费。措施项目费是指为完成建设工程施工，发生于该工程施工前和施工过程中的技术、生活、安全、环境保护等方面的费用。

③ 其他项目费：

a. 暂列金额：是指建设单位在工程量清单中暂定并包括在工程合同价款中的一笔款项。用于施工合同签订时尚未确定或者不可预见的所需材料、工程设备、服务的采购，施工中可能发生的工程变更、合同约定调整因素出现时的工程价款调整以及发生的索赔、现场签证确认等的费用。

b. 计日工：是指在施工过程中，施工企业完成建设单位提出的施工图纸以外的零星

建
筑
安
装
工
程
费

分部分项工程费
1. 房屋建筑与装饰工程 —— ① 土石方工程 ② 桩基工程 ……
2. 仿古建筑工程
3. 通用安装工程
4. 市政工程
5. 园林绿化工程
6. 矿山工程
7. 构筑物工程
8. 城市轨道交通工程
9. 爆破工程
……

措施项目费
1. 安全文明施工费
2. 夜间施工增加费
3. 二次搬运费
4. 冬、雨期施工增加费
5. 已完工程及设备保护费
6. 工程定位复测费
7. 特殊地区施工增加费
8. 大型机械进出场及安拆费
9. 脚手架工程费
……

其他项目费
1. 暂列金额
2. 计日工
3. 总承包服务费
……

规费
1. 社会保险费 —— ① 养老保险费 ② 失业保险费 ③ 医疗保险费 ④ 生育保险费 ⑤ 工伤保险费
2. 住房公积金
3. 工程排污费

税金
1. 营业税
2. 城市维护建设税
3. 教育费附加
4. 地方教育附加

（分部分项工程费、措施项目费、其他项目费）
1. 人工费
2. 材料费
3. 施工机具使用费
4. 企业管理费
5. 利润

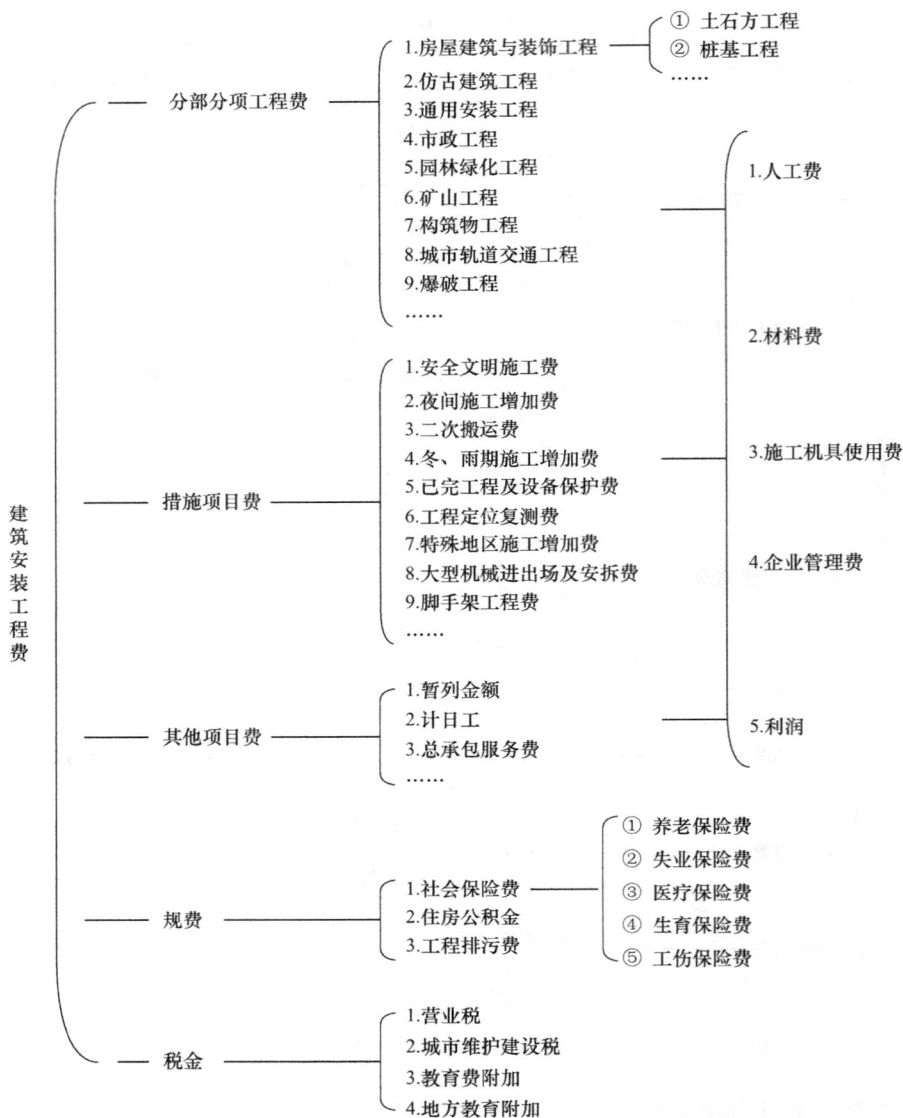

图 1-3　建筑安装工程费用项目组成（按造价形成划分）

项目或工作所需的费用。

c. 总承包服务费：是指总承包人为配合、协调建设单位进行的专业工程发包，对建设单位自行采购的材料、工程设备等进行保管以及施工现场管理、竣工资料汇总整理等服务所需的费用。

④ 规费：定义同 1）中的规费。

⑤ 税金：定义同 1）中的税金。

（2）建筑安装工程费用参考计算方法

1）各费用构成要素可参考以下计算方法：

① 人工费

$$人工费 = \Sigma(工日消耗量 \times 日工资单价) \tag{1-15}$$

$$日工资单价 = \frac{生产工人平均月工资(计时／计件)＋平均月(资金＋津贴补贴＋特殊情况下支付的工资)}{年平均每月法定工作日}$$

$$(1-16)$$

注：以上公式（1-13）、公式（1-14）主要适用于施工企业投标报价时自主确定人工费，也是工程造价管理机构编制计价定额确定定额人工单价或发布人工成本信息的参考依据。

$$人工费 = \Sigma(工程工日消耗量 \times 日工资单价) \tag{1-17}$$

其中，日工资单价指施工企业平均技术熟练程度的生产工人在每工作日（国家法定工作时间内）按规定从事施工作业应得的日工资总额。

工程造价管理机构确定日工资单价需通过市场调查、根据工程项目的技术要求，参考实物工程量人工单价综合分析确定，最低日工资单价不得低于工程所在地人力资源和社会保障部门所发布的最低工资标准的：普工 1.3 倍、一般技工 2 倍、高级技工 3 倍。

工程计价定额不能只列一个综合工日单价，应根据工程项目技术要求及工种差别适当划分多种日人工单价，确保各分部工程人工费的合理构成。

注：公式（1-15）适用于工程造价管理机构编制计价定额时确定定额人工费，是施工企业投标报价的参考依据。

② 材料费

a. 材料费

$$材料费 = \Sigma(材料消耗量 \times 材料单价) \tag{1-18}$$

$$材料单价 = \big[(材料原价＋运杂费) \times (1＋运输损耗率(\%))\big]$$
$$\times \big[1＋采购保管费率(\%)\big] \tag{1-19}$$

b. 工程设备费

$$工程设备费 = \Sigma(工程设备量 \times 工程设备单价) \tag{1-20}$$

$$工程设备单价 = (设备原价＋运杂费) \times (1＋采购保管费率(\%)) \tag{1-21}$$

③ 施工机具使用费

a. 施工机械使用费

$$施工机械使用费 = \Sigma(施工机械台班消耗量 \times 机械台班单价) \tag{1-22}$$

$$机械台班单价 = 台班折旧费＋台班大修费＋台班经常修理费$$
$$＋台班安拆费及场外运费＋台班人工费＋台班燃料动力费＋台班车 \tag{1-23}$$

注：工程造价管理机构在确定计价定额中的施工机械使用费时，应根据《建筑施工机械台班费用计算规则》并结合市场调查编制施工机械台班单价。施工企业可以参考工程造价管理机构发布的台班单价，自主确定施工机械使用费的报价，例如租赁施工机械，计算式为：施工机械使用费＝Σ（施工机械台班消耗量×机械台班租赁单价）。

b. 仪器仪表使用费

$$仪器仪表使用费 = 工程使用的仪器仪表摊销费＋维修费 \tag{1-24}$$

④ 企业管理费费率

a. 以分部分项工程费为计算基础

$$企业管理费费率(\%) = \frac{生产工人年平均管理费}{年有效施工天数 \times 人工单价} \times 人工费占分部分项工程费比例(\%)$$

$$(1-25)$$

b. 以人工费和机械费合计为计算基础

$$企业管理费费率(\%) = \frac{生产工人年平均管理费}{年有效施工天数 \times (人工单价 + 每一工日机械使用费)} \times 100\%$$

(1-26)

c. 以人工费为计算基础

$$企业管理费费率(\%) = \frac{生产工人年平均管理费}{年有效施工天数 \times 人工单价} \times 100\%$$ (1-27)

注：以上公式适用于施工企业投标报价时自主确定管理费，是工程造价管理机构编制计价定额确定企业管理费的参考依据。

工程造价管理机构在确定计价定额中企业管理费时，应以定额人工费或（定额人工费＋定额机械费）为计算基数，其费率依照历年工程造价积累的资料，辅以调查数据确定，列入分部分项工程和措施项目中。

⑤ 利润

a. 施工企业根据企业自身需求并结合建筑市场实际自主确定，列入报价中。

b. 工程造价管理机构在确定计价定额中利润时，应以定额人工费或（定额人工费＋定额机械费）为计算基数，其费率依照历年工程造价积累的资料，并结合建筑市场实际确定，以单位（单项）工程测算，利润在税前建筑安装工程费的比重可按不低于5%且不高于7%的费率计算。利润应列入分部分项工程和措施项目中。

⑥ 规费

a. 社会保险费和住房公积金

社会保险费和住房公积金应以定额人工费为计算基础，依工程所在地省、自治区、直辖市或行业建设主管部门规定费率计算。

社会保险费和住房公积金 = Σ(工程定额人工费 × 社会保险费和住房公积金费率)　(1-28)

式中：社会保险费和住房公积金费率可以每万元发承包价的生产工人人工费和管理人员工资含量与工程所在地规定的缴纳标准综合分析取定。

b. 工程排污费

工程排污费等其他应列却未列入的规费应按工程所在地环境保护等部门规定的标准缴纳，按实计取列入。

⑦ 税金

税金计算公式：

$$税金 = 税前造价 \times 综合税率(\%)$$ (1-29)

综合税率：

a. 纳税地点在市区的企业

$$综合税率(\%) = \frac{1}{1 - 3\% - (3\% \times 7\%) - (3\% \times 3\%) - (3\% \times 2\%)} - 1$$ (1-30)

b. 纳税地点在县城、镇的企业

$$综合税率(\%) = \frac{1}{1 - 3\% - (3\% \times 5\%) - (3\% \times 3\%) - (3\% \times 2\%)} - 1$$ (1-31)

c. 纳税地点不在市区、县城、镇的企业

$$综合税率(\%) = \frac{1}{1 - 3\% - (3\% \times 1\%) - (3\% \times 3\%) - (3\% \times 2\%)} - 1$$ (1-32)

d. 实行营业税改增值税的，按纳税地点现行税率计算。

2）建筑安装工程计价可参考以下计算公式：

① 分部分项工程费

$$分部分项工程费 = \Sigma(分部分项工程量 \times 综合单价) \tag{1-33}$$

式中　综合单价由人工费、材料费、施工机具使用费、企业管理费和利润以及一定范围的风险费用组成（下同）。

② 措施项目费

a. 国家计量规范规定应予计量的措施项目，其计算公式为：

$$措施项目费 = \Sigma(措施项目工程量 \times 综合单价) \tag{1-34}$$

b. 国家计量规范规定不宜计量的措施项目，计算方法如下：

（a）安全文明施工费

$$安全文明施工费 = 计算基数 \times 安全文明施工费费率(\%) \tag{1-35}$$

计算基数应为定额基价（定额分部分项工程费＋定额中可以计量的措施项目费）、定额人工费或（定额人工费＋定额机械费），而由工程造价管理机构根据各专业工程的特点综合确定其费率。

（b）夜间施工增加费

$$夜间施工增加费 = 计算基数 \times 夜间施工增加费费率(\%) \tag{1-36}$$

（c）二次搬运费

$$二次搬运费 = 计算基数 \times 二次搬运费费率(\%) \tag{1-37}$$

（d）冬雨期施工增加费

$$冬雨期施工增加费 = 计算基数 \times 冬雨期施工增加费费率(\%) \tag{1-38}$$

（e）已完工程及设备保护费

$$已完工程及设备保护费 = 计算基数 \times 已完工程及设备保护费费率(\%) \tag{1-39}$$

以上（b）~（e）项措施项目的计费基数应为定额人工费或（定额人工费＋定额机械费），而由工程造价管理机构根据各专业工程特点和调查资料综合分析后确定其费率。

③ 其他项目费

a. 暂列金额由建设单位依照工程特点，根据有关计价规定估算，施工过程中由建设单位掌握使用、扣除合同价款调整后若有余额，归建设单位。

b. 计日工由建设单位和施工企业按施工过程中的签证计价。

c. 总承包服务费由建设单位在招标控制价中依照总包服务范围和有关计价规定编制，施工企业投标时自主报价，施工过程中按签约合同价执行。

④ 规费和税金。建设单位及施工企业均应按照省、自治区、直辖市或行业建设主管部门发布标准计算规费和税金，不得作为竞争性费用。

3）相关问题的说明

① 各专业工程计价定额的编制及其计价程序，均按相关规定实施。

② 各专业工程计价定额的使用周期原则上为 5 年。

③ 工程造价管理机构在定额使用周期内，应及时发布人工、材料、机械台班价格信息，实行工程造价动态管理，若遇国家法律、法规、规章或相关政策变化以及建筑市场物价波动较大时，应适时调整定额人工费、定额机械费以及定额基价或规费费率，使建筑安

装工程费能反映建筑市场实际。

④ 建设单位在编制招标控制价时，应按照各专业工程的计量规范和计价定额以及工程造价信息编制。

⑤ 施工企业在使用计价定额时除不可竞争费用外，其余只作参考，由施工企业投标时自主报价。

3. 工程建设其他费用

工程建设其他费用即从工程筹建到工程竣工验收交付使用的整个建设期间，除建筑安装工程费用和设备、工器具购置费以外的，为保证工程建设顺利完成和交付使用后能够正常发挥效用而发生的一些费用。

（1）土地使用费

任何一个建设项目都固定于一定地点与地面相连接，必须占用一定量的土地，必然就要发生为获得建设用地而支付的费用，这就是土地使用费。土地使用费是指通过划拨方式取得土地使用权而支付的土地征用及迁移补偿费，或者通过土地使用权出让方式取得土地使用权而支付的土地使用权出让金。

（2）与项目建设有关的其他费用

根据建设项目的不同，与项目建设有关的其他费用的构成也不尽相同，一般包括以下各项：建设单位管理费；勘察设计费；研究试验费；建设单位临时设施费；工程监理费；工程保险费；工程承包费；引进技术和进口设备费用及其他费用。

（3）与未来企业生产经营有关的其他费用

1）联合试运转费

指新建企业或改扩建企业在工程竣工验收前，按照设计的生产工艺流程和质量标准对整个企业进行联合试运转所发生的费用支出与联合试运转期间的收入部分的差额部分。该费用一般根据不同性质的项目按需进行试运转的工艺设备购置费的百分比计算。

2）生产准备费

指新建企业或新增生产能力的企业，为保证竣工交付使用进行必要的生产准备所发生的费用。包括生产人员培训费和其他费用。该费用一般根据需要培训和提前进厂人员的人数及培训时间，按生产准备费指标进行估算。

3）办公和生活家具购置费

指为保证新建、改建、扩建项目初期正常生产、使用和管理所必须购置的办公和生活家具、用具的费用。这项费用改建、扩建项目低于新建项目。该费用按照设计定员人数乘以综合指标计算，通常为 600～800 元/人。

4. 预备费

根据我国现行规定，预备费包括基本预备费和涨价预备费两项。

（1）基本预备费

指在初步设计及概算内难以预料的工程费用，包括：

1）在批准的初步设计范围内，技术设计、施工图设计及施工过程中所增加的工程费用；设计变更、局部地基处理等增加的费用。

2）一般自然灾害造成的损失和预防自然灾害所采取的措施费用。实行工程保险的工程项目费用应适当降低。

3）竣工验收时为鉴定工程质量对隐蔽工程进行必要的挖掘和修复费用。

基本预备费以设备及工、器具购置费，建筑安装工程费用和工程建设其他费用三者之和为计取基础，乘以基本预备费率进行计算。基本预备费率的取值应符合国家及部门的有关规定。

$$基本预备费＝（设备及工具、器具购置费＋建筑安装工程费用$$
$$＋工程建设其他费用）×基本预备费率$$

（2）涨价预备费

指建设项目在建设期间内由于价格等变化引起工程造价变化的预测预留费用。包括：人工、设备、材料、施工机械的价差费，建筑安装工程费及工程建设其他费用调整，利率、汇率调整等增加的费用。

涨价预备费通常根据国家规定的投资综合价格指数，以估算年份价格水平的投资额为基数，采用复利方法计算。计算公式如下：

$$PF = \sum_{t=1}^{n} I_t \left[(1+f)^m (1+f)^{0.5} (1+f)^{t-1} - 1 \right] \tag{1-40}$$

式中　PF——涨价预备费；

　　　n——建设期年份数；

　　　I_t——建设期中第 t 年的投资计划额，包括工程费用、工程建设其他费用及基本预备费，即第 t 年的静态投资；

　　　f——年均投资价格上涨率；

　　　m——建设前期年限（从编制估算到开工建设，单位：年）。

5. 建设期贷款利息

为了筹措建设项目资金所发生的各项费用，包括工程建设期间投资贷款利息、企业债券发行费、国外借款手续费和承诺费、汇兑净损失及调整外汇手续费、金融机构手续费以及为筹措建设资金发生的其他财务费用等，统称财务费。其中最主要的是在工程项目建设期投资贷款而产生的利息。

建设期投资贷款利息是指建设项目使用银行或其他金融机构的贷款，在建设期应归还的借款的利息，可按下式计算：

$$q_j = \left(P_{j-1} + \frac{1}{2} A_j \right) \cdot i \tag{1-41}$$

式中　q_j——建设期第 j 年应计利息；

　　P_{j-1}——建设期第（$j-1$）年末贷款累计金额与利息累计金额之和；

　　　A_j——建设期第 j 年贷款金额；

　　　i——年利率。

1.2　钢结构工程常用图例及符号

1.2.1　钢筋的画法

钢筋的画法见表1-1。

钢筋的画法　　　　　　　　　　　　　　　　　　　　　　表 1-1

序号	说　明	图　例
1	在结构楼板中配置双层钢筋时，底层钢筋的弯钩应向上或向左，顶层钢筋的弯钩则向下或向右	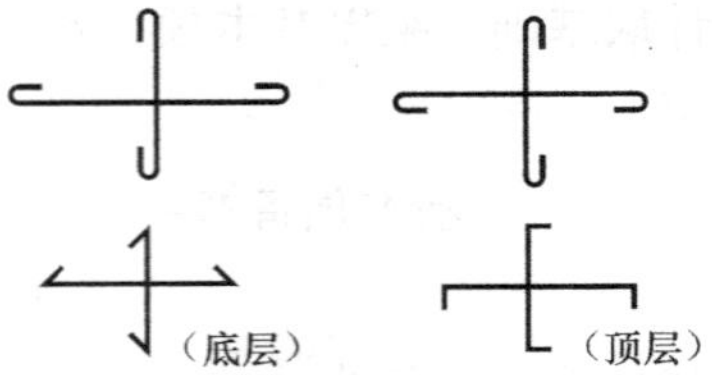 （底层）　　（顶层）
2	钢筋混凝土墙体配双层钢筋时，在配筋立面图中，远面钢筋的弯钩应向上或向左，而近面钢筋的弯钩向下或向右（JM 近面，YM 远面）	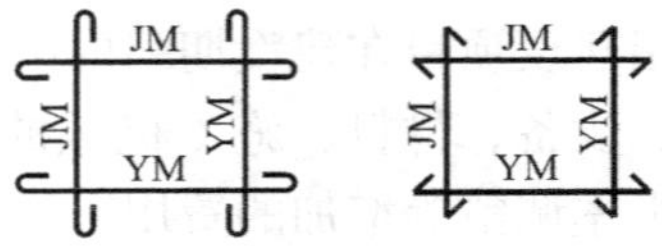 JM／YM
3	若在断面图中不能表达清楚的钢筋布置，应在断面图外增加钢筋大样图（如：钢筋混凝土墙、楼梯等）	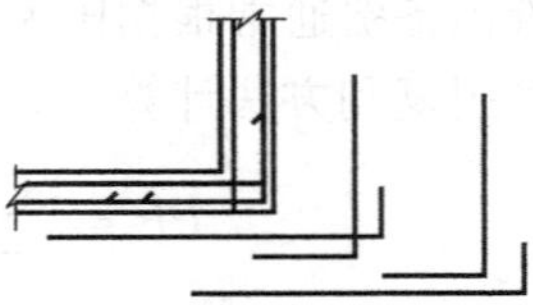
4	图中所表示的箍筋、环筋等，若布置复杂时，可加画钢筋大样及说明	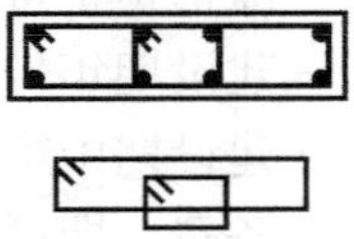
5	每组相同的钢筋、箍筋或环筋，可用一根粗实线表示。同时用一两端带斜短划线的横穿细线，表示其钢筋及起止范围	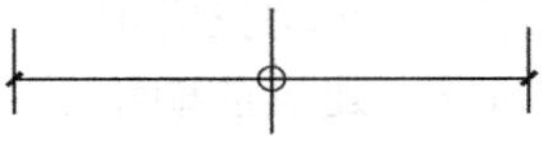

1.2.2　钢筋的一般表示方法

钢筋的一般表示方法应符合表 1-2～表 1-5 的规定。

普通钢筋　　　　　　　　　　　　　　　　　　　　　　表 1-2

序号	名　称	图　例	说　明
1	钢筋横断面	●	
2	无弯钩的钢筋端部	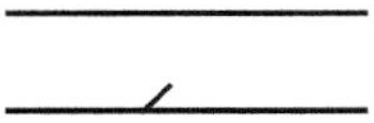	下图例表示长、短钢筋投影重叠时，短钢筋的端部用 45°斜画线表示
3	带半圆形弯钩的钢筋端部		
4	带直钩的钢筋端部		
5	带螺纹的钢筋端部		
6	无弯钩的钢筋搭接		
7	带半圆弯钩的钢筋搭接		
8	带直钩的钢筋搭接		
9	花篮螺丝钢筋接头		
10	机械连接的钢筋接头		用文字说明机械连接的方式（或冷挤压或锥螺纹等）

12

预应力钢筋 表 1-3

序号	名　称	图　例
1	预应力钢筋或钢绞线	
2	后张法预应力钢筋断面 无粘结预应力钢筋断面	
3	预应力钢筋断面	
4	张拉端锚具	
5	固定端锚具	
6	锚具的端视图	
7	可动连接件	
8	固定连接件	

钢筋网片 表 1-4

序号	名　称	图　例
1	一片钢筋网平面图	W-1
2	一行相同的钢筋网平面图	3W-1

注：用文字注明焊接网或绑扎网。

钢筋的焊接接头 表 1-5

序号	名　称	接头形式	标注方法
1	单面焊接的钢筋接头		
2	双面焊接的钢筋接头		
3	用帮条单面焊接的钢筋接头		
4	用帮条双面焊接的钢筋接头		
5	接触对焊的钢筋接头 （闪光焊、压力焊）		
6	坡口平焊的钢筋接头	$60°$　b	$60°$　b

序号	名　称	接头形式	标注方法
7	坡口立焊的钢筋接头		
8	用角钢或扁钢做连接板焊接的钢筋接头		
9	钢筋或螺（锚）栓与钢板穿孔塞焊的接头		

1.2.3　钢筋在平面图、立面图及断面图中的配置

1. 钢筋在平面图中的配置

钢筋在平面图中的配置应按图 1-4 所示的方法表示。

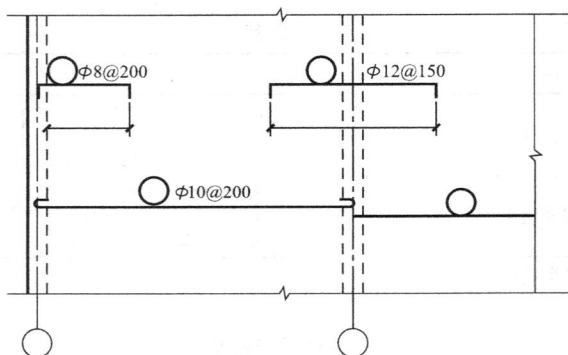

图 1-4　钢筋在平面图中的表示方法

2. 钢筋在立面、断面图中的配置

钢筋在立面、断面图中的配置，应按如图 1-5 所示的方法表示。

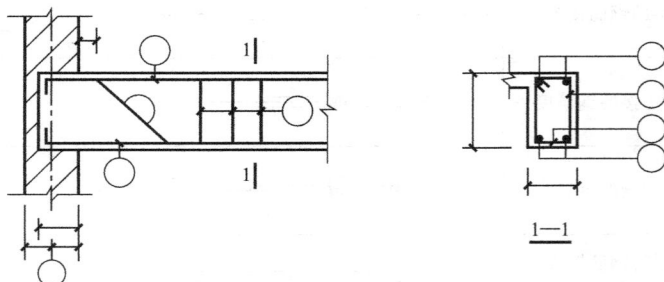

图 1-5　梁的配筋图

1.2.4　钢箍尺寸的表示方法

构件配筋图中箍筋的长度尺寸，应指箍筋的里皮尺寸。弯起钢筋的高度尺寸应指钢筋

14

的外皮尺寸（如图 1-6 所示）。

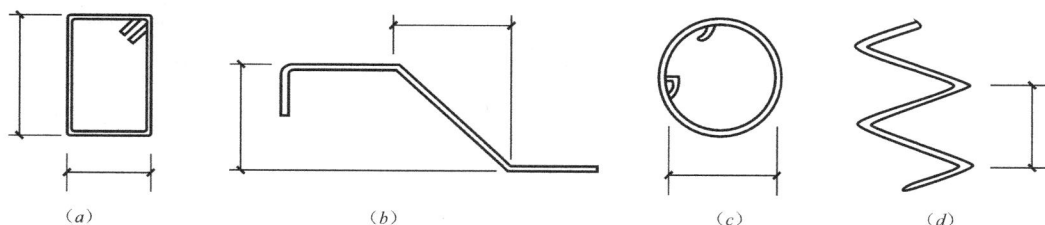

图 1-6　钢箍尺寸标法

(a) 箍筋尺寸标注图；(b) 弯起钢筋尺寸标注图；
(c) 环形钢筋尺寸标注图；(d) 螺旋钢筋尺寸标注图

1.2.5　钢结构焊缝基本符号

（1）钢结构焊缝基本符号，见表 1-6。

焊缝代号的基本符号　　　　　　　　　　　　　表 1-6

序号	焊缝名称	焊缝形式	符号
1	I 形焊缝		‖
2	V 形焊缝		V
3	钝边 V 形焊缝		Y
4	单边 V 形焊缝		V
5	钝边单边 V 形焊缝		Y
6	U 形焊缝		U
7	封底焊缝		⌣

序号	焊缝名称	焊缝形式	符号
8	堆焊缝		⌓⌓
9	单边 U 形焊缝		Ρ
10	喇叭形焊缝		ℾ
11	单边喇叭形焊缝		ℾ
12	角焊缝		△
13	塞焊缝		⊔
14	点焊缝		○
15	缝焊缝		⊖

（2）焊缝辅助符号是表示对焊缝辅助要求的符号，见表1-7。

焊缝代号的辅助符号

表 1-7

序号	名称	形式	符号	说明
1	平面符号			表示焊缝表面齐平
2	凹陷符号			表示焊缝表面凹陷
3	凸起符号			表示焊缝表面凸起
4	带垫板符号			表示焊缝底部有垫板
5	三面焊缝符号			要求三面焊缝符号的开口方向与实际方向基本一致
6	周围焊缝符号			表示环绕工件周围焊缝
7	现场符号			表示在现场或工地上进行焊接

1.3 钢结构零部件的标注

1.3.1 常用型钢的标注

常用型钢的标注方法见表1-8。

常用型钢的标注方法

表 1-8

序号	名 称	截 面	标 注	说 明
1	等边角钢		$b×1$	b 为肢宽 t 为肢厚
2	不等边角钢		$B×b×t$	B 为长肢宽 b 为短肢宽 t 为肢厚

序号	名　称	截　面	标　注	说　明
3	工字钢		N　　Q N	轻型工字钢加注 Q 字
4	槽钢		N　　Q N	轻型槽钢加注 Q 字
5	方钢		$\square\, b$	—
6	扁钢		$—b \times t$	—
7	钢板		$\dfrac{-b \times t}{t}$	宽×厚 板长
8	圆钢		$\phi\ d$	—
9	钢管		$\Phi_d \times t$	d 为外径 t 为壁厚
10	薄壁方钢管		B $\square\, b \times t$	
11	薄壁等肢角钢		B $b \times t$	
12	薄壁等肢卷边角钢		B $b \times a \times t$	
13	薄壁槽钢		B $h \times b \times t$	薄壁型钢加注 B 字 t 为壁厚
14	薄壁卷边槽钢		B $h \times b \times a \times t$	
15	薄壁卷边 Z 型钢		B $h \times b \times a \times t$	
16	T 型钢		TW×× TM×× TN××	TW 为宽翼缘 T 型钢 TM 为中翼缘 T 型钢 TN 为窄翼缘 T 型钢
17	H 型钢		HW×× HM×× HN××	HW 为宽翼缘 H 型钢 HM 为中翼缘 H 型钢 HN 为窄翼缘 H 型钢
18	起重机钢轨		QU××	详细说明产品规格型号
19	轻轨及钢轨		××kg/m 钢轨	

1.3.2 螺栓、铆钉及孔的标注

螺栓、孔、电焊铆钉的表示方法见表1-9。

螺栓、孔、电焊铆钉的表示方法 表 1-9

序号	名称	图 例	说 明
1	永久螺栓		
2	高强螺栓		
3	安装螺栓		1. 用"十"线表示定位线 2. M表示螺栓型号 3. ϕ 表示螺栓孔直径 4. d 表示膨胀螺栓、电焊铆钉直径 5. 采用引出线标螺栓时，横线上标注螺栓规格，横线下标注螺栓孔直径
4	膨胀螺栓		
5	圆形螺栓孔		
6	长圆形螺栓孔		
7	电焊铆钉		

1.3.3 钢结构焊缝的标注

1. 单面焊缝的标注

单面焊缝的标注方法如图1-7所示。

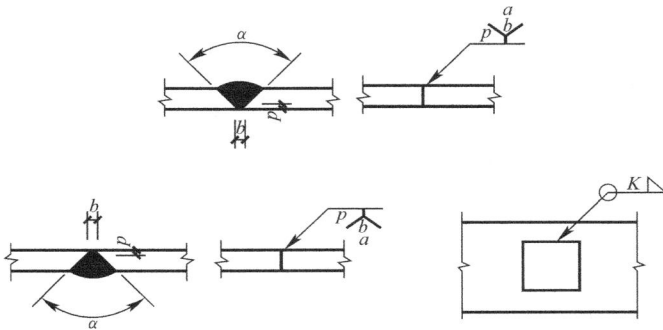

图1-7 单面焊缝的标注方法

2. 双面焊缝的标注

双面焊缝的标注方法如图 1-8 所示。

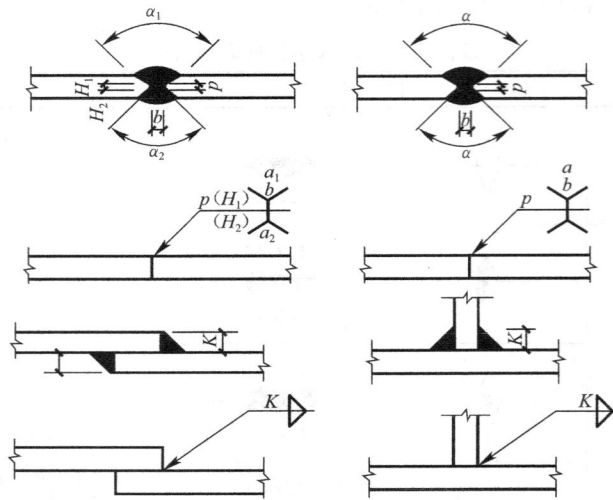

图 1-8　双面焊缝的标注方法

3. 3 个和 3 个以上焊件的焊缝标注

3 个和 3 个以上焊件的焊缝标注方法如图 1-9 所示。

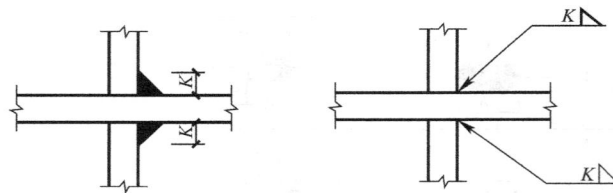

图 1-9　3 个以上焊件的焊缝标注方法

4. 1 个焊件带坡口的焊缝标注

1 个焊件带坡口的焊缝标注方法如图 1-10 所示。

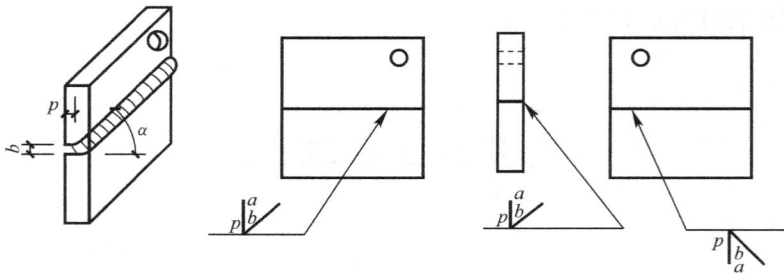

图 1-10　1 个焊件带坡口的焊缝标注方法

5. 不对称坡口焊缝的标注

不对称坡口焊缝的标注方法如图 1-11 所示。

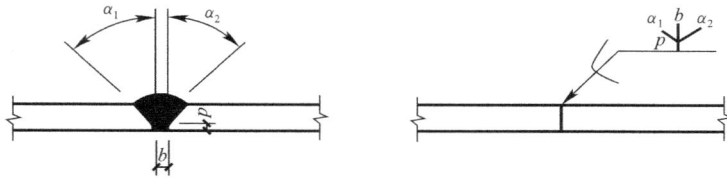

图 1-11　不对称坡口焊缝的标注方法

6. 不规则焊缝的标注

不规则焊缝的标注方法如图 1-12 所示。

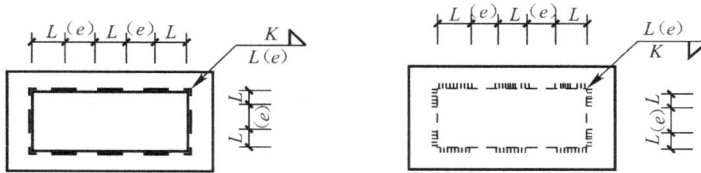

图 1-12　不规则焊缝的标注方法

7. 相同焊缝符号表示

相同焊缝符号表示方法如图 1-13 所示。

图 1-13　相同焊缝符号表示方法

在同一图形上，当焊缝型式、断面尺寸和辅助要求均相同时，可只选择一处标注焊缝的符号和尺寸，并加注"相同焊缝符号"，相同焊缝符号为 3/4 圆弧，绘在引出线的转折处。

8. 现场焊缝的表示方法

现场焊缝的表示方法如图 1-14 所示。需要在施工现场进行焊接的焊件焊缝，应标注"现场焊缝"符号。现场焊缝符号为涂黑的三角形旗号，绘在引出线的转折处。

图 1-14　现场焊缝的表示方法

1.3.4　钢结构构件尺寸的标注

1. 图样尺寸的组成

图样上的尺寸包括尺寸界线、尺寸线、尺寸起止符号和尺寸数字（如图 1-15 所示）。图样上的尺寸可分为总尺寸、定位尺寸、细部尺寸三种。绘图时，应根据设计深度和图纸用途确定所需注写的尺寸。

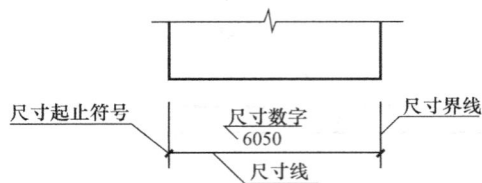

图 1-15　尺寸的组成

2. 钢结构构件尺寸的标注

（1）钢筋、钢丝束及钢筋网片标注：

1）钢筋、钢丝束的说明应给出钢筋的代号、直径、数量、间距、编号及所在位置，其说明应沿钢筋的长度标注或标注在相关钢筋的引出线上。

2）钢筋网片的编号应标注在对角线上。网片的数量应与网片的编号标注在一起。

注：简单的构件、钢筋种类较少的可不编号。

（2）构件配筋图中箍筋的长度尺寸，应指箍筋的里皮尺寸。弯起钢筋的高度尺寸应指钢筋的外皮尺寸。

（3）两构件的两条很近的重心线，应在交汇处将其各自向外错开（如图 1-16 所示）。

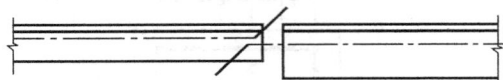

（4）弯曲构件的尺寸应沿其弧度的曲线标注弧的轴线长度（如图 1-17 所示）。

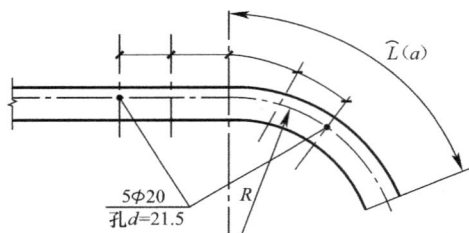

图 1-16　两构件重心线不重合的表示方法

（5）切割的板材，应标注各线段的长度及位置（如图 1-18 所示）。

图 1-17　弯曲构件尺寸的标注方法　　　　图 1-18　切割板材尺寸的标注方法

（6）不等边角钢的构件，必须标注出角钢一肢的尺寸（如图 1-19 所示）。

（7）节点尺寸，应注明节点板的尺寸和各杆件螺栓孔中心或中心距，以及杆件端部至几何中心线交点的距离（如图 1-20 所示）。

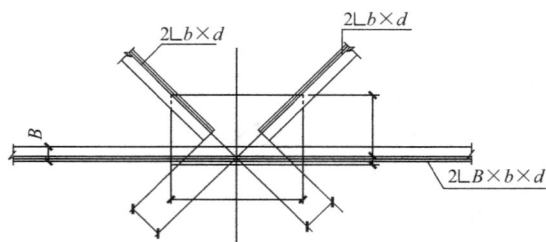

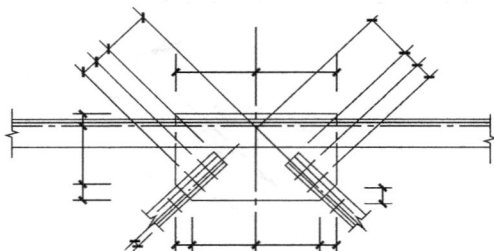

图 1-19　节点尺寸及不等边角钢的标注方法　　　　图 1-20　节点尺寸的标注方法

（8）双型钢组合截面的构件，应注明缀板的数量及尺寸（如图 1-21 所示）。引出横线上方标注缀板的数量及缀板的宽度、厚度，引出横线下方标注缀板的长度尺寸。

（9）非焊接的节点板，应注明节点板的尺寸和螺栓孔中心与几何中心线交点的距离（如图 1-22 所示）。

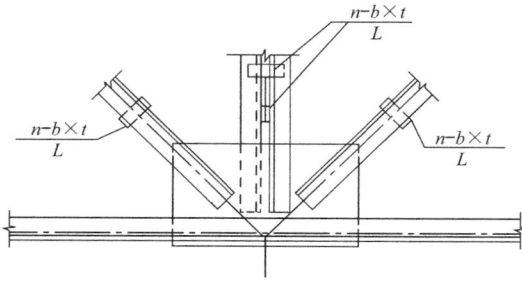

图 1-21　缀板的标注方法

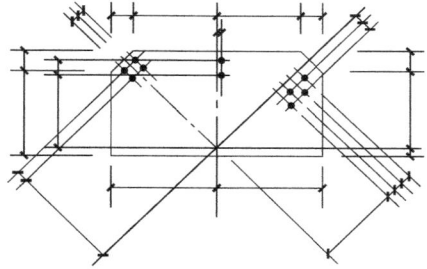

图 1-22　非焊接节点板尺寸的标注方法

3. 构件尺寸的简化标注

（1）杆件或管线的长度，在单线图（桁架简图、钢筋简图、管线简图）上，可直接将尺寸数字沿杆件或管线的一侧注写（如图 1-23 所示）。

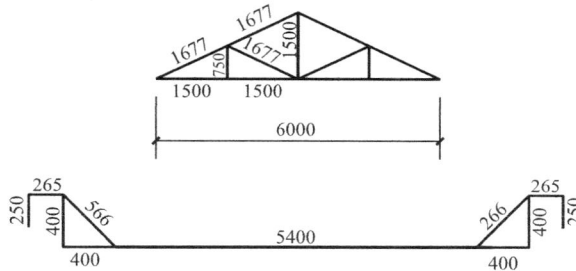

图 1-23　单线图尺寸标注方法

（2）连续排列的等长尺寸，可用"个数×等长尺寸＝总长"的形式标注（如图 1-24 所示）。

（3）构配件内的构造因素（如孔、槽等）如相同，可仅标注其中一个要素的尺寸（如图 1-25 所示）。

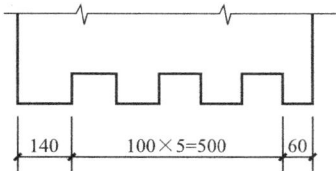

图 1-24　等长尺寸简化标注方法

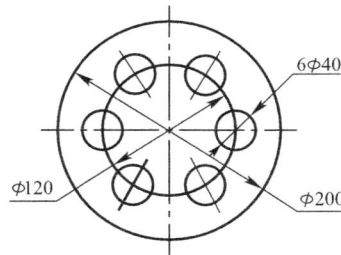

图 1-25　相同要素尺寸标注方法

（4）对称构配件采用对称省略画法时，该对称构配件的尺寸线应略超过对称符号，仅在尺寸线的一端画尺寸起止符号，尺寸数字应按整体全尺寸注写，其注写位置宜与对称符号对齐（如图 1-26 所示）。

（5）两个构配件，如个别尺寸数字不同，可在同一图样中将其中一个构配件的不同尺寸数字注写在括号内，该构配件的名称也应注写在相应的括号内（如图 1-27 所示）。

23

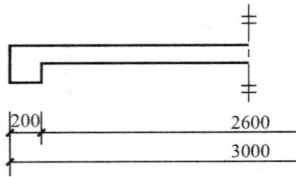

图 1-26　对称构件尺寸标注方法　　　　　图 1-27　相似构件尺寸标注方法

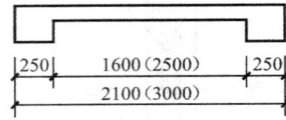

（6）数个构配件，如仅某些尺寸不同，这些有变化的尺寸数字，可用拉丁字母注写在同一图样中，另列表格写明其具体尺寸（如图 1-28 所示）。

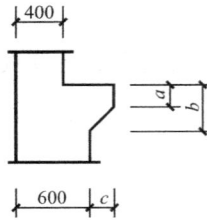

构件编号	a	b	c
Z—1	200	200	200
Z—2	250	450	200
Z—3	200	450	250

图 1-28　相似构配件尺寸表格式标注方法

2 钢结构工程手工算量与实例精析

2.1 钢结构工程工程量手算方法

2.1.1 钢网架

1. 计算公式

钢网架工程量＝图示钢网架中各钢材重量之和　　（t）

2. 清单工程量计算规则及说明

（1）钢网架工程量按设计图示尺寸以质量计算，不扣除孔眼的质量，焊条、铆钉、螺栓等不另增加质量。

（2）"钢网架"项目适用于一般钢网架和不锈钢网架。不论网架的节点形式（球形节点、板式节点等）和节点连接方式（焊接、丝接）等，均使用该项目。

3. 定额工程量计算规则及说明

（1）钢网架工程量按图示钢材尺寸以吨计算，不扣除孔眼、切边的重量，焊条、铆钉、螺栓等重量，已包括在定额内不另计算。

（2）在计算不规则或多边形钢板重量时均以其最大对角线乘最大宽度的矩形面积计算。

2.1.2 钢屋架、钢托架、钢桁架、钢架桥

1. 钢屋架

（1）清单工程量计算

1）计算公式

钢屋架工程量＝图示数量　　（榀）

或

钢屋架工程量＝图示钢屋架各材料质量之和　　（t）

2）工程量计算规则及说明

① 以榀计量，按设计图示数量计算。

② 以吨计量，按设计图示尺寸以质量计算。不扣除孔眼的质量，焊条、铆钉、螺栓等不另增加质量。

③ "钢屋架"项目适用于一般钢屋架、轻钢屋架和冷弯薄壁型钢屋架。

④ 轻钢屋架是指采用圆钢筋、小角钢（<∟45mm×4mm 等肢角钢、<∟56mm×36mm×4mm 不等肢角钢）和薄钢板（厚度≤4mm）等材料组成的轻型钢屋架。

⑤ 所谓薄壁型钢屋架，是指厚度在 2～6mm 的钢板及经冷弯或冷拔等方式弯曲而成的型钢组成的屋架。

⑥ 以榀计量，按标准图设计的应注明标准图代号，按非标准图设计的项目特征必须

描述单榀屋架的质量。

（2）定额工程量计算

1）计算公式

$$钢屋架工程量＝图示钢屋架中各钢材重量之和 \quad (t)$$

2）工程量计算规则及说明

① 钢屋架工程量按图示钢材尺寸以吨计算，不扣除孔眼、切边的重量，焊条、铆钉、螺栓等重量，已包括在定额内不另计算。

② 在计算不规则或多边形钢板重量时均以其最大对角线乘最大宽度的矩形面积计算。

（3）钢屋架工程量计算资料

1）钢屋架下弦支撑每平方米屋盖水平投影面积参考质量，见表 2-1。

钢屋架下弦支撑每 1m² 屋盖水平投影面积重量参考表   表 2-1

建筑物高度/m	屋架间距/m	屋面风荷载/（kg/m²）		
		30	50	80
		每平方米屋盖下弦支撑重量/kg		
12	4.5	2.50	2.90	3.65
	6.0	3.60	4.00	4.60
	7.5	5.60	5.85	6.25
18	4.5	2.80	3.40	4.12
	6.0	3.90	4.40	5.20
	7.5	5.70	6.15	6.80
24	4.5	3.00	3.80	4.66
	6.0	4.18	4.80	5.87
	7.5	5.90	6.48	6.20

2）钢屋架上弦支撑每平方米屋盖水平投影面积参考质量，见表 2-2。

钢屋架上弦支撑每 1m² 屋盖水平投影面积重量参考表   表 2-2

屋架间距/m	屋架跨度/m					
	12	15	18	21	24	30
	每 1m² 屋盖上弦支撑重量/kg					
4.5	7.26	6.21	5.64	5.50	5.32	5.33
6.0	8.90	8.15	7.42	7.24	7.10	7.00
7.5	10.85	8.93	7.78	7.78	7.75	7.70

注：表中屋架上弦支撑重量已包括屋架间的垂直支撑钢材用量。

3）钢屋架每平方米屋盖水平投影面积参考质量，见表 2-3。

钢屋架每 1m² 屋盖水平投影面积重量参考表   表 2-3

屋架间距/m	跨度/m	屋面荷重/（N/m²）				
		1000	2000	3000	4000	5000
		每 1m² 屋盖檩条重量/kg				
三角形	9	6.0	6.92	7.50	9.53	11.32
	12	6.41	8.00	10.33	12.67	15.13
	15	7.20	10.00	13.00	16.30	19.20
	18	8.00	12.00	15.13	19.20	22.90
	21	9.10	13.80	18.20	22.30	26.70
	24	10.33	15.67	20.80	25.80	30.50

屋架间距/m	跨度/m	屋面荷重/（N/m²）				
		1000	2000	3000	4000	5000
		每1m²屋盖檩条重量/kg				
多角形	12	6.8	8.3	11.0	13.7	15.8
	15	8.5	10.6	13.5	16.5	19.8
	18	10	12.7	16.1	19.7	23.5
	21	11.9	15.1	19.5	23.5	27
	24	13.5	17.6	22.6	27	31
	27	15.4	20.5	26.1	30	34
	30	17.5	23.4	29.5	33	37

注：1. 本表屋架间距按6m计算，如间距为 a 时，则屋面荷重以系数 $\dfrac{a}{b}$，由此得知屋面新荷重，再从表中查出重量。

2. 本表重量中包括屋架支座垫板及上弦连接檩条之角钢。

3. 本表系铆接。如采用电焊时，三角形屋架乘系数 0.85，多角形乘系数 0.87。

4）每榀轻型钢屋架参考重量，见表 2-4。

轻型钢屋架每榀重量表　　　　　　　　表 2-4

类别		屋架跨度/m			
		8	9	12	15
		每榀重量/t			
梭形	下弦 16Mn	0.135～0.187	0.17～0.22	0.286～0.42	0.49～0.581
	上弦 A₃	0.151～0.702	0.17～0.25	0.306～0.45	0.519～0.625

5）每榀钢屋架的参考重量，见表 2-5。

钢屋架每榀重量参考表　　　　　　　　表 2-5

类别	荷重/ (N/m²)	屋架跨度/m										
		6	7	8	9	12	15	18	21	24	27	30	36
		角钢组成每榀重量/t										
多边形	1000					0.418	0.648	0.918	1.260	1.656	2.122	2.682	—
	2000					0.518	0.810	1.166	1.460	1.776	2.090	2.768	3.603
	3000	—	—	—	—	0.677	1.035	1.459	1.662	2.203	2.615	3.830	5.000
	4000					0.872	1.260	1.459	1.903	2.614	3.472	3.949	5.955
三角形	1000				0.217	0.367	0.522	0.619	0.920	1.195			
	2000	—	—	—	0.297	0.461	0.720	1.037	1.386	1.800			
	3000				0.324	0.598	0.936	1.307	1.840	2.390			
		轻型角钢组成每榀重量/t										
	96	0.046	0.063	0.076	—	—	—	—	—	—	—	—	—
	170	—	—	—	0.169	0.254	0.41	—	—	—	—	—	—

6）钢檩条每平方米屋盖水平投影面积参考质量，见表 2-6。

屋架间距/m	屋面荷重/（N/m²）				
	1000	2000	3000	4000	5000
	每 1m² 屋盖檩条重量/kg				
4.5	5.63	8.70	10.50	12.50	14.70
6.0	7.10	12.50	14.70	17.00	22.00
7.0	8.70	14.70	17.00	22.20	25.00
8.0	10.50	17.00	22.20	25.00	28.00
9.0	12.59	19.50	22.20	28.00	

注：1. 檩条间距为 1.8～2.5m。
　　2. 本表不包括檩条间支撑量，如有支撑，每 1m² 增加：圆钢制成为 1.0kg，角钢制成为 1.8kg。
　　3. 如有组合断面构成之屋檐时，则檩条之重量应增加 $\frac{36}{L}$（L 为屋架跨度）。

2. 钢托架

（1）计算公式

$$钢托架工程量＝图示各钢材重量之和　　　（t）$$

（2）工程量计算规则

钢托架工程量按设计图示尺寸以质量计算，不扣除孔眼的质量，焊条、铆钉、螺栓等不另增加质量。

3. 钢桁架

（1）计算公式

$$钢桁架工程量＝图示各钢材重量之和　　　（t）$$

（2）工程量计算规则

钢桁架工程量按设计图示尺寸以质量计算，不扣除孔眼的质量，焊条、铆钉、螺栓等不另增加质量。

4. 钢架桥

（1）计算公式

$$钢架桥工程量＝图示各钢材重量之和　　　（t）$$

（2）工程量计算规则

钢架桥工程量按设计图示尺寸以质量计算，不扣除孔眼的质量，焊条、铆钉、螺栓等不另增加质量。

2.1.3　钢柱

1. 实腹钢柱

（1）计算公式

$$实腹钢柱工程量＝图示各钢材重量之和　　　（t）$$

（2）工程量计算规则及说明

1）实腹钢柱工程量按设计图示尺寸以质量计算。不扣除孔眼的质量，焊条、铆钉、螺栓等不另增加质量，依附在钢柱上的牛腿及悬臂梁等并入钢柱工程量内。

2）"实腹柱"项目适用于实腹钢柱和实腹式型钢混凝土柱。型钢混凝土柱是指由混凝土包裹型钢组成的柱。

2. 空腹钢柱

（1）计算公式

空腹钢柱工程量＝图示各钢材重量之和　　　（t）

（2）工程量计算规则及说明

1）空腹钢柱工程量按设计图示尺寸以质量计算。不扣除孔眼的质量，焊条、铆钉、螺栓等不另增加质量，依附在钢柱上的牛腿及悬臂梁等并入钢柱工程量内。

2）"空腹柱"项目适用于空腹钢柱和空腹式型钢混凝土柱。

3. 钢管柱

（1）计算公式

钢管柱工程量＝图示各钢材重量之和　　　　（t）

（2）工程量计算规则及说明

1）钢管柱工程量按设计图示尺寸以质量计算。不扣除孔眼的质量，焊条、铆钉、螺栓等不另增加质量，钢管柱上的节点板、加强环、内衬管、牛腿等并入钢管柱工程量内

2）"钢管柱"项目适用于钢管柱和钢管混凝土柱。钢管混凝土柱是指将普通混凝土填入薄壁圆形钢管内形成的组合结构。

4. 钢材理论质量计算公式

钢材理论质量计算公式见表 2-7。

钢材理论质量的计算　　　　　　　　　　　　　　　　　表 2-7

名称（单位）	计算公式	符号意义
圆钢盘条（kg/m）	$W=0.006165\times d\times d$	d—直径
螺纹钢（kg/m）	$W=0.00617\times d\times d$	d—断面直径
方钢（kg/m）	$W=0.00785\times a\times a$	a—边宽
扁钢（kg/m）	$W=0.00785\times b\times d$	b—边宽 d—厚
六角钢（kg/m）	$W=0.006798\times s\times s$	s—对边距离
八角钢（kg/m）	$W=0.0065\times s\times s$	s—对边距离
等边角钢（kg/m）	$W=0.00785\times[d(2b-d)+0.215(R^2-2r^2)]$	b—边宽 d—边厚 R—内弧半径 r—端弧半径
不等边角钢（kg/m）	$W=0.00785\times[d(B+b-d)+0.215(R^2-2r^2)]$	B—长边宽 b—短边宽 d—边厚 R—内弧半径 r—端弧半径
槽钢（kg/m）	$W=0.00785\times[hd+2t(b-d)+0.349(R^2-r^2)]$	h—高 b—腿长 d—腰厚 t—平均腿厚 R—内弧半径

名称（单位）	计算公式	符号意义
工字钢（kg/m）	$W=0.00785\times[hd+2t(b-d)+0.615(R^2-r^2)]$	h—高 b—腿长 d—腰厚 t—平均腿厚 R—内弧半径 r—端弧半径
钢板（kg/m²）	$W=7.85\times d$	d—厚
钢管（包括无缝钢管 及焊接钢管）（kg/m）	$W=0.02466\times S(D-S)$	D—外径 S—壁厚

注：钢材理论重量计算的计量单位为公斤（kg）。其基本公式为：

W（重量，kg）$=F$（断面积 mm²）$\times L$（长度，m）$\times\rho$（密度，g/cm³）$\times1/1000$ 钢的密度为：7.85g/cm³

2.1.4 钢梁

1. 钢梁

（1）计算公式

钢梁工程量＝图示各钢材重量之和　　　（t）

（2）工程量计算规则及说明

1）钢梁工程量按设计图示尺寸以质量计算。不扣除孔眼的质量，焊条、铆钉、螺栓等不另增加质量，制动梁、制动板、制动桁架、车挡并入钢吊车梁工程量内。

2）"钢梁"项目适用于钢梁和实腹式型钢混凝土梁。型钢混凝土梁是指由混凝土包裹型钢组成的梁。

2. 钢吊车梁

（1）计算公式

钢吊车梁工程量＝图示各钢材重量之和　　　（t）

（2）工程量计算规则

钢吊车梁工程量按设计图示尺寸以质量计算。不扣除孔眼的质量，焊条、铆钉、螺栓等不另增加质量，制动梁、制动板、制动桁架、车挡并入钢吊车梁工程量内。

2.1.5 钢板楼板、墙板

1. 钢板楼板

（1）计算公式

钢板楼板工程量＝铺设水平投影面积　　　（m²）

（2）工程量计算规则及说明

1）钢板楼板工程量按设计图示尺寸以铺设水平投影面积计算。不扣除单个面积≤0.3m² 柱、垛及孔洞所占面积。

2）"钢板楼板"项目适用于现浇混凝土楼板，使用压型钢板作永久性模板，并与混凝土叠加后组成共同受力的构件。压型钢板采用镀锌或经防腐处理的薄钢板。

2. 钢板墙板

（1）计算公式

$$钢板墙板工程量＝铺挂展开面积 \quad （m^2）$$

（2）工程量计算规则及说明

1）钢板墙板工程量按设计图示尺寸以铺挂展开面积计算。不扣除单个面积≤0.3m² 的梁、孔洞所占面积，包角、包边、窗台泛水等不另加面积。

2）"钢板墙板"适用于压型钢板与轻质材料板复合而成（如彩钢夹心板等），以此作为墙体材料。

2.1.6 钢构件

1. 钢支撑、钢拉条

（1）计算公式

$$钢支撑、钢拉条工程量＝图示各钢材重量之和 \quad （t）$$

（2）工程量计算规则及说明

1）钢支撑、钢拉条工程量按设计图示尺寸以质量计算。不扣除孔眼的质量，焊条、铆钉、螺栓等不另增加质量。

2）钢支撑、钢拉条类型指单式、复式；钢檩条类型指型钢式、格构式；钢漏斗形式指方形、圆形；天沟形式指矩形沟或半圆形沟。

2. 钢檩条

（1）计算公式

$$钢檩条工程量＝图示各钢材重量之和 \quad （t）$$

（2）工程量计算规则及说明

1）钢檩条工程量按设计图示尺寸以质量计算。不扣除孔眼的质量，焊条、铆钉、螺栓等不另增加质量。

2）每根轻钢檩条的参考重量见表2-8。

表 2-8

轻型钢檩条每根重量参考表

檩长/m	钢材规格		重量/(kg/根)	檩长/m	钢材规格		重量/(kg/根)
	下弦	上弦			下弦	上弦	
2.4	1φ8	2φ10	9.0	4.0	1φ10	1φ12	20.0
3.0	1φ16	∟45×4	16.4	5.0	1φ12	1φ14	25.6
3.3	1φ10	2φ12	14.5	5.3	1φ12	1φ14	27.0
3.6	1φ10	2φ12	15.8	5.7	1φ12	1φ14	32.0
3.75	1φ10	∟50×5	18.8	6.0	1φ14	2∟25×2	31.6
4.00	1φ16	∟50×5	23.5	6.0	1φ14	2φ16	38.5

3. 钢天窗架

（1）计算公式

$$钢天窗架工程量＝图示各钢材重量之和 \quad （t）$$

（2）工程量计算规则

钢天窗架工程量按设计图示尺寸以质量计算。不扣除孔眼的质量，焊条、铆钉、螺栓等不另增加质量。

4. 钢挡风架

（1）计算公式

$$钢挡风架工程量＝图示各钢材重量之和 \quad （t）$$

（2）工程量计算规则

钢挡风架工程量按设计图示尺寸以质量计算。不扣除孔眼的质量，焊条、铆钉、螺栓等不另增加质量。

5. 钢墙架

（1）计算公式

$$钢墙架工程量＝图示各钢材重量之和 \quad （t）$$

（2）工程量计算规则及说明

1）钢墙架工程量按设计图示尺寸以质量计算。不扣除孔眼的质量，焊条、铆钉、螺栓等不另增加质量。

2）钢墙架项目包括墙架柱、墙架梁和连接杆件。

6. 钢平台

（1）计算公式

$$钢平台工程量＝图示各钢材重量之和 \quad （t）$$

（2）工程量计算规则及说明

1）钢平台工程量按设计图示尺寸以质量计算。不扣除孔眼的质量，焊条、铆钉、螺栓等不另增加质量。

2）钢平台安装的允许偏差应符合表 2-9 的规定。

钢平台、钢梯、栏杆安装的允许偏差 表 2-9

序号	项目	允许偏差/mm
1	平台标高	±10.0
2	平台支柱垂直度（H 为支柱高度）	H/1000 15.0
3	平台梁水平度（L 为梁长度）	L/250 15.0
4	承重平台梁侧向弯曲（L 为梁长度）	h/1000 15.0
5	承重平台梁垂直度（h 为平台梁高度）	h/250 15.0
6	平台表面平直度（1m 范围内）	6.0
7	直梯垂直度（H 为直梯高度）	H/1000 15.0
8	栏杆高度	±10.0
9	栏杆立柱间距	±10.0

3）每 1m 钢平台（带栏杆）的参考重量见表 2-10。

钢平台（带栏杆）每 1m 重量参考表 表 2-10

平台宽度/m	3m 长平台	4m 长平台	5m 长平台
	每 1m 重量/kg		
0.6	54	60	65
0.8	67	74	81
1.0	78	84	97
1.2	87	100	107

注：表中栏杆为单面，如两面均有，每 1m 平台增 10.2kg。

7. 钢走道

（1）计算公式

$$钢走道工程量＝图示各钢材重量之和 \quad （t）$$

（2）工程量计算规则

钢走道工程量按设计图示尺寸以质量计算。不扣除孔眼的质量，焊条、铆钉、螺栓等不另增加质量。

8. 钢梯

（1）计算公式

$$钢梯工程量＝图示各钢材重量之和 \quad （t）$$

（2）工程量计算规则及说明

1）钢梯工程量按设计图示尺寸以质量计算。不扣除孔眼的质量，焊条、铆钉、螺栓等不另增加质量。

2）钢梯安装的允许偏差应符合表 2-9 的规定。

（3）钢梯工程量计算资料

1）天窗端壁钢梯的质量参见表 2-11。

天窗端壁钢梯质量　　　　　表 2-11

钢梯编号	天窗高度/m	钢梯质量/（kg/座）	钢梯编号	天窗高度/m	钢梯质量/（kg/座）	钢梯编号	天窗高度/m	钢梯质量/（kg/座）
G_1	2.1	26.9	G_5	3.9	44.8	S_3	2.7	36.6
G_2	2.4	29.8	G_6	4.5	50.7	S_4	3.3	42.3
G_3	2.7	32.8	S_1	2.1	30.4	S_5	3.9	48.3
G_4	3.3	38.8	S_2	2.4	33.3	S_6	4.5	54.2

2）作业台钢梯质量参见表 2-12。

3）消防及屋面检修钢梯质量可参照表 2-13 和表 2-14 进行计算。

作业台钢梯质量　　　　　表 2-12

钢梯型号	梯高/mm	钢梯质量/kg	钢梯型号	梯高/mm	钢梯质量/kg	钢梯型号	梯高/mm	钢梯质量/kg
T_1—9	900	27	T_1—23	2300	41	T_1—37	3700	64
T_1—10	1000	28	T_1—24	2400	42	T_1—38	3800	65
T_1—11	1100	29	T_1—25	2500	43	T_1—39	3900	66
T_1—12	1200	30	T_1—26	2600	44	T_1—40	4000	67
T_1—13	1300	31	T_1—27	2700	45	T_1—41	4100	68
T_1—14	1400	32	T_1—28	2800	46	T_1—42	4200	69
T_1—15	1500	33	T_1—29	2900	47	T_1—43	4300	71
T_1—16	1600	34	T_1—30	3000	48	T_1—44	4400	72
T_1—17	1700	35	T_1—31	3100	49	T_1—45	4500	73
T_1—18	1800	36	T_1—32	3200	50	T_1—46	4600	74
T_1—19	1900	37	T_1—33	3300	51	T_1—47	4700	75
T_1—20	2000	38	T_1—34	3400	60	T_1—48	4800	76
T_1—21	2100	39	T_1—35	3500	61			
T_1—22	2200	40	T_1—36	3600	62			

屋面女儿墙高度≤0.6m时的消防及屋面检修钢梯质量　表 2-13

檐高	钢梯质量/（kg/座）				檐高	钢梯质量/（kg/座）			
	梯身离墙面净距/m<					梯身离墙面净距/m<			
	$a=0.25$	$b=0.41$	$a=0.53$	$b=0.66$		$a=0.25$	$b=0.41$	$a=0.53$	$b=0.66$
3.0	32.8	37.0	43.6	46.4	15.6	197.0	209.6	229.4	237.8
3.6	38.7	42.9	49.5	52.4	16.2	203.1	215.7	235.5	243.9
4.2	44.8	49.0	55.6	58.4	16.8	209.0	221.6	241.4	249.8
4.8	50.7	54.9	61.5	64.3	17.4	215.0	227.6	247.4	255.8
5.4	56.7	60.9	67.5	70.3	18.0	226.3	241.0	264.1	273.9
6.0	68.0	74.3	84.2	88.4	18.6	232.2	246.9	270.0	279.8
6.6	73.9	80.2	90.1	94.3	19.2	238.3	253.0	276.1	285.9
7.2	80.0	86.3	96.2	100.4	19.8	244.2	258.9	282.0	291.8
7.8	80.5	92.2	120.1	103.3	20.4	250.2	264.9	288.0	297.8
8.4	91.9	98.2	103.1	112.3	21.0	261.5	278.3	304.7	315.9
9.0	103.2	111.6	124.8	130.4	21.5	267.2	284.2	310.6	321.8
9.6	109.1	117.5	130.7	136.3	22.2	291.0	307.8	334.2	345.4
10.2	115.2	123.6	136.8	142.4	22.8	296.9	313.7	340.1	351.3
10.8	121.1	129.5	142.7	148.3	23.4	302.9	319.7	346.1	357.3
11.4	127.1	135.5	148.7	154.3	24.0	314.0	333.1	262.8	375.4
12.0	155.9	166.4	182.9	189.9	24.6	320.1	339.0	368.7	381.3
12.6	161.8	172.5	188.8	195.8	25.2	326.2	345.1	374.8	387.4
13.2	167.9	178.4	194.9	201.9	25.8	332.1	351.0	380.7	393.3
13.8	173.8	184.3	200.8	207.8	26.4	338.1	357.0	386.7	399.3
14.4	179.8	190.3	206.8	213.8	27.0	349.4	370.4	403.4	417.4
15.0	191.1	203.7	223.5	231.9	27.6	355.3	376.3	409.3	423.3

屋面女儿墙高度1.0～1.2m时的消防及屋面检修钢梯质量　表 2-14

檐高/m	钢梯质量/（kg/座）		檐高/m	钢梯质量/（kg/座）		檐高/m	钢梯质量/（kg/座）	
	梯身离墙面净距/m<			梯身离墙面净距/m<			梯身离墙面净距/m<	
	$a=0.25$	$b=0.41$		$a=0.25$	$b=0.41$		$a=0.25$	$b=0.41$
3.0	64.4	70.6	11.4	164.1	176.6	19.8	275.9	292.6
3.6	70.5	76.7	12.0	187.5	200.0	20.4	287.2	306.0
4.2	76.4	82.6	12.6	193.6	206.1	21.0	293.1	311.9
4.8	82.4	88.6	13.2	199.5	212.0	21.6	299.2	318.0
5.4	93.7	102.0	13.8	205.5	218.0	22.2	322.6	341.4
6.0	99.6	107.9	14.4	216.8	231.4	22.8	328.6	347.4
6.6	105.7	114.0	15.0	222.7	237.3	23.4	339.9	360.8
7.2	111.6	119.9	15.6	228.8	243.4	24.0	345.8	366.7
7.8	117.6	125.9	16.2	234.7	249.3	25.2	351.9	372.8
8.4	128.9	139.3	16.8	240.7	255.3	25.2	357.8	378.7
9.0	134.8	145.2	17.4	252.0	268.7	25.8	363.9	384.7
9.6	140.9	151.3	18.0	257.9	274.6	26.4	375.1	398.1
10.2	146.8	157.2	18.6	264.0	280.7	27.0	381.0	404.0
10.8	152.8	163.2	19.2	269.9	286.6	27.6	387.1	410.1

9. 钢护栏

（1）计算公式

$$钢护栏工程量＝图示各钢材重量之和\qquad（t）$$

（2）工程量计算规则及说明

1）钢护栏工程量按设计图示尺寸以质量计算。不扣除孔眼的质量，焊条、铆钉、螺栓等不另增加质量。

2）钢护栏安装连接应牢固可靠，扶手转角应光滑，其安装的允许偏差应符合表 2-9 的规定。

3）每米钢栏杆及扶手参考质量见表 2-15。

每米钢栏杆及扶手参考质量　　　　　　　　　　　　　　表 2-15

项目	钢栏杆			钢扶手		
	角钢	圆钢	扁钢	钢管	圆钢	扁钢
	每米重量/kg					
栏杆及扶手制作	15	12	10	14	9.5	7.7

10. 钢漏斗

（1）计算公式

$$钢漏斗工程量＝图示各钢材重量之和\qquad（t）$$

（2）工程量计算规则

钢漏斗工程量按设计图示尺寸以质量计算，不扣除孔眼的质量，焊条、铆钉、螺栓等不另增加质量，依附漏斗或天沟的型钢并入漏斗或天沟工程量内。

11. 钢板天沟

（1）计算公式

$$钢板天沟工程量＝图示各钢材重量之和\qquad（t）$$

（2）工程量计算规则

钢板天沟工程量按设计图示尺寸以质量计算，不扣除孔眼的质量，焊条、铆钉、螺栓等不另增加质量，依附漏斗或天沟的型钢并入漏斗或天沟工程量内。

12. 钢支架

（1）计算公式

$$钢支架工程量＝图示各钢材重量之和\qquad（t）$$

（2）工程量计算规则

钢支架工程量按设计图示尺寸以质量计算，不扣除孔眼的质量，焊条、铆钉、螺栓等不另增加质量。

13. 零星钢构件

（1）计算公式

$$零星钢构件工程量＝图示各钢材重量之和\qquad（t）$$

（2）工程量计算规则及说明

1）零星钢构件工程量按设计图示尺寸以质量计算，不扣除孔眼的质量，焊条、铆钉、螺栓等不另增加质量。

2）加工铁件等小型构件，按本表中零星钢构件项目编码列项。

2.1.7 金属制品

1. 成品空调金属百页护栏

（1）计算公式

$$成品空调金属百页护栏工程量＝图示展开面积 \qquad （m^2）$$

（2）工程量计算规则

成品空调金属百页护栏工程量按设计图示尺寸以框外围展开面积计算。

2. 成品栅栏

（1）计算公式

$$成品栅栏工程量＝图示展开面积 \qquad （m^2）$$

（2）工程量计算规则

成品栅栏工程量按设计图示尺寸以框外围展开面积计算。

3. 成品雨篷

（1）计算公式

$$成品雨篷工程量＝图示接触边长度 \qquad （m）$$

或

$$成品雨篷工程量＝图示展开面积 \qquad （m^2）$$

（2）工程量计算规则

1）成品雨篷工程量以米计量，按设计图示接触边以米计算。

2）成品雨篷工程量以平方米计量，按设计图示尺寸以展开面积计算。

4. 金属网栏

（1）计算公式

$$金属网栏工程量＝图示展开面积 \qquad （m^2）$$

（2）工程量计算规则

金属网栏工程量按设计图示尺寸以框外围展开面积计算。

5. 砌块墙钢丝网加固

（1）计算公式

$$砌块墙钢丝网加固工程量＝图示展开面积 \qquad （m^2）$$

（2）工程量计算规则及说明

1）砌块墙钢丝网加固工程量按设计图示尺寸以面积计算。

2）抹灰钢丝网加固按本表中砌块墙钢丝网加固项目编码列项。

6. 后浇带金属网

（1）计算公式

$$后浇带金属网工程量＝图示展开面积 \qquad （m^2）$$

（2）工程量计算规则

后浇带金属网工程量按设计图示尺寸以面积计算。

2.2 钢结构工程工程量手算实例解析

【例 2-1】 如图 2-1 所示的钢网架结构，试计算该结构的工程量。

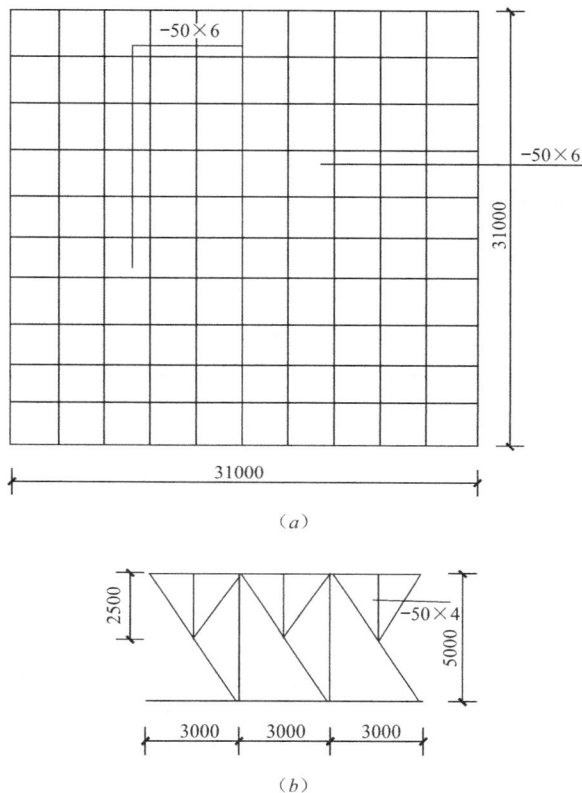

（a）

（b）

图 2-1 钢网架示意图

（a）网架的总平面布置图；（b）每个网格的正立面及侧立面图

【解】

1. 清单工程量

（1）横向上下弦杆件工程量

查附表 1-4 知：6mm 厚钢板的理论质量为 47.1kg/m²

$$47.1 \times 0.05 \times 31 \times 2 \times 11 = 1606.11\text{kg} \approx 1.606\text{t}$$

（2）横向腹杆工程量

查附表 1-4 知：4mm 厚钢板的理论质量为 31.4kg/m²

$$31.4 \times 0.05 \times [(\sqrt{5^2 + 3^2} + 2.5 + \sqrt{2.5^2 + 1.5^2}) \times 10 + 5 \times 11] \times 10$$

$$= 2629.75\text{kg} \approx 2.63\text{t}$$

（3）纵向上下弦杆件工程量

$$47.1 \times 0.05 \times 31 \times 2 \times 11 = 1606.11\text{kg} \approx 1.606\text{t}$$

（4）纵向腹杆工程量

$$31.4 \times 0.05 \times [(\sqrt{5^2 + 3^2} + 2.5 + \sqrt{2.5^2 + 1.5^2}) \times 10 + 5 \times 11] \times 10$$
$$= 2629.75 \text{kg} \approx 2.63 \text{t}$$

（5）总工程量

$$1.606 + 2.63 + 1.606 + 2.63 = 8.472 \text{t}$$

清单工程量计算见表 2-16。

清单工程量计算表　　　　　　　　　　　　表 2-16

项目编码	项目名称	项目特征描述	计量单位	工程量
010601001001	钢网架	6mm、4mm 厚钢板	t	8.472

2. 定额工程量

定额工程量同清单工程量，共 8.472t。

说明：该钢网架中各杆件采用高强螺栓连接，在定额工程量和清单工程量的计算中，并不计入栓孔及螺栓所引起的质量的增减，故该工程量的计算就是各杆件工程量的累加。

【例 2-2】　如图 2-2 所示为某钢屋架结构图，试计算其工程量。

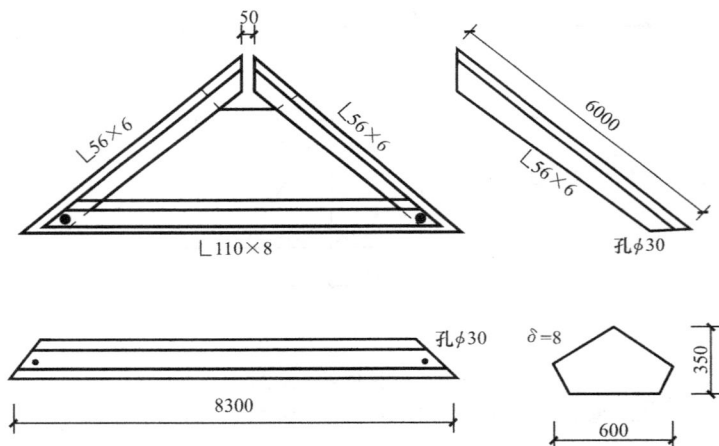

图 2-2　某钢屋架结构图

【解】

1. 定额工程量

（1）屋架上弦工程量为：$6 \times 2 \times 6.568 = 78.82 \text{kg}$

（2）屋架下弦工程量为：$8.3 \times 13.532 = 112.32 \text{kg}$

（3）连接板工程量为：$0.6 \times 0.35 \times 62.8 = 13.19 \text{kg}$

（4）该屋架工程量合计为：$78.82 + 112.32 + 13.19 = 204.33 \text{kg} = 0.204 \text{t}$

2. 清单工程量

清单工程量计算方法同定额工程量。

清单工程量计算见表 2-17。

项目编码	项目名称	项目特征描述	计量单位	工程量
010602001001	钢屋架	∟56×6 角钢	t	0.204

【例 2-3】 如图 2-3 所示,计算钢屋架工程量。

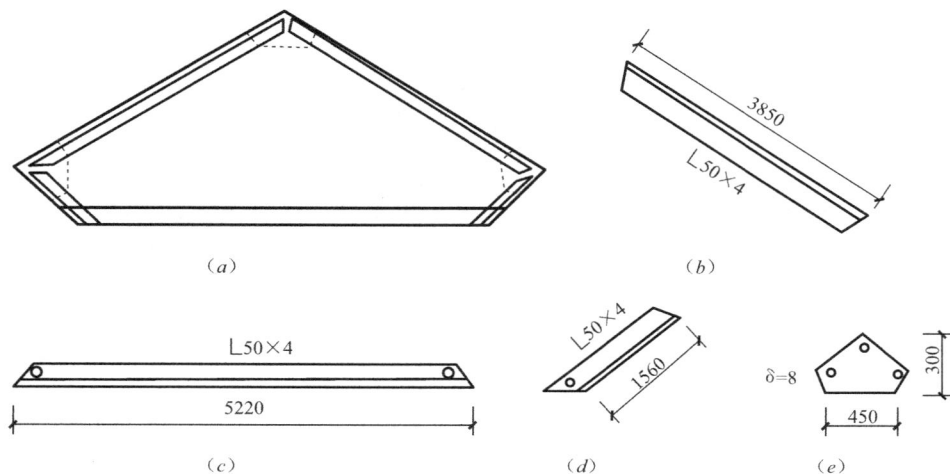

图 2-3 钢屋架示意图

(a) 屋架示意图;(b) 上弦杆详图;(c) 下弦杆详图;(d) 斜向支撑详图;(e) 连接板详图

【解】

1. 清单工程量

∟50×4 的理论质量为 3.059kg/m。

8mm 厚钢板的理论质量为 62.8kg/m²。

(1) 屋架上弦工程量

$$3.85 \times 3.059 \times 2 = 23.55\text{kg} = 0.024\text{t}$$

(2) 屋架斜杆工程量

$$1.56 \times 3.059 \times 2 = 9.54\text{kg} = 0.01\text{t}$$

(3) 屋架下弦工程量

$$5.22 \times 3.059 = 15.97\text{kg} = 0.016\text{t}$$

(4) 连接板工程量

$$62.8 \times 0.45 \times 0.3 \times 3 = 25.43\text{kg} = 0.025\text{t}$$

(5) 总工程量

$$0.024 + 0.01 + 0.016 + 0.025 = 0.075\text{t}$$

清单工程量计算见表 2-18。

清单工程量计算表 表 2-18

项目编码	项目名称	项目特征描述	计量单位	工程量
010602001001	钢屋架	∟50×4 角钢,8mm 厚钢板	t	0.075

2. 定额工程量

定额工程量同清单工程量。

说明：在清单工程量计算和定额工程量计算中，金属结构的小构件按图示尺寸进行计算，孔眼、切边、焊条、铆钉、螺栓等的质量，不再拿出来另计算，已包括在定额内。

【例 2-4】 某钢结构工程钢屋架如图 2-4 所示，计算钢屋架工程量。

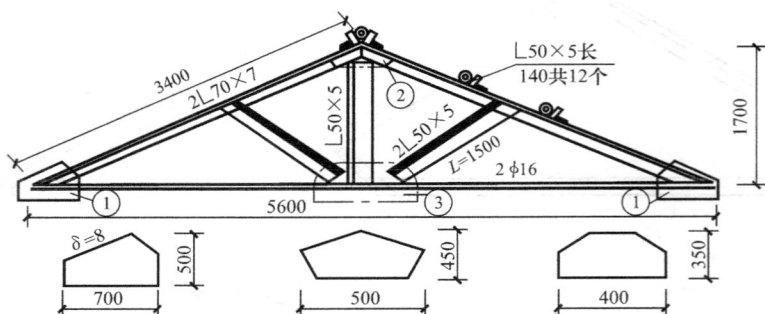

图 2-4 某钢结构工程钢屋架示意图

【解】

$$杆件质量＝杆件设计图示长度×单位理论质量$$
$$多边形钢板质量＝最大对角线长度×最大宽度×面密度$$

（1）上弦质量

$$3.4×2×2×7.398＝100.61kg$$

（2）下弦质量

$$5.6×2×1.58＝17.70kg$$

（3）立杆质量

$$1.7×3.77＝6.41kg$$

（4）斜撑质量

$$1.5×2×2×3.77＝22.62kg$$

（5）连接板质量

① 号连接板质量：$0.7×0.5×2×62.80＝43.96kg$

② 号连接板质量：$0.5×0.45×62.80＝14.13kg$

③ 号连接板质量：$0.4×0.3×62.80＝7.54kg$

（6）檩托质量

$$0.14×12×3.77＝6.33kg$$

（7）钢屋架工程量

$100.61＋17.70＋6.41＋22.62＋43.96＋14.13＋7.54＋6.33＝219.3kg＝0.219t$

【例 2-5】 计算如图 2-5 所示钢屋架制作的清单工程量。

【解】

（1）上弦杆（$\phi57×3.0$ 钢管）

查附表 1-14 可知，$\phi57×3.0$ 钢管理论质量为 3.99kg/m

$$(0.097＋0.825×2＋0.15)×2×3.99＝15.14kg$$

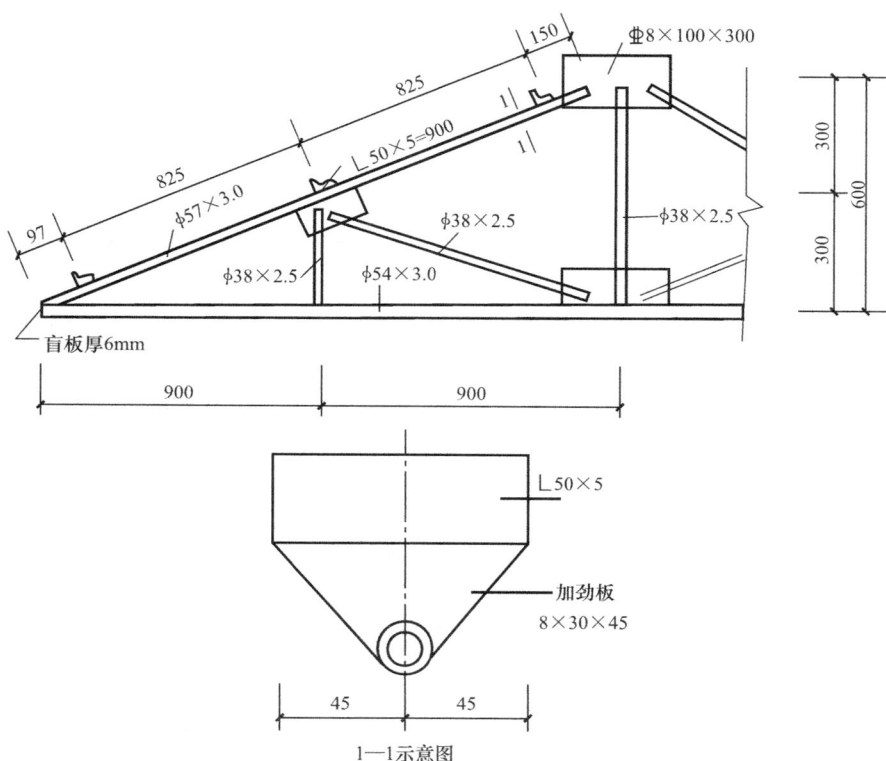

图 2-5　钢屋架示意图

（2）下弦杆（$\phi54\times3.0$ 钢管）

查附表 1-14 可知，$\phi54\times3.0$ 钢管理论质量为 3.77kg/m

$$（0.9+0.9）\times2\times3.77=13.57kg$$

（3）腹杆（$\phi38\times2.5$ 钢管）

查附表 1-14 可知，$\phi38\times2.5$ 钢管理论质量为 2.19kg/m

$$（0.3\times2+\sqrt{0.3^2+0.9^2}\times2+0.6）\times2.19=6.78kg$$

（4）连接板（厚 8mm）

查附表 1-4 知：8mm 钢板的理论质量为 62.8kg/m²

$$（0.1\times0.3\times4）\times62.8=7.54kg$$

（5）盲板（厚 6mm）

查附表 1-4 知：6mm 钢板的理论质量为 47.10kg/m²

$$\left(\frac{\pi\times0.054^2}{4}\right)\times2\times47.1=0.22kg$$

（6）角钢（L 50×5）

查附表 1-8 知：L 50×5 角钢的理论质量为 3.77kg/m

$$0.9\times6\times3.77=20.36kg$$

（7）加劲板（厚 6mm）

查附表 1-4 知：6mm 钢板的理论质量为 47.10kg/m²

$$0.03 \times 0.045 \times \frac{1}{2} \times 2 \times 8 \times 47.1 = 0.51\text{kg}$$

（8）总工程量

$$15.14 + 13.57 + 6.78 + 7.54 + 0.22 + 20.36 + 0.51 = 64.12\text{kg} = 0.064\text{t}$$

清单工程量计算见表 2-19。

清单工程量计算表   表 2-19

项目编码	项目名称	项目特征描述	计量单位	工程量
010602001001	钢屋架	φ57×3.0 钢管，φ54×3.0 钢管，φ38×2.5 钢管，8mm 和 6mm 厚钢板，L 50×5 角钢	t	0.064

【例 2-6】 试计算图 2-6 所示的钢屋架间水平支撑的制作工程量。

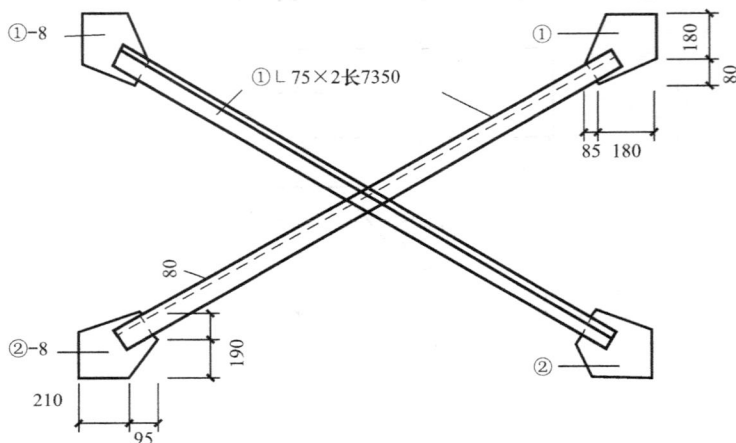

图 2-6 钢屋架水平支撑

【解】

（1）—8 钢板工程量

—8 钢板重量＝① 号钢板总重量＋② 号钢板总重量

$$\begin{aligned}
&= (0.085 + 0.18) \times (0.07 + 0.18) \times 62.8 \times 2 + (0.21 + 0.095) \\
&\quad \times (0.19 + 0.08) \times 62.8 \times 2 \\
&= 18.66\text{kg}
\end{aligned}$$

（2）L 75×5 角钢重量

L 75×5 角钢重量＝角钢长度×每米重量×根数＝7.35×5.82×2＝85.55kg

（3）水平支撑工程量

水平支撑工程量＝钢板重量＋角钢重量＝18.66＋85.55＝104.21kg＝0.104t

【例 2-7】 某工程钢屋架如图 2-7 所示，选用钢号为 C3F，钢屋架刷一遍防锈漆，刷三遍防火漆。试编制工程量清单计价表。

【解】

（1）业主根据施工图计算

上弦杆（φ60×2.5 钢管）＝（0.085＋0.67×3＋0.095）×2×3.54＝15.51kg

下弦杆（φ50×2.5 钢管）＝（0.095＋0.9＋0.68）×2×2.93＝9.82kg

斜杆（φ38×2 钢管）＝（$\sqrt{0.58^2 + 0.68^2}$＋$\sqrt{0.19^2 + 0.29^2}$）×2×1.78＝4.42kg

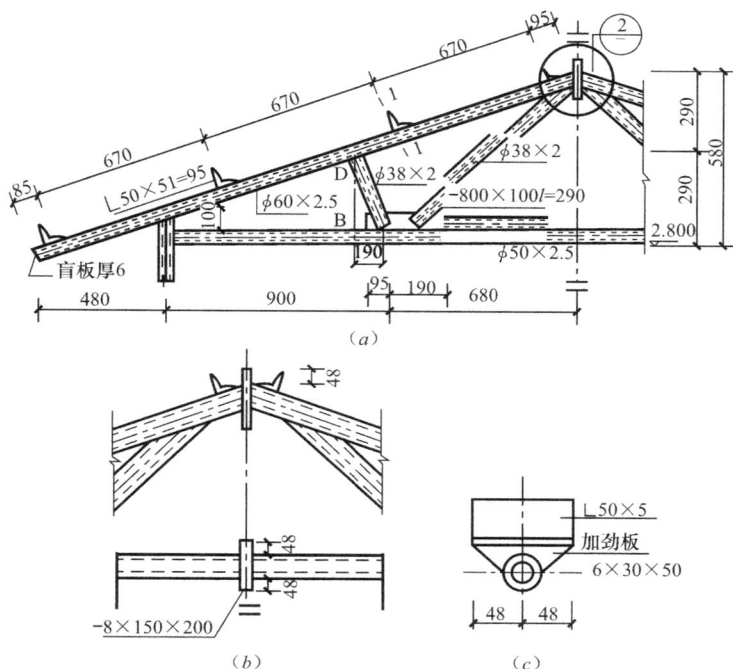

图 2-7 某工程钢屋架构造及部分详图

(a) 钢屋架构造图；(b) ②示意图；(c) 1-1 示意图

连接板（厚 8mm）＝（0.095×0.29×2＋0.15×0.2）×62＝5.28kg

盲板（厚 6mm）＝（0.06²×π/4）×2×47.1＝0.27kg

角钢（L 50×5）＝0.095×8×3.7＝2.81kg

加劲板（厚 6mm）＝（0.03×0.048×1/2）×2×8×47.1＝0.54kg

工程量合计：38.64kg＝0.039t

（2）投标人根据施工图及施工方案计算

1）轻钢屋架制作安装

人工费：223.44×0.039＝8.71 元

材料费：4565.81×0.039＝178.07 元

机械费：311.26×0.039＝12.14 元

2）钢屋架刷一遍防锈漆

人工费：24.34×0.039＝0.95 元

材料费：69.11×0.039＝2.70 元

机械费：2.86×0.039＝0.11 元

3）钢屋架刷两遍防火漆

人工费：49.23×0.039＝1.92 元

材料费：133.64×0.039＝5.21 元

机械费：5.59×0.039＝0.22 元

4）钢屋架刷防火漆，增一遍

人工费：25.48×0.039＝0.99 元

材料费：67.71×0.039＝2.64 元

机械费：2.85×0.039＝0.11 元

5）钢屋架运输，运距 5km 以内

人工费：5.19×0.039＝0.20 元

材料费：6.50×0.039＝0.25 元

机械费：48.78×0.039＝1.90 元

6）钢屋架运输，增加 17km。

人工费：1.07×0.039×4＝0.17 元

材料费：0.08×0.039×4＝0.01 元

机械费：5.80×0.039×4＝0.90 元

7）综合

直接费：217.20 元

管理费：217.20×34%＝73.85 元

利润：217.20×8%＝17.38 元

总计：217.20＋73.85＋17.38＝308.43 元

综合单价：308.43/0.039＝7908.46 元/t

分部分项工程量清单计价表见表 2-20。

分部分项工程量清单综合单价计算表见表 2-21。

分部分项工程量清单计价表　　　　　　　表 2-20

序号	项目编号	项目名称	项目特征描述	计算单位	工程数量	金额/元		
						综合单价	合价	其中
								直接费
1	010602001001	钢屋架	钢材品种，规格为： 上弦杆（φ60×2.5 钢管） 下弦杆（φ50×2.5 钢管） 斜杆（φ38×2 钢管） 连接板（厚＝8mm） 盲板（厚＝6mm） 角钢（∟50×5） 加劲板（厚＝6mm） 单榀屋架重 0.039t 钢屋架刷一遍防锈漆 三遍防火漆	t	0.039	7908.46	308.43	217.20

分部分项工程量清单综合单价计算表　　　　　　　表 2-21

项目编号	010602001001	项目名称	钢屋架	计量单位	t	工程量	0.039

清单综合单价组成明细

定额编号	定额项目名称	定额单位	数量	单价/元			合价/元			
				人工费	材料费	机械费	人工费	材料费	机械费	管理费和利润
—	轻型钢屋架制作安装	t	0.039	223.44	4565.81	311.26	8.74	178.07	12.14	83.56
—	轻型钢屋架一遍防锈漆	t	0.039	24.34	69.11	2.86	0.95	2.70	0.11	1.60

44

项目编号	010602001001		项目名称	钢屋架		计量单位	t	工程量	0.039

清单综合单价组成明细

定额编号	定额项目名称	定额单位	数量	单价/元			合价/元			
				人工费	材料费	机械费	人工费	材料费	机械费	管理费和利润
—	钢屋架刷两遍防火漆	t	0.039	49.23	133.64	5.59	1.92	5.21	0.22	3.02
—	钢屋架刷防火漆，增一遍	t	0.039	25.48	67.71	2.85	0.99	2.64	0.11	1.60
—	钢屋架运输，运距5km以内	t	0.039	5.19	6.50	48.78	0.20	0.25	1.90	0.99
—	钢屋架运输，运距17km	t	0.039	1.07	0.08	5.80	0.17	0.01	0.90	0.46
人工单价			小计				12.94	188.88	15.38	91.23
28元/工日			未计价材料费				—			
清单项目综合单价/元							7908.46			

【例 2-8】 如图 2-8 所示的钢托架，试计算该钢托架的清单工程量。

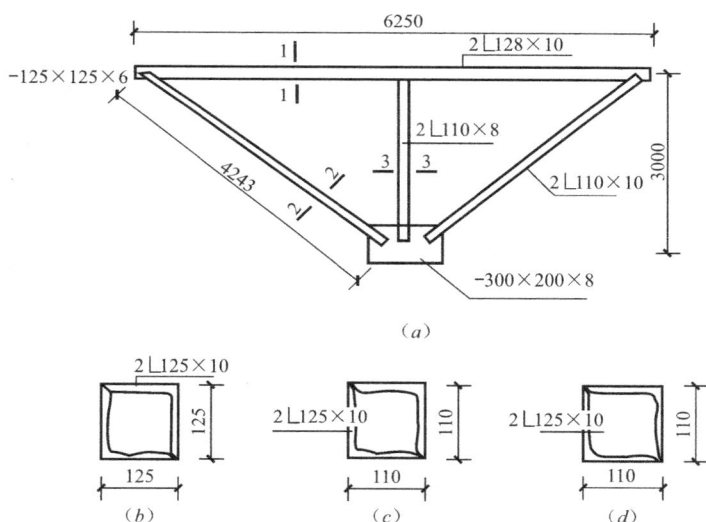

图 2-8 钢托架示意图

（a）钢托架立面图；（b）1-1 示意图；（c）2-2 示意图；（d）3-3 示意图

【解】

（1）上弦杆的工程量

查附表 1-8 可知：∟125×10 的理论质量是 19.133kg/m

$$19.133×6.25×2=239.16kg=0.239t$$

（2）斜向支撑杆的工程量

查附表 1-8 可知：∟110×10 的理论质量是 16.69kg/m

$$16.69×4.243×4=283.26kg=0.283t$$

（3）竖向支撑杆的工程量

查附表 1-8 可知：∟110×8 的理论质量是 13.532kg/m

$$13.532×3.0×2=81.19kg=0.081t$$

（4）连接板的工程量

查附表 1-4 可知：8mm 厚的钢板的理论质量为 62.8kg/m²

$$62.8×0.2×0.3=3.77kg=0.004t$$

（5）塞板的工程量

查附表 1-4 可知：6mm 厚的钢板的理论质量为 47.1kg/m²

$$47.1×0.125×0.125×2=1.47kg=0.001t$$

（6）总工程量

$$0.239+0.283+0.081+0.004+0.001=0.608t$$

清单工程量计算见表 2-22。

清单工程量计算表

表 2-22

项目编码	项目名称	项目特征描述	计量单位	工程量
010602002001	钢托架	∟125×10、∟110×10、∟110×8 角钢，8mm、6mm 厚钢板	t	0.608

【例 2-9】 图 2-9 为一承受风荷载的防风桁架，由型钢制成，具体尺寸如图 2-9 所示，试计算该桁架的制作工程量。

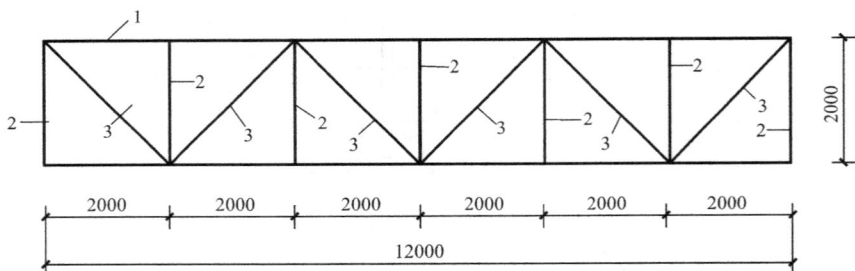

图 2-9 防风桁架

1—槽钢〔22a；2—槽钢〔20a；3—角钢∟90×6

【解】

（1）槽钢〔22a

查附表 1-15 知：〔22a 的理论重量为 24.999kg/m

$$24.999×12×2=599.976kg$$

（2）槽钢〔20a

查附表 1-15 知：〔20a 的理论重量为 22.637kg/m

$$22.637×2×7=316.918kg$$

（3）角钢∟90×6

查附表 1-8 知，∟90×6 的理论重量为 8.350kg/m

$$8.350×\sqrt{2^2+2^2}×6=141.704kg$$

总工程量为：599.976＋316.918＋141.704＝1058.598kg＝1.059t

清单工程量计算见表 2-23。

清单工程量计算表　　　　　　　　　　　　　　表 2-23

项目编码	项目名称	项目特征描述	计量单位	工程量
010602003001	钢桁架	〔22a 槽钢 〔20a 槽钢 ∟90×6 角钢 单榀重量 1.059t	t	1.059

【例 2-10】　如图 2-10 所示的钢桁架，求该钢桁架的工程量。

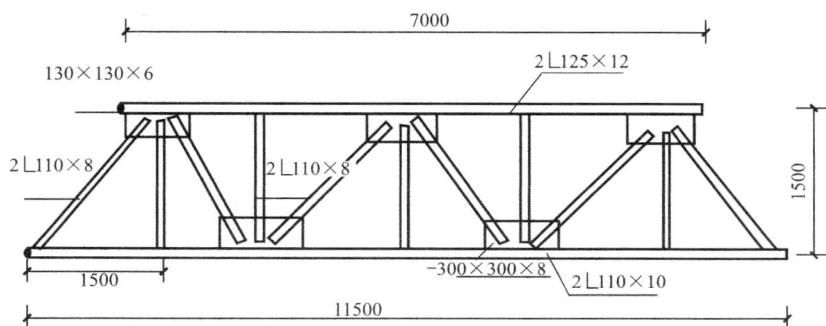

图 2-10　钢桁架布置图

【解】

1. 清单工程量

（1）上弦杆工程量

查附表 1-8 知：∟125×12 的理论质量是 22.696kg/m。

$$22.696×7×2＝317.74kg＝0.318t$$

（2）下弦杆工程量

查附表 1-8 知：∟110×10 的理论质量是 16.69kg/m。

$$16.69×11.5×2＝383.87kg＝0.384t$$

（3）斜向支撑杆的工程量

查附表 1-8 知：∟110×8 的理论质量是 13.532kg/m。

$$13.532×\sqrt{1.5^2+1.5^2}×2×6＝344.47kg＝0.344t$$

（4）竖向支撑杆的工程量

$$13.532×1.5×2×5＝202.98kg＝0.203t$$

（5）连接板的工程量

查附表 1-4 知：8mm 厚的钢板的理论质量为 62.8kg/m²。

$$62.8×0.3×0.3×5＝28.26kg＝0.028t$$

（6）塞板的工程量

查附表 1-4 知：6mm 厚的钢板的理论质量为 47.1kg/m²。

$$47.1 \times 0.13 \times 0.13 \times 4 = 3.18 \text{kg} = 0.003 \text{t}$$

（7）总工程量

$$0.318 + 0.384 + 0.344 + 0.203 + 0.028 + 0.003 = 1.28 \text{t}$$

清单工程量计算见表 2-24。

清单工程量计算表   表 2-24

项目编码	项目名称	项目特征描述	计量单位	工程量
010602003001	钢桁架	∟125×12、∟110×10、∟110×8角钢，8mm、6mm 厚钢板	t	1.28

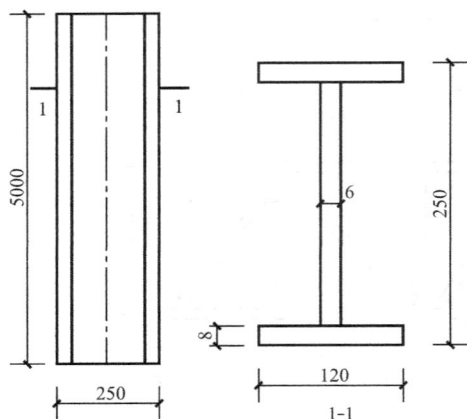

2. 定额工程量

定额工程量同清单工程量。

说明：在清单工程和定额工程量的计算中，均按设计尺寸以质量计算，不扣除孔眼、切边、切肢的质量，焊条、铆钉、螺栓等不另增加质量。

【例 2-11】 某 H 形实腹钢柱如图 2-11 所示，其长度为 5m，试计算其工程量。

【解】

（1）翼缘板工程量

查附表 1-4 可知，8mm 厚钢板的理论质量为 62.8kg/m^2

$$62.8 \times (0.12 \times 5) \times 2 = 75.36 \text{kg} = 0.075 \text{t}$$

图 2-11 H 形实腹钢柱示意图

（2）腹翼板工程量

查附表 1-4 可知，6mm 厚钢板的理论质量为 47.1kg/m^2

$$47.1 \times 5 \times (0.25 - 0.008 \times 2) = 55.11 \text{kg} = 0.055 \text{t}$$

（3）总工程量

$$0.075 + 0.055 = 0.13 \text{t}$$

清单工程量计算见表 2-25。

清单工程量计算表   表 2-25

项目编码	项目名称	项目特征描述	计量单位	工程量
010603001001	实腹钢柱	6mm 厚钢板，8mm 厚钢板	t	0.13

【例 2-12】 某焊接箱形截面轴心受压构件如图 2-12 所示，柱高为 10.5m，试计算其工程量。

【解】

查附表 1-4 可知，14mm 厚钢板的理论重量为 109.9kg/m^2，工程量为：

$$109.9 \times (0.5 \times 2 + 0.474 \times 2) \times 10.5 = 2247.89 \text{kg} = 2.248 \text{t}$$

清单工程量计算见表 2-26。

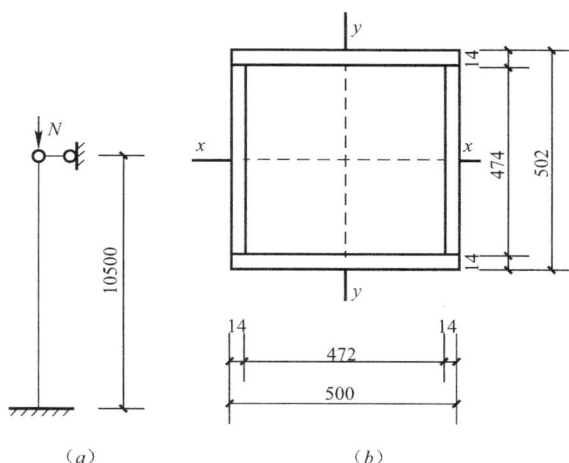

图 2-12 轴心受压构件

(a) 柱子简图；(b) 箱形截面尺寸

清单工程量计算表　　　　　　　　　　　　表 2-26

项目编号	项目名称	项目特征描述	计量单位	工程量
010603001001	实腹柱	14mm 厚钢板，单根柱重 1.62t	t	2.248

【**例 2-13**】 如图 2-13 所示工 20a 号工字形钢柱，试计算钢柱制作清单工程量。

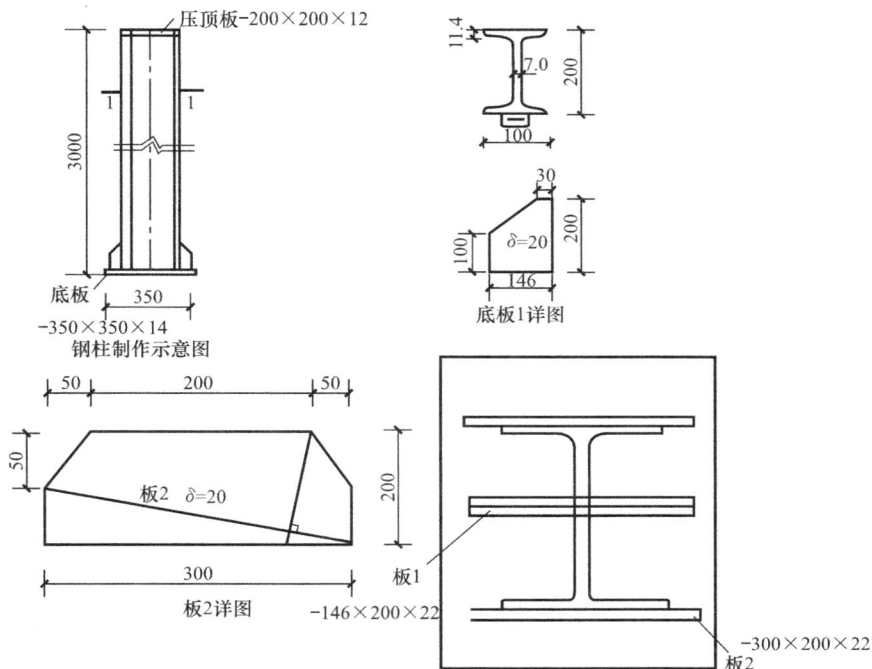

图 2-13　钢柱接点平面图

【解】

（1）工字形钢板的工程量

由附表 1-13 得工 20a 号工字钢理论质量为 27.93kg/m

$$27.93 \times (3 - 0.0120.01) = 83.18 \text{kg}$$

49

（2）压顶板的工程量

由附表 1-4 得 12mm 厚钢板的理论质量为 94.2kg/m²

$$94.2 \times (0.2 \times 0.2) = 3.77 \text{kg}$$

（3）底板的工程量

由附表 1-4 得 14mm 厚钢板的理论质量为 109.9kg/m²

$$109.9 \times (0.35 \times 0.35) = 13.46 \text{kg}$$

（4）不规则钢板的工程量

由附表 1-4 得 22mm 厚钢板的理论质量为 175.7kg/m²

$$175.7 \times (0.146 \times 0.2 \times 4 + 0.3 \times 0.2 \times 2) \text{kg} = 41.61 \text{kg}$$

（5）预算工程量

$$83.18 + 3.77 + 13.46 + 41.61 = 142.02 \text{kg} = 0.142 \text{t}$$

清单工程量计算见表 2-27。

清单工程量计算表   表 2-27

项目编号	项目名称	项目特征描述	计量单位	工程量
010603001001	实腹柱	工 20a 号工字钢，每米质量为 27.91kg	t	0.142

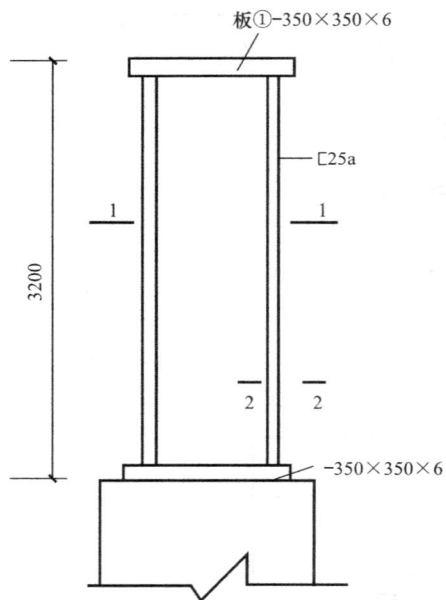

图 2-14 空腹钢柱示意图

【例 2-14】 如图 2-14 所示的空腹钢柱，试计算该柱的工程量。

【解】

1. 清单工程量

（1）板①－350×350×6 钢板的工程量

6mm 厚钢板的理论质量是 47.1kg/m²

$$47.1 \times 0.325 \times 0.35 \times 2 = 11.54 \text{kg} = 0.012 \text{t}$$

（2）板②－200×5 的钢板工程量

5mm 厚钢板的理论质量是 39.25kg/m²。

$$39.25 \times 0.2 \times (3.2 - 0.008 \times 2) \times 2 = 49.99 = 0.05 \text{t}$$

（3）匚25a 的工程量

匚25a 的理论质量是 27.41kg/m。

$$27.41 \times (3.2 - 0.008 \times 2) \times 2 = 174.55 \text{kg} = 0.175 \text{t}$$

（4）总工程量：$0.012 + 0.05 + 0.175 = 0.237 \text{t}$

清单工程量计算见表 2-28。

清单工程量计算表   表 2-28

项目编号	项目名称	项目特征描述	计量单位	工程量
010603002001	空腹钢柱	5mm、6mm 厚钢板，匚25a 槽钢	t	0.237

2. 定额工程量

定额工程量同清单工程量。

【例 2-15】 某钢柱结构图如图 2-15 所示，共有 18 根这样的钢柱（方形钢板 δ＝8mm，不规

则钢板 $\delta=6mm$），试计算其清单工程量。

【解】

（1）方形钢板（$\delta=8mm$）

查附表 1-4 知：8mm 厚钢板的理论质量是 $62.8kg/m^2$。

1）钢板面积：

$$0.36 \times 0.36 = 0.13m^2$$

2）重量小计：

$$62.8 \times 0.13 \times 2 = 16.33kg$$

（2）不规则钢板（$\delta=6mm$）

查附表 1-4 知：6mm 厚钢板的理论质量是 $47.1kg/m^2$。

1）钢板面积：

$$(0.195+0.09) \times 0.09 \div 2 = 0.013m^2$$

2）重量小计：

$$47.1 \times 0.013 \times 8 = 4.9kg$$

（3）钢管重量

$$(3.8-0.008 \times 2) \times 10.26 = 38.82kg$$

（4）18 根钢柱重量

$$(16.33+4.90+38.82) \times 18 = 1080.9kg = 1.081t$$

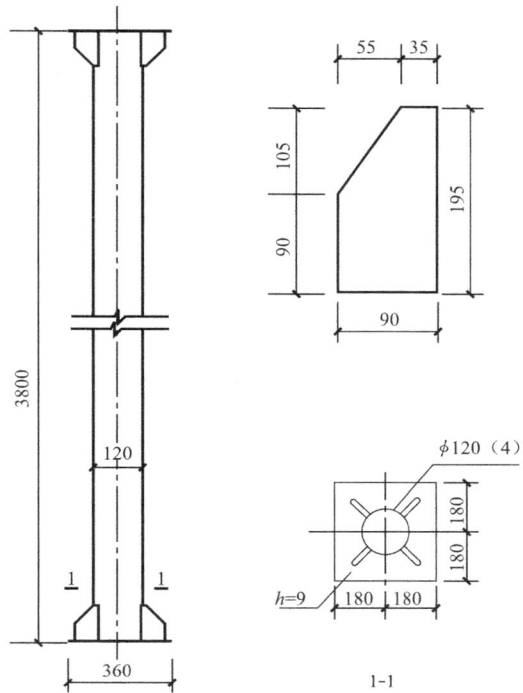

图 2-15　某钢柱结构图

【例 2-16】 某工程空腹钢柱如图 2-16 所示（最底层钢板为—12mm 厚），共 2 根，加工厂制作，运输到现场进行拼装、安装。钢材单位理论质量见表 2-29。试计算空腹钢柱的工程量。

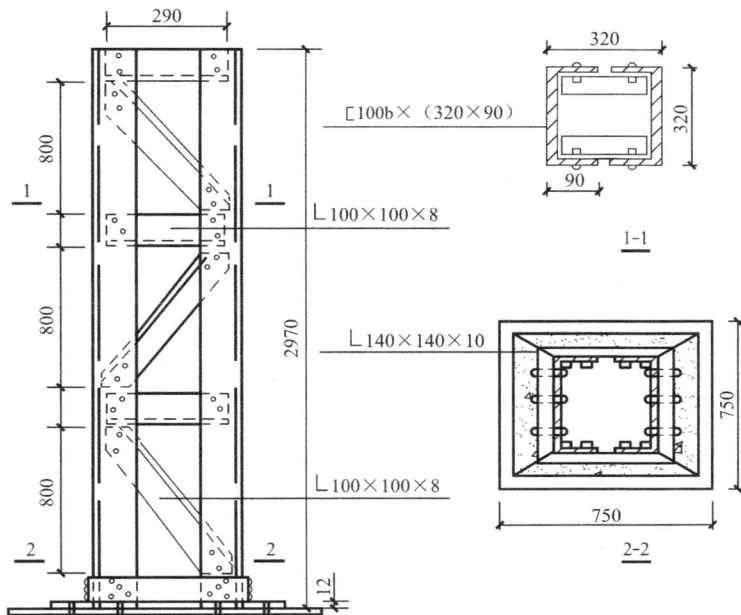

图 2-16　某工程空腹钢柱示意图（单位：mm）

规　格	单位质量	备　注
⊏100b× (320×90)	43.25kg/m	槽钢
∟100×100×8	12.28kg/m	角钢
∟140×140×10	21.49kg/m	角钢
—12	94.20kg/m²	钢板

【解】

(1) ⊏100b× (320×90) 槽钢

$$G_1 = 2.97 \times 2 \times 43.25 \times 2 = 513.81 \text{kg}$$

(2) ∟100×1130×8 角钢

$$G_2 = (0.29 \times 6 + \sqrt{0.8^2 + 0.29^2} \times 6) \times 12.28 \times 2 = 168.13 \text{kg}$$

(3) ∟140×140×10 角钢

$$G_3 = (0.32 + 0.14 \times 2) \times 4 \times 21.49 \times 2 = 103.15 \text{kg}$$

(4) —12 钢板

$$G_4 = 0.75 \times 0.75 \times 94.2 \times 2 = 105.98 \text{kg}$$

(5) 空腹钢柱的工程量

$$G = G_1 + G_2 + G_3 + G_4 = 513.81 + 168.13 + 103.15 + 105.98 = 891.07 \text{kg} = 0.891 \text{t}$$

【例 2-17】 图 2-17 为钢柱结构图，试计算 26 根钢柱的工程量。

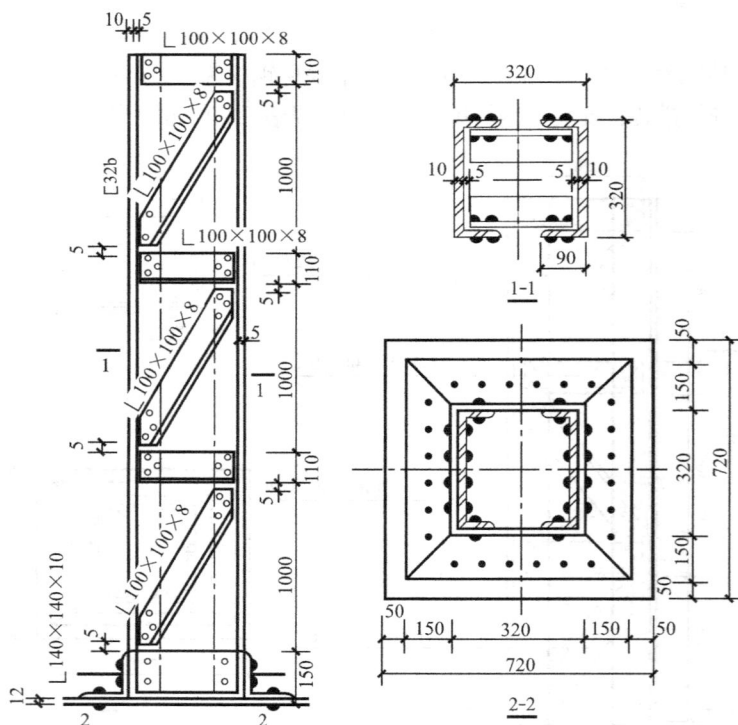

图 2-17　钢柱结构图

【解】

（1）该柱主体钢材采用[32b

[32b 理论质量为 43.25kg/m

柱高：0.15＋（1＋0.11）×3＝3.48m，2 根，则槽钢质量为：

$$43.25×3.48×2＝301.02kg$$

（2）水平杆角钢∟100×8

∟100×8 理论质量为 12.276kg/m

角钢长：（0.32－0.015×2）＝0.29m

6 块：12.276×0.29×6＝21.36kg

（3）斜杆角钢∟100×8，6 块

角钢长：$\sqrt{(1-0.01)^2＋(0.32-0.015×2)^2}＝1.032m$

$$12.276×1.032×6＝76.013kg$$

（4）底座角钢∟140×10

∟140×10 理论质量为 21.488kg/m

$$21.488×0.32×4＝27.505kg$$

（5）底座钢板- 12

12mm 钢板理论质量为 94.20kg/m^2

94.20×0.72×0.72＝48.833kg

1 根钢柱的工程量：301.02＋21.36＋76.013＋27.505＋48.833＝474.731kg

26 根钢柱的总工程量：474.731×26＝12343.01kg＝12.343t

【例 2-18】 如图 2-18 所示，计算钢柱工程量。

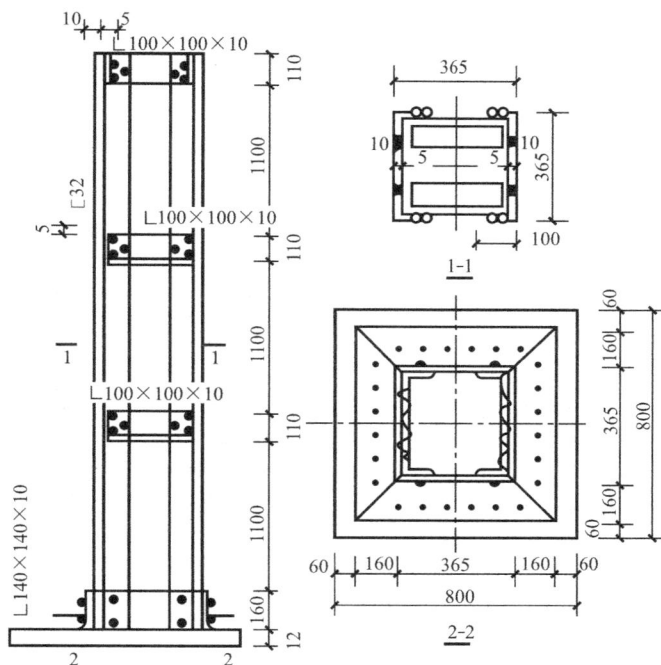

图 2-18 空腹钢柱示意图

【解】

工程量计算如下：

（1）〔32槽钢

$$[0.16+(1.1+0.11)\times3]\times43.25\times2=327.84kg$$

（2）∟100×100×10角钢

查附表1-8可知，∟100×10的理论质量为15.120kg/m

$$(0.365-0.006\times2)\times15.120\times6=32.02kg$$

（3）底座∟140×140×10

查附表1-8可知，∟140×10的理论质量为21.488kg/m

$$(0.365+0.02)\times4\times21.488=33.09kg$$

（4）—12钢板

查附表1-4可知，12mm钢板的理论质量为94.20kg/m²

$$0.8\times0.8\times94.20=60.29kg$$

（5）总计

$$327.84+32.02+33.09+60.29=453.24kg=0.453t$$

【例2-19】 某厂房钢柱如图2-19所示，共6根这样的钢柱，试计算其工程量。

【解】

计算1根钢柱的工程量：

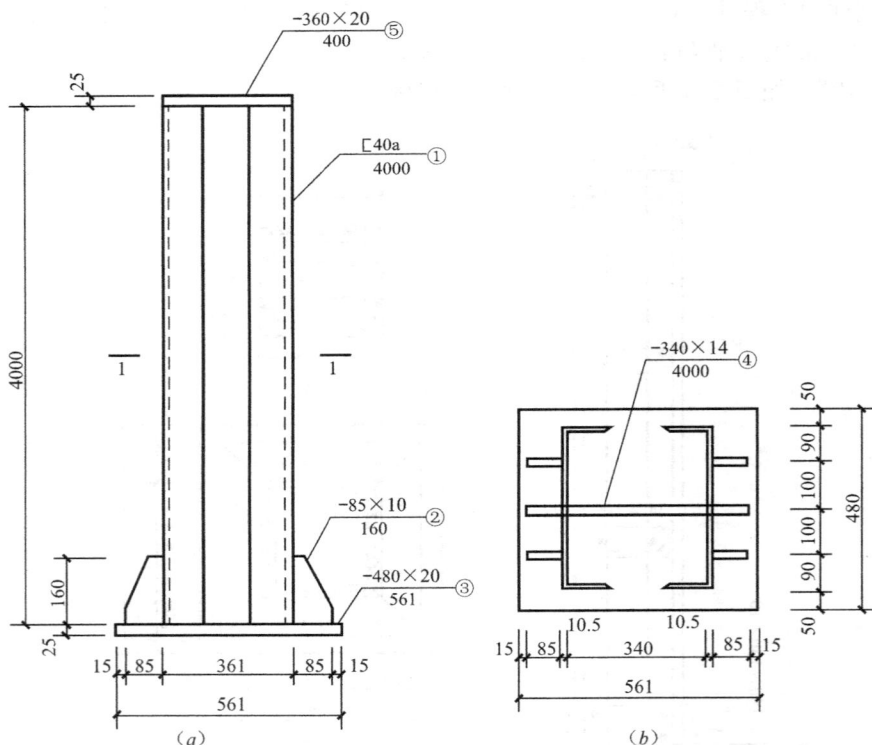

图2-19 某钢柱示意图

（a）立面图；（b）1-1剖面图

54

（1）〔40a

查附表1-15可知，〔40a的理论重量为58.91kg/m

$$58.91 \times 4.0 \times 2 = 471.28kg = 0.471t$$

（2）—85×10

$$0.085 \times 0.01 \times 0.16 \times 78.5 \times 5 = 0.053t$$

（3）—480×20

$$0.48 \times 0.02 \times 0.561 \times 157 = 0.846t$$

（4）—340×14

$$0.34 \times 0.014 \times 4.0 \times 109.9 = 2.092t$$

（5）—360×20

$$0.36 \times 0.02 \times 0.4 \times 157 = 0.452t$$

合计：$0.471 + 0.053 + 0.846 + 2.092 + 0.452 = 3.914t$

则6根钢柱的总工程量为：

$$3.914 \times 6 = 23.484t$$

清单工程量计算见表2-30。

清单工程量计算表 表2-30

项目编码	项目名称	项目特征描述	计量单位	工程量
010603002001	空腹钢柱	〔40a 槽钢 —85×10 钢板 —480×20 钢板 —340×14 钢板 —360×20 钢板 单根柱重量 0.69t	t	23.484

【例2-20】 某钢管柱如图2-20所示，试计算该柱的工程量。

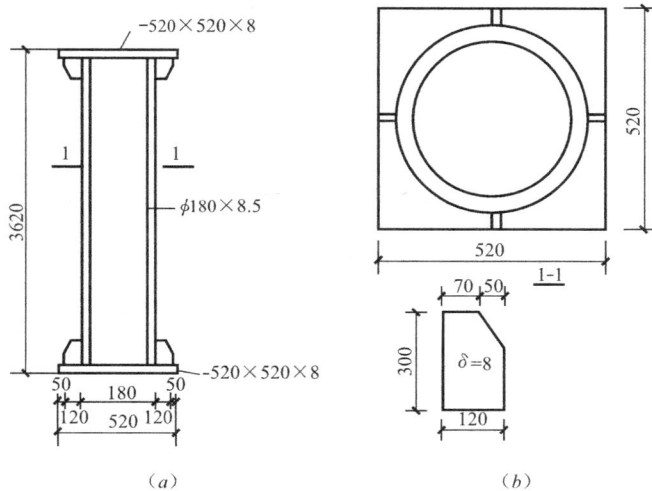

图2-20 支撑板详图

（a）柱立面图；（b）支撑板详图

55

【解】

1. 清单工程量

（1）上、下底板工程量：

查附表 1-4 知：8mm 钢板的理论质量为 $62.8kg/m^2$。

$$62.8 \times 0.52 \times 0.52 \times 2 = 33.96kg = 0.034t$$

（2）$\phi 180 \times 8.5$ 的圆柱的工程量：

查附表 1-14 知：$\phi 180 \times 8.5$ 的圆柱的理论质量为 $35.95kg/m$。

$$35.95 \times (3.62 - 0.008 \times 2) = 129.56kg = 0.13t$$

（3）支撑板的工程量：

$$62.8 \times 0.12 \times 0.3 \times 4 \times 2 = 18.09kg = 0.018t$$

（4）总工程量：

$$0.034 + 0.13 + 0.018 = 0.182t$$

清单工程量计算见表 2-31。

清单工程量计算表　　　　　　　　　　　　表 2-31

项目编码	项目名称	项目特征描述	计量单位	工程量
010603003001	钢管柱	8mm 厚钢板，$\phi 180 \times 8.5$ 圆钢	t	0.182

2. 定额工程量

（1）支撑板的工程量：

$$62.8 \times \sqrt{0.3^2 + 0.12^2} \times 0.12 \times 8 = 19.48kg = 0.019t$$

（2）其他构件的工程量同清单工程量。

（3）总工程量：

$$0.034 + 0.13 + 0.019 = 0.183t$$

说明：清单工程量多边形或不规则形按外接矩形面积计算；而定额工程量，是按最大对角线乘最大宽度所求得的面积计算。

【例 2-21】 如图 2-21 所示的槽形钢梁，试计算其清单工程量。

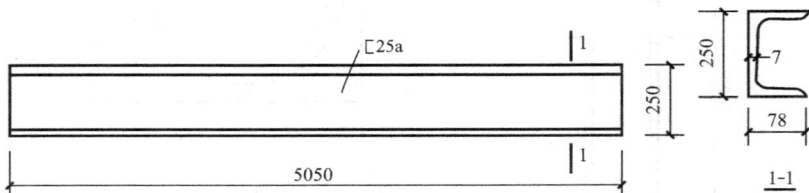

图 2-21　钢梁立面图

【解】

查附表 1-15 可知，匚25a 的理论质量为 $27.41kg/m$。

$$27.41 \times 5.05 = 138.42kg = 0.138t$$

清单工程量计算见表 2-32。

项目编码	项目名称	项目特征描述	计量单位	工程量
010604001001	钢梁	〔25a 槽钢	t	0.138

【例 2-22】 如图 2-22 所示为某工程梁工 32a，长度为 4.95m。计算其工程量。

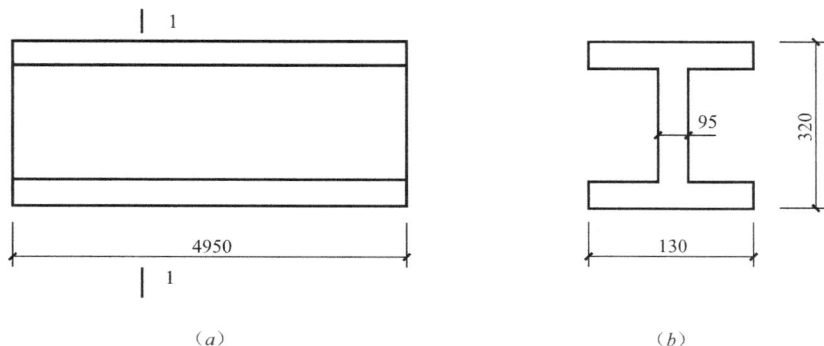

图 2-22　工型梁

(a) 立面图；(b) 1-1 剖面图

【解】

查附表 1-13 可得：工 32a 型梁单位长度质量为：52.717kg/m，则该梁的工程量为：

$$52.717 \times 4.95 = 260.95 \text{kg} = 0.261 \text{t}$$

清单工程量计算见表 2-33。

项目编码	项目名称	项目特征描述	计量单位	工程量
010604001001	钢梁	工 32a 工字钢	t	0.261

【例 2-23】 如图 2-23 所示，试计算钢吊车梁制作工程量。

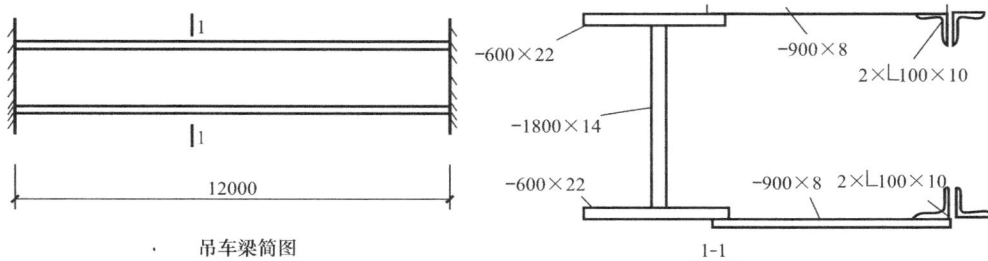

图 2-23　钢吊车梁示意图

【解】

(1) 翼缘的工程量

查附表 1-4 知：22mm 厚钢板的理论质量为 175.7kg/m²

$$175.7 \times 0.6 \times 12 \times 2 = 2530.08 \text{kg} = 2.53 \text{t}$$

（2）腹板的工程量

查附表 1-4 知：14mm 厚钢板的理论质量为 $109.9 kg/m^2$

$$109.9 \times 1.8 \times 12 = 2373.84 kg = 2.374 t$$

（3）连接板的工程量

查附表 1-4 知：8mm 厚钢板的理论质量为 $62.8 kg/m^2$

$$62.8 \times 0.9 \times 12 \times 2 = 1356.48 kg = 1.356 t$$

（4）角钢的工程量

查附表 1-8 知：∟100×10 的角钢的理论质量为 $15.12 kg/m$

$$15.12 \times 12 \times 4 = 725.76 kg = 0.726 t$$

（5）总工程量

$$2.53 + 2.374 + 1.356 + 0.726 = 6.986 t$$

【例 2-24】 某箱形吊车梁，截面如图 2-24 所示，跨度为 25m，试计算该吊车梁的制作工程量。

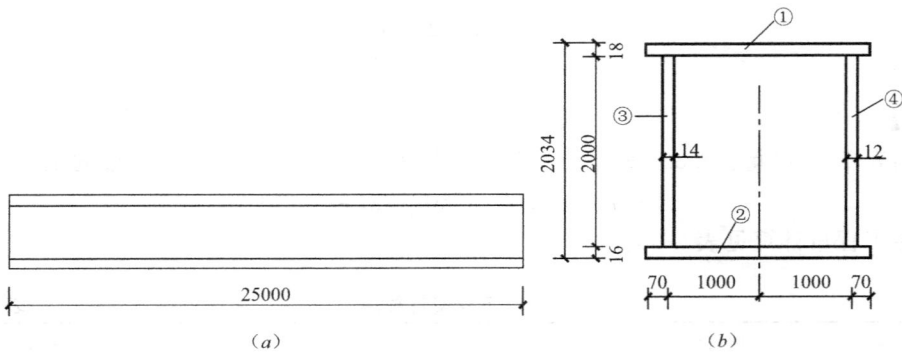

图 2-24 箱形吊车梁

（a）箱形吊车梁平面图；（b）箱形吊车梁立面图

【解】

工程量计算如下：

（1）—2140×18（$L = 25000$）

$$2.14 \times 25 \times 141.3 = 7559.55 kg$$

（2）—2140×16（$L = 25000$）

$$2.14 \times 25 \times 125.6 = 6719.6 kg$$

（3）—2000×14（$L = 25000$）

$$2.0 \times 25 \times 109.9 = 5495.00 kg$$

（4）—2000×12（$L = 25000$）

$$2.0 \times 25 \times 94.2 = 4710.00 kg$$

则总的制作工程量为：

$$7559.55 + 6719.6 + 5495.00 + 4710.00 = 24484.15 kg = 24.484 t$$

清单工程量计算见表 2-34。

项目编码	项目名称	项目特征描述	计量单位	工程量
010604002001	钢吊车梁	—2140×18 钢板 —2140×16 钢板 —2000×14 钢板 —2000×12 钢板	t	24.484

【例 2-25】 如图 2-25 所示的钢吊车轨道，计算其工程量。

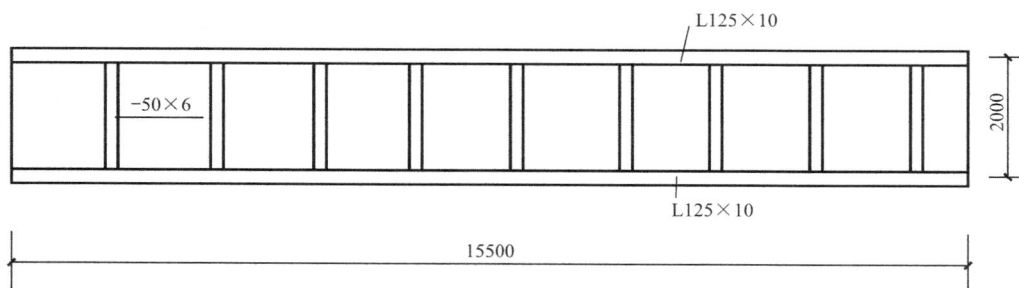

图 2-25 钢吊车轨道平面图

【解】

（1）轨道的工程量：

查附表 1-8 知：L 125×10 的理论质量是 19.133kg/m

$$19.133×15.5×2＝593.12kg＝0.593t$$

（2）加强板的工程量：

查附表 1-4 知：6mm 厚钢板的理论质量为 47.1kg/m²

$$47.1×0.05×2×9＝42.39kg＝0.042t$$

（3）总工程量：

$$0.593＋0.042＝0.635t$$

清单工程量计算见表 2-35。

项目编号	项目名称	项目特征描述	计量单位	工程量
010604002001	钢吊车梁	L 125×10 角钢，6mm 厚钢板	t	0.616

【例 2-26】 如图 2-26 所示的压型钢板楼板，求其工程量。

【解】

1. 清单工程量

$$25×15＝375m^2$$

清单工程量计算见表 2-36：

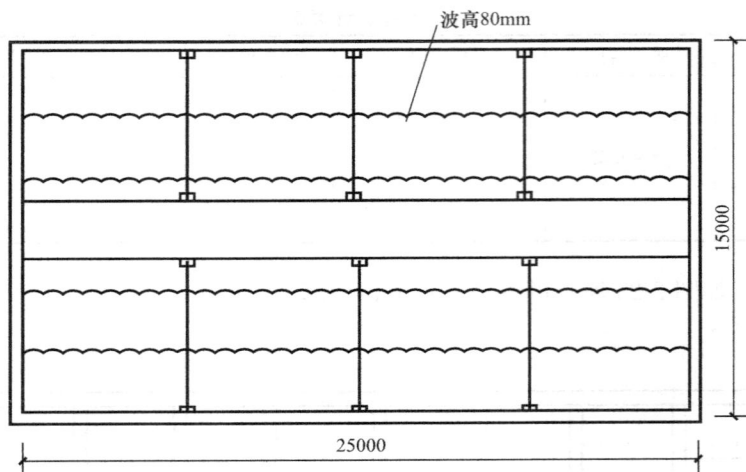

图 2-26 楼板平面布置图

清单工程量计算表 表 2-36

项目编号	项目名称	项目特征描述	计量单位	工程量
010605001001	钢板楼板	波高 80mm 的压型钢板	m²	375

2. 定额工程量

定额工程量同清单工程量。

说明：在计算中，无论是定额工程量还是清单工程量，均按设计图示尺寸以铺设水平投影面积计算，不扣除柱、跺及单个 0.3m² 以内的孔洞所占面积。

【例 2-27】 某压型钢板楼板厚 1.0mm，压型钢板长 2.4m，压型钢板宽 0.4m，截面尺寸如图 2-27 所示，试求其制作工程量。

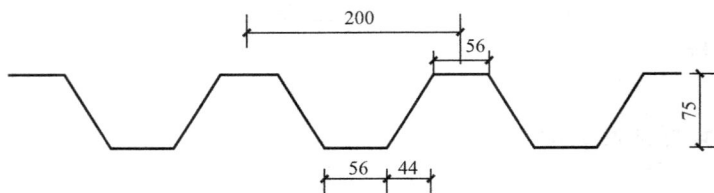

图 2-27 某压型钢板示意图

【解】

（1）一组槽宽为 200mm，其展开的宽度为：

$$\sqrt{44^2+75^2}\times2+56\times2=285.9mm$$

（2）这块压型钢板长 2.4m，即共有 12 组凹槽，则其展开长度为：

$$285.9\times12=3430.8mm=3.431m$$

则这块压型钢的面积为：

$$3.431\times0.4=1.3724m^2$$

（3）此压型钢板的制作工程量为：

60

$$1.3724 \times 0.001 \times 7.85 = 0.011t$$

清单工程量计算见表 2-37。

清单工程量计算表　　　　　　　　　　　　　　　　　　表 2-37

项目编号	项目名称	项目特征描述	计量单位	工程量
010605001001	钢板楼板	压型钢板厚 1.0mm	t	0.011

【**例 2-28**】 如图 2-28 所示的压型钢板墙板，计算其清单工程量。

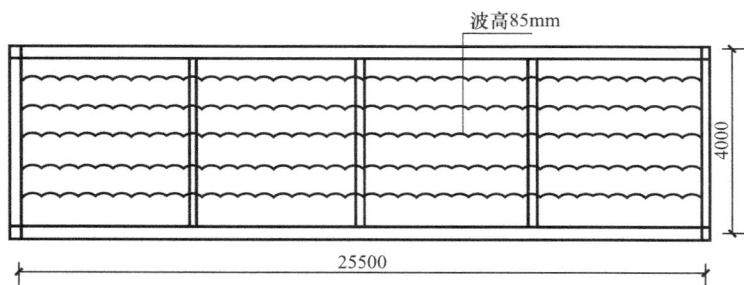

图 2-28　墙板布置图

【**解**】

清单工程量 $= 25.5 \times 4 = 102 \text{m}^2$

清单工程量计算见表 2-38。

清单工程量计算表　　　　　　　　　　　　　　　　　　表 2-38

项目编码	项目名称	项目特征描述	计量单位	工程量
010605002001	压型钢板墙板	波高 85mm 的压型钢板	m^2	102

【**例 2-29**】 试计算如图 2-29 所示柱间支撑制作工程量。

【**解**】

查附表 1-8 可知，∟70×6 的理论重量为 6.406kg/m

查附表 1-4 可知，8mm 钢板理论重量为 62.8kg/m

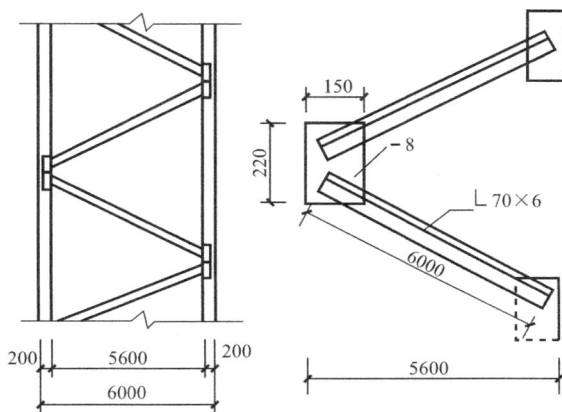

图 2-29　柱间支撑

钢支撑工程量为:

(1) ∟70×6 角钢

$$6.406×6×2＝76.87kg$$

(2) 一8 钢板

$$0.22×0.15×62.8×2＝4.14kg$$

一副钢支撑的制作工作量＝76.87＋4.14＝81.01kg＝0.081t

【例 2-30】 计算图 2-30 所示柱间支撑工程量。

【解】

(1) 钢管重量

查附表 1-14 可知 φ89×3.5 钢管理论重量为 7.38kg/m,则钢管重量为:

$$7.38×(7.5＋3.5×2)＝107.01kg＝0.107t$$

(2) 钢板重量

$$(0.234×0.22×4＋0.148×0.473)×47.1×6＝78kg＝0.078t$$

(3) 合计

$$0.078＋0.107＝0.185t$$

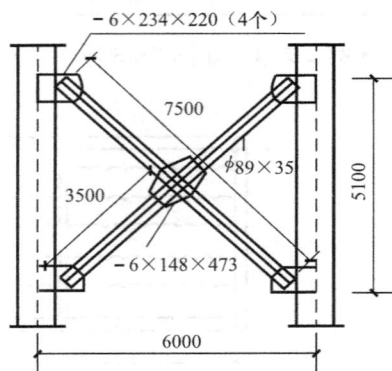

图 2-30 柱间支撑

清单工程量计算见表 2-39。

清单工程量计算表　　　　　　　　　　　　表 2-39

项目编号	项目名称	项目特征描述	计量单位	工程量
010606001001	钢支撑	φ89×3.5 钢管 一6×234×220 钢板 一6×148×473 钢板 复式 支撑高度 5.1m	t	0.185

【例 2-31】 某工字钢用于上下端均为铰接的带支撑的支柱,该工字钢的型号为工 25b,长度为 12m,如图 2-31 所示,试计算其工程量。

【解】

工 25b 的理论重量为 42.03kg/m²

10mm 钢板的理论重量为 78.5kg/m²

18mm 钢板的理论重量为 141.3kg/m²

(1) 腹板工程量

$$78.5×(0.214＋0.05)×12＝248.688kg＝0.249t$$

(2) 翼缘板工程量

$$2×141.3×(0.118＋0.05)×12＝569.722kg＝0.57t$$

(3) 总工程量

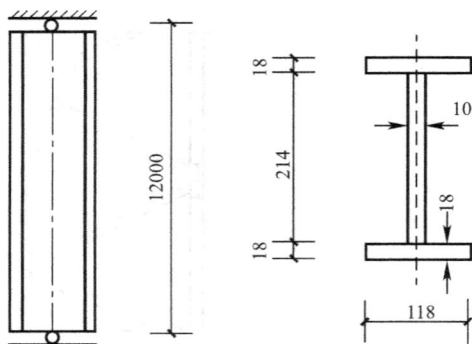

图 2-31 某工字钢

$$0.249＋0.57＝0.819t$$

清单工程量计算见表 2-40。

清单工程量计算表

表 2-40

项目编号	项目名称	项目特征描述	计量单位	工程量
010606001001	钢支撑	工 25b，单式，支撑高度 12m	t	0.819

【例 2-32】 如图 2-32 所示柱间支撑，试求其制作工程量。

【解】

(1) $\phi 95 \times 5$ 钢管

$(2.4-0.06 \times 2) \times 11.1 = 25.308 \text{kg} = 0.025 \text{t}$

(2) $\phi 68 \times 4.0$ 钢管

$1.4 \times 2 \times 2 \times 6.31 = 35.336 \text{kg} = 0.035 \text{t}$

(3) -220×6

$0.22 \times 0.32 \times 0.006 \times 47.1 \times 4 = 0.08 \text{t}$

(4) -270×6

$0.27 \times 0.415 \times 0.006 \times 47.1 = 0.032 \text{t}$

(5) -60×6

$0.06 \times 0.12 \times 0.006 \times 47.1 \times 2 = 0.004 \text{t}$

总计：$0.025 + 0.035 + 0.08 + 0.032 + 0.004 = 0.176 \text{t}$

清单工程量计算见表 2-41。

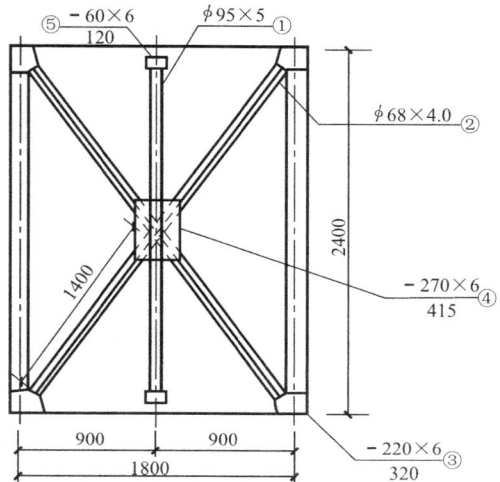

图 2-32　柱间支撑

清单工程量计算表

表 2-41

项目编号	项目名称	项目特征描述	计量单位	工程量
010606001001	钢支撑	$\phi 95 \times 5$ 钢管 $\phi 68 \times 4.0$ 钢管 -220×6 钢板 -270×6 钢板 -60×6 钢板 复式，支撑高度 2.4m	t	0.176

【例 2-33】 钢结构隅撑如图 2-33 所示，试计算隅撑工程量。

【解】

查附表 1-8 可知，∟70×6 理论重量为 6.406kg/m

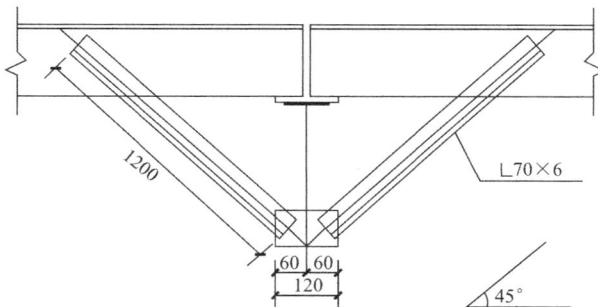

图 2-33　钢结构隅撑

$$1.2 \times 2 \times 6.406 = 15.374 \text{kg} = 0.015 \text{t}$$

清单工程量计算见表 2-42。

清单工程量计算表

表 2-42

项目编号	项目名称	项目特征描述	计量单位	工程量
010606001001	钢支撑	∟70×6角钢，复式	t	0.015

【例 2-34】 根据图 2-34 所示尺寸，计算柱间支撑制作工程量。

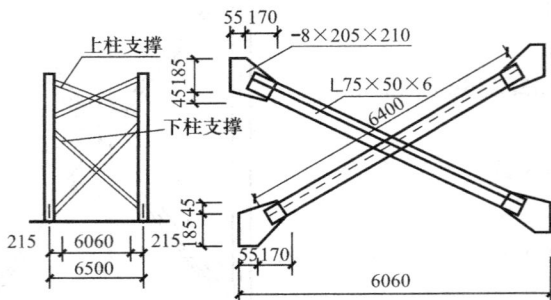

图 2-34　柱间支撑示意图

【解】

(1) 角钢每米重＝0.00795×厚×（长边＋短边－厚）＝0.00795×6.5×（75＋50－6）＝6.15kg/m

(2) 钢板重量＝7.85×8＝62.8kg/m²

(3) 钢支撑工程量

1) 角钢：6.06×2×6.15＝74.54kg

2) 钢板：0.205×0.21×4×62.8＝0.1722×62.8＝10.81kg

(4) 柱间支撑制作工程量＝74.54＋10.81＝85.35kg

【例 2-35】 试计算图 2-35 上柱钢支撑的制作与安装工程量。

【解】

上柱钢支撑由等边角钢和钢板构成。

(1) 计算等边角钢质量

每米等边角钢重＝0.00795×边厚×（2×边宽－边厚）

＝0.00795×6×（2×63－6）

＝5.72kg/m

等边角钢长＝斜边长-两端空位长＝$\sqrt{2.9^2+5.5^2}$－0.043－0.03＝6.145m

两根角钢重＝5.72×2×6.145＝70.30kg

(2) 计算钢板质量

每平方米钢板重＝7.85×δ＝7.85×8＝62.8kg/m²

钢板重＝（0.135×0.178＋0.145×0.176）×2×62.8＝6.22kg

上柱钢支撑的制作与安装工程量＝70.30＋6.22＝76.52kg

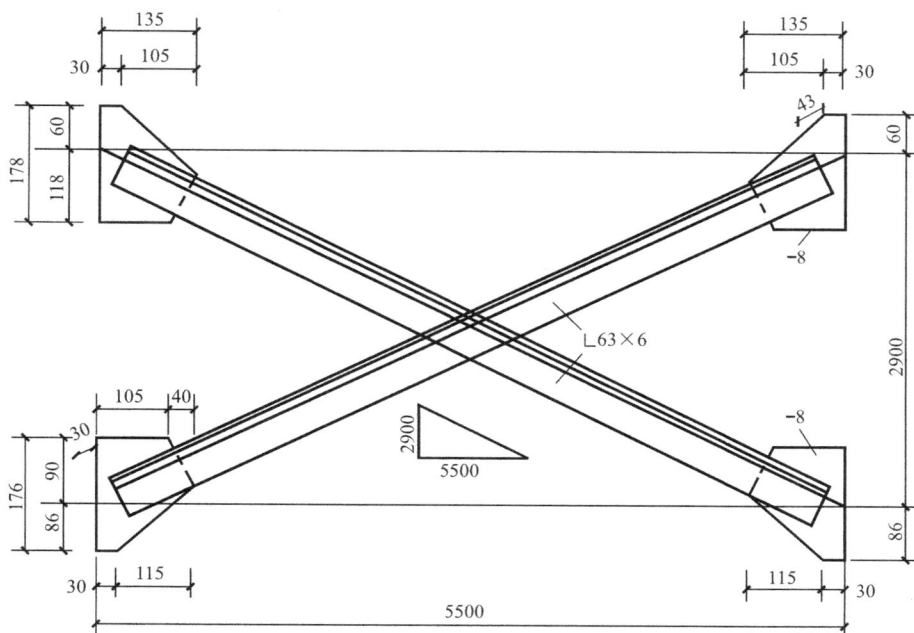

图 2-35　上柱钢支撑

【例 2-36】　如图 2-36 所示为柱间支撑，试计算其制作工程量。

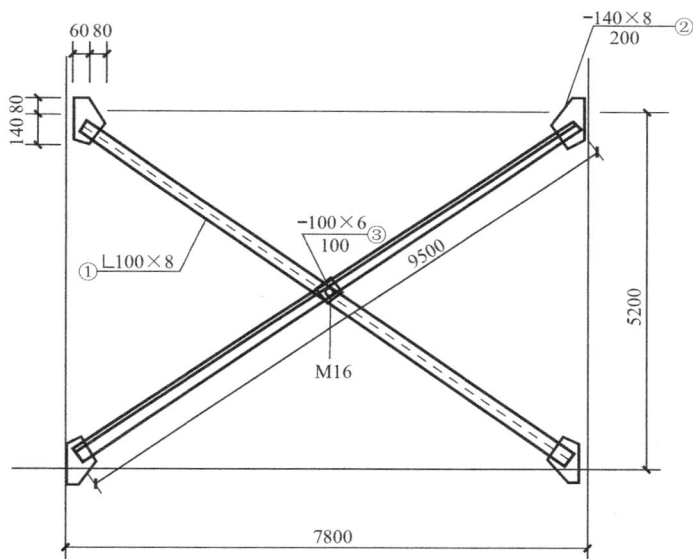

图 2-36　柱间支撑示意图

【解】

（1）∟100×8

查附表 1-8 可知，∟100×8 的理论重量为 12.276kg/m

$$12.276 \times 9.5 \times 2 = 233.2 \text{kg} = 0.233 \text{t}$$

（2）-140×8

$$0.14×0.008×0.2×4×62.8=0.056t$$

（3）-100×8

$$0.1×0.1×0.006×62.8=0.004t$$

总计：0.233+0.056+0.004=0.293t

清单工程量计算见表 2-43。

清单工程量计算表　　　　　　　　　　　　表 2-43

项目编码	项目名称	项目特征描述	计量单位	工程量
010606001001	钢支撑	∟100×8 角钢 －140×8 钢板 －100×6 钢板 复式 支撑高度 5.2m	t	0.293

【例 2-37】 某厂房上柱间支撑尺寸如图 2-37 所示，共 4 组，∟70×4 的理论质量为 4.37kg/m，－10 钢板理论质量为 78.5kg/m²。试计算柱间支撑工程量。

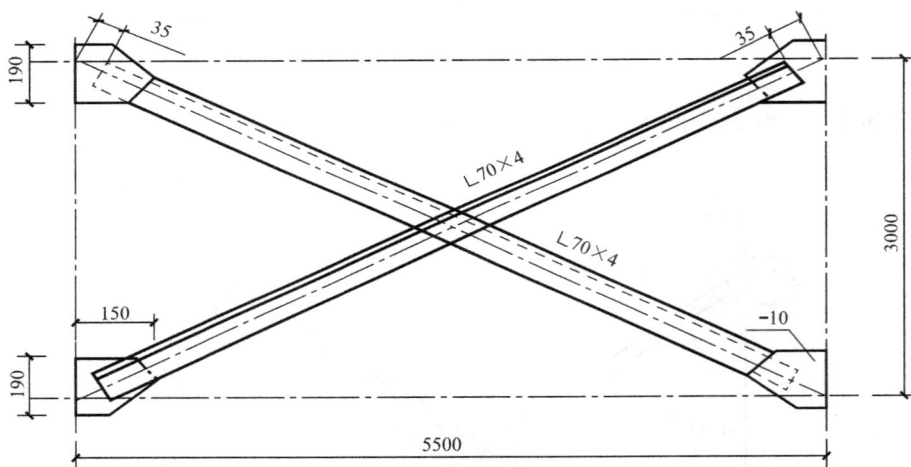

图 2-37　某厂房上柱间支撑尺寸图

【解】

计算公式：杆件质量＝杆件设计图示长度×单位理论质量

多边形钢板质量＝最大对角线长度×最大宽度×面密度

∟70×4 角钢质量＝$(\sqrt{5.5^2+3.0^2}-0.035×2)×4.37×2=54.14$kg

－10 钢板质量＝0.19×0.15×78.5×4＝8.949kg

柱间支撑工程量＝（54.14+8.949）×4＝252.4kg＝0.252t

【例 2-38】 某柱间支撑如图 2-38，试计算其制作工程量。

【解】

（1）2[14b

[14b 的理论重量为 16.73kg/m

$$16.73×2×12=401.5kg=0.402t$$

66

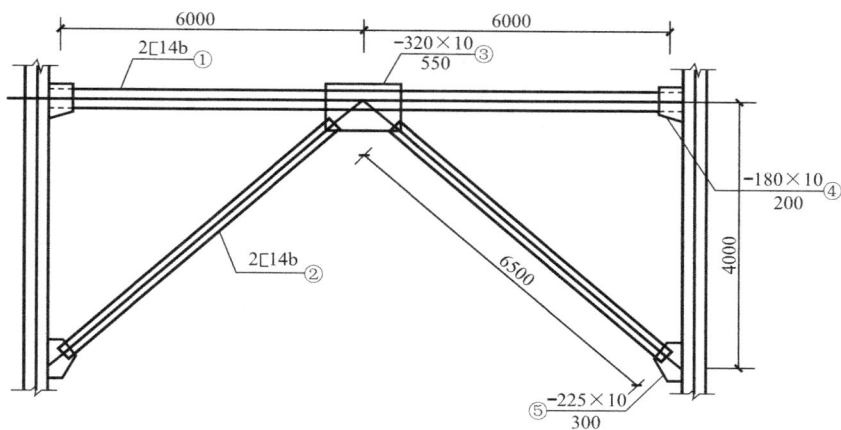

图 2-38 柱间支撑

（2）2[14b

$$16.73 \times 2 \times 6.5 \times 2 = 434.98 \text{kg} = 0.435 \text{t}$$

（3）—320×10

$$0.32 \times 0.01 \times 0.55 \times 78.5 = 0.138 \text{t}$$

（4）—180×10

$$0.18 \times 0.01 \times 0.2 \times 78.5 \times 2 = 0.057 \text{t}$$

（5）—225×10

$$0.225 \times 0.01 \times 0.3 \times 78.5 \times 2 = 0.106 \text{t}$$

总计：0.402＋0.435＋0.138＋0.057＋0.106＝1.138t

清单工程量计算见表 2-44。

清单工程量计算表　　　　　　　　　　　　　　　　表 2-44

项目编码	项目名称	项目特征描述	计量单位	工程量
010606001001	钢支撑	2[14b 槽钢 —320×10 钢板 —180×10 钢板 —225×10 钢板 复式 支撑高度 4.0m	t	1.138

【例 2-39】　某平面组合屋架钢支撑如图 2-39 所示，求该钢支撑的工程量。

【解】

（1）钢板①（δ12）的工程量

查附表 1-4 知：12mm 厚钢板的理论质量为 94.2kg/m²。

$$94.2 \times 0.8 \times 0.5 = 37.68 \text{kg} = 0.038 \text{t}$$

（2）槽钢（[20a）的工程量

查附表 1-15 知：[20a 钢板的理论质量为 22.64kg/m。

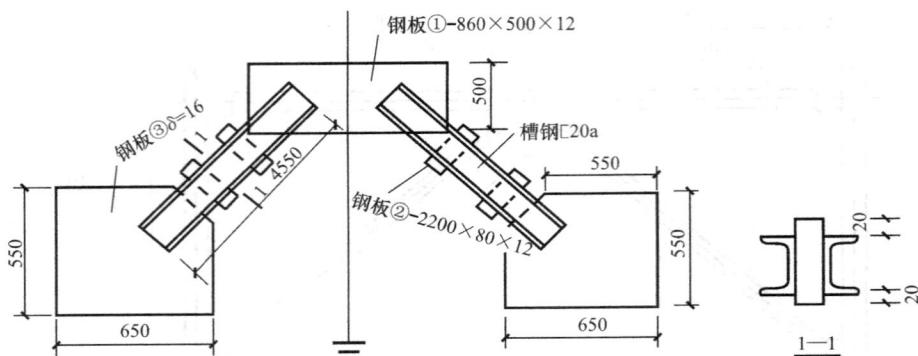

图 2-39 钢支撑立面图

$$22.64 \times 4.55 \times 4 = 412.05 \text{kg} = 0.412 \text{t}$$

（3）钢板②（$\delta 12$）的工程量

查附表 1-4 知：12mm 厚钢板的理论质量为 94.2kg/m²。

$$94.2 \times 0.22 \times 0.08 \times 4 = 6.63 \text{kg} = 0.007 \text{t}$$

（4）钢板③（$\delta 16$）的工程量

查附表 1-4 知：16mm 厚钢板的理论质量为 125.6kg/m²。

$$125.6 \times 0.65 \times 0.55 \times 2 = 89.80 \text{kg} = 0.09 \text{t}$$

（5）总的预算工程量

$$0.038 + 0.412 + 0.007 + 0.09 = 0.547 \text{t}$$

清单工程量计算见表 2-45。

清单工程量计算表

表 2-45

项目编码	项目名称	项目特征描述	计量单位	工程量
010606001001	钢支撑	12mm 钢板，⊏20a 槽钢，16mm 钢板	t	0.547

【例 2-40】 计算如图 2-40 所示的柱间支撑的制作工程量。

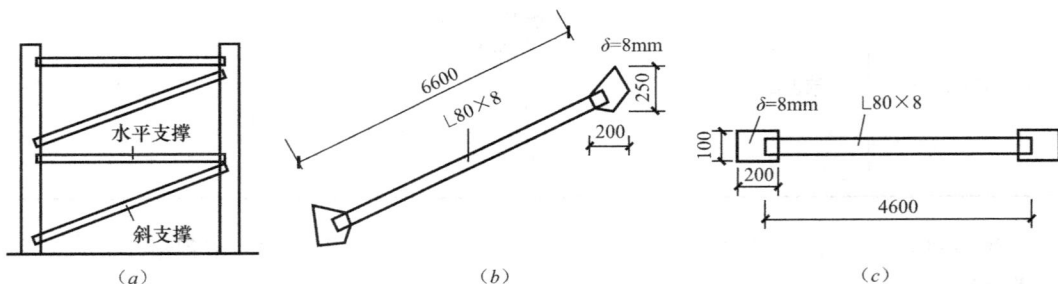

图 2-40 钢支撑示意图

（a）柱间支撑示意图；（b）斜支撑详图；（c）水平支撑详图

【解】

1. 清单工程量

（1）斜支撑的工程量

查附表 1-8 知：L 80×8 的理论质量为 9.658kg/m。

$$9.658 \times 6.6 \times 2 = 127.49 \text{kg} = 0.127 \text{t}$$

（2）水平支撑的工程量

$$9.658 \times 4.6 \times 2 = 88.85 \text{kg} = 0.089 \text{t}$$

（3）连接板的工程量

查附表 1-8 知：8mm 厚钢板的理论质量为 62.8kg/m²。

$$62.8 \times (0.1 \times 0.2 \times 4 + 0.2 \times 0.25 \times 4) = 17.58 \text{kg} = 0.018 \text{t}$$

（4）总的预算工程量

$$0.127 + 0.089 + 0.018 = 0.234 \text{t}$$

清单工程量计算见表 2-46。

清单工程量计算表　　　　　　　　　　　　　　表 2-46

项目编码	项目名称	项目特征描述	计量单位	工程量
010606001001	钢支撑	∟80×8 角钢，8mm 厚钢板	t	0.234

2. 定额工程量

定额工程量同清单工程量。

说明：柱间支撑计算时，清单工程量与定额工程量相同，是柱间支撑杆与连接板的工程量的累加，连接板为构件的配件，故计算时取设计图示尺寸。

【例 2-41】 某工程钢支撑如图 2-41 所示，钢屋架刷一遍防锈漆，一遍防火漆，试编制工程量清单计价表及综合单价计算表。

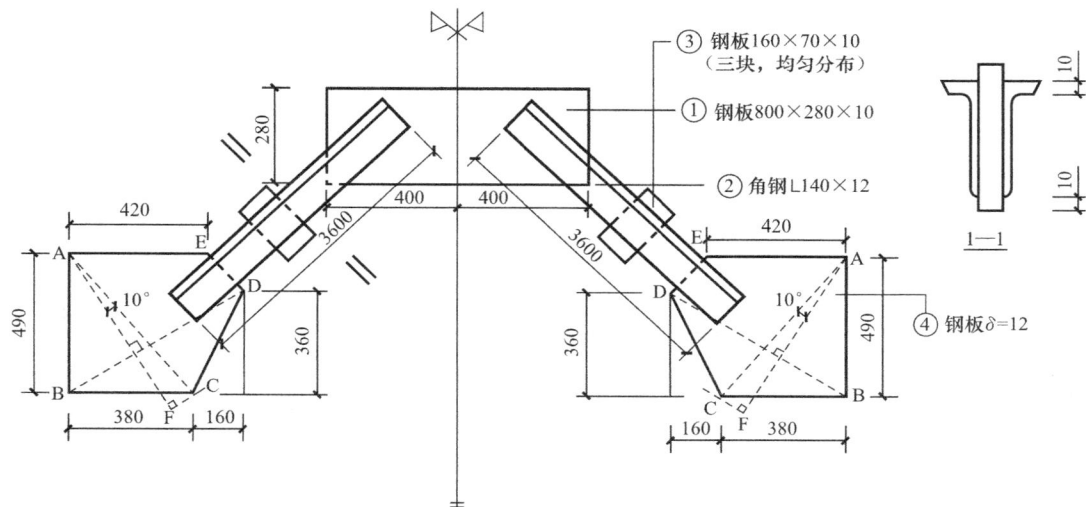

图 2-41 某工程钢支撑示意图

【解】

（1）工程量计算

角钢（∟140×12）：3.6×2×2×25.552 = 367.95kg

钢板（δ10）：0.8×0.28×78.5 = 17.58kg

钢板（δ10）：0.16×0.07×3×2×78.5＝5.28kg

钢板（δ12）：(0.16＋0.38)×0.49×2×94.2＝49.85kg

工程量合计：367.95＋17.58＋5.28＋49.85＝440.66kg＝0.441t

（2）钢支撑费用计算

1）钢屋架支撑制作安装

人工费：165.19×0.441＝72.85元

材料费：4716.47×0.441＝2079.96元

机械费：181.84×0.441＝80.19元

2）钢支撑刷一遍防锈漆

人工费：26.34×0.441＝11.62元

材料费：69.11×0.441＝30.48元

机械费：2.86×0.441＝1.26元

3）钢屋架支撑刷二遍防火漆

人工费：49.23×0.441＝21.71元

材料费：133.64×0.441＝58.94元

机械费：5.59×0.441＝2.47元

4）钢屋架支撑刷防火漆减一遍

人工费：25.48×0.441＝11.24元

材料费：67.71×0.441＝29.86元

机械费：2.85×0.441＝1.26元

（3）综合

直接费合计：2317.12元

管理费：2317.12×35％＝810.99元

利润：2317.12×5％＝115.86元

总计：2317.12＋810.99＋115.86＝3243.97元

综合单价：3243.97÷0.441＝7355.94元

分部分项工程量清单计价表见表2-47。

清单工程量计算表 表2-47

序号	项目编号	项目名称	项目特征描述	计算单位	工程数量	综合单价	合价	其中 直接费
1	010606001001	钢支撑	钢材品种，规格为：角钢∟140×12；钢板厚10mm：0.80×0.28；钢板厚10mm：0.16×0.07；钢板厚12mm：(0.16＋0.38)×0.49；钢支撑刷一遍防锈漆、防火漆	t	0.441	7355.94	3243.97	2317.12

分部分项工程量清单综合单价计算表见表2-48。

项目编号	010606001001		项目名称	钢支撑		计量单位	t	工程量	0.441

清单综合单价组成明细

定额编号	定额项目名称	定额单位	数量	单价/元			合价/元			
				人工费	材料费	机械费	人工费	材料费	机械费	管理费和利润
—	钢屋架支撑制作安装	t	0.441	165.19	4716.47	181.84	72.85	2079.96	80.19	893.2
—	钢支撑刷一遍防锈漆	t	0.441	26.34	69.11	2.86	11.62	30.48	1.26	17.34
—	钢屋架支撑刷两遍防火漆	t	0.441	49.23	133.64	5.59	21.71	58.94	2.47	33.25
—	钢屋架支撑刷防火漆，减一遍	t	0.441	−25.48	−67.71	−2.85	−11.24	−29.86	−1.26	−16.94
人工单价			小计				94.94	2139.52	82.66	926.85
28元/工日			未计价材料费				—			
清单项目综合单价/元							7355.94			

【例2-42】 某装饰大棚型钢檩条，尺寸如图2-42所示，共52根，∟50×32×4的线密度为2.494kg/m。试计算其工程量。

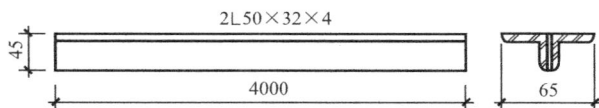

图2-42 钢檩条示意图

【解】

组合型钢檩条工程量：$4×2×2.494×52=1037.5kg=1.038t$

【例2-43】 计算如图2-43所示的钢檩条的制作工程量。

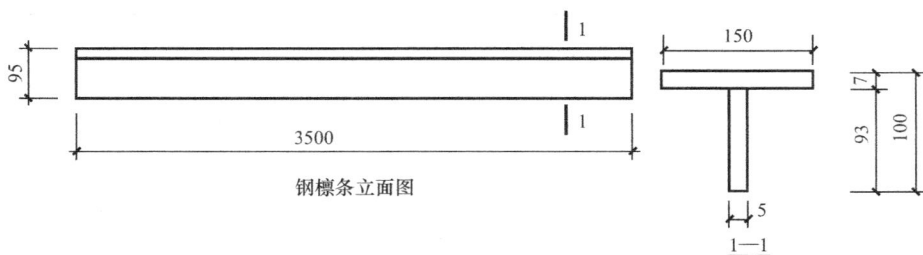

图2-43 钢檩条示意图

【解】

(1) 翼缘的工程量

查附表1-4知：7mm厚钢板的理论质量为$54.95kg/m^2$

$$54.95×0.15×3.5=28.85kg≈0.029t$$

（2）腹板的工程量

查附表 1-4 知：5mm 厚钢板的理论质量为 $39.25 kg/m^2$

$$39.25 \times 0.093 \times 3.5 = 12.78 kg \approx 0.013t$$

（3）总的预算工程量

$$0.029 + 0.013 = 0.042t$$

清单工程量计算见表 2-49。

清单工程量计算表 表 2-49

项目编号	项目名称	项目特征描述	计量单位	工程量
010606002001	钢檩条	7mm 厚钢板，5mm 厚钢板	t	0.042

【例 2-44】 试计算图 2-44 组合钢檩条制作的工程量，檩条采用冷弯薄壁卷边槽钢，截面尺寸为 C160×60×20×2.0，材料为 Q235。

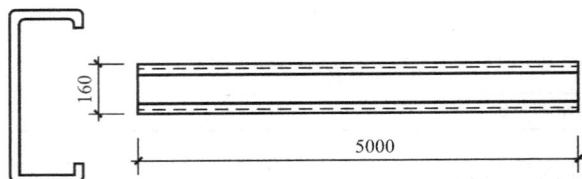

图 2-44 组合钢檩条

【解】

C160×60×20×2.0 卷边槽钢的理论重量为 4.76kg/m，则其制作工程量为：

$$4.76 \times 5.0 = 23.8 kg = 0.024t。$$

清单工程量计算见表 2-50。

清单工程量计算表 表 2-50

项目编号	项目名称	项目特征描述	计量单位	工程量
010606002001	钢檩条	冷弯薄壁卷边槽钢 C160×60×20×2.0 型钢式	t	0.024

【例 2-45】 试计算如图 2-45 所示钢天窗架的工程量。

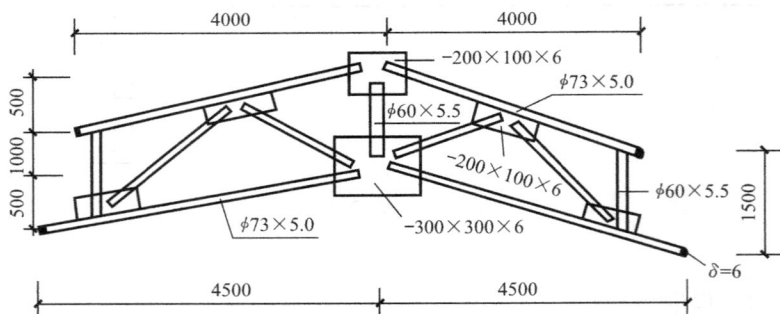

图 2-45 钢天窗架布置图

【解】

1. 清单工程量

（1）上、下弦杆工程量：查附表 1-4 知，$\phi 73 \times 5.0$ 的理论质量为 8.38kg/m。

1）下弦杆：$8.38 \times \sqrt{4.5^2 + 0.5^2} \times 2 = 75.92 = 0.076t$

2）上弦杆：$8.38 \times \sqrt{4^2 + 0.5^2} \times 2 = 67.54 = 0.068t$

所以，上、下弦杆工程量 $= 0.076 + 0.068 = 0.144t$

（2）斜向支撑杆的正程量：查附表 1-4 知，$\phi 60 \times 5.5$ 的理论质量为 7.39kg/m。

$$7.39 \times \sqrt{1.5^2 + 2^2} \times 4 = 73.9 = 0.074t$$

（3）竖向支撑杆的工程量

$$7.39 \times 1.5 \times 3 = 33.26kg = 0.033t$$

（4）塞板的工程量：查附表 1-4 知，6mm 厚钢板的理论质量为 47.1kg/m²。

$$47.1 \times \left(\frac{\pi}{4} \times 0.07^2 \times 2 \right) \times 2 = 0.725kg$$

（5）连接板的工程量：

$$47.1 \times (0.2 \times 0.1 \times 5 + 0.3 \times 0.3) = 8.949kg$$

（6）总的预算工程量：

$$0.144 + 0.074 + 0.033 + (0.725 + 8.949) \times 10^{-3} = 0.261t$$

清单工程量计算见表 2-51。

清单工程量计算表　　　　　　　　　　　　　　表 2-51

项目编号	项目名称	项目特征描述	计量单位	工程量
010606003001	钢天窗架	$\phi 73 \times 5.0$、$\phi 60 \times$ 5.5 钢管，6mm 厚钢板	t	0.261

2. 定额工程量

定额工程量同清单工程量，为 0.261t。

【例 2-46】 如图 2-46 所示钢挡风架，求该挡风架的工程量。

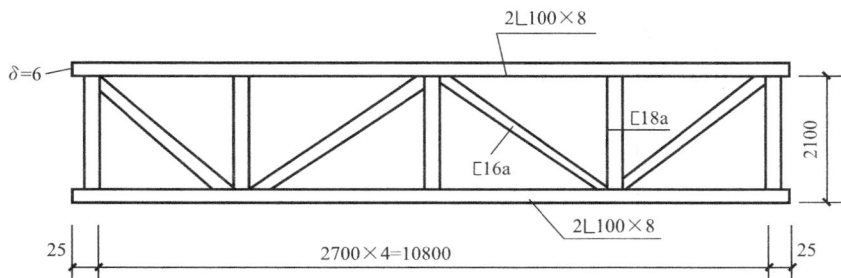

图 2-46　钢挡风架布置图

【解】

1. 清单工程量

（1）上弦杆的工程量

查附表 1-8 知，$\llcorner 110 \times 8.0$ 的理论质量为 13.532kg/m。

$$13.532 \times (10.8 + 0.025 \times 2) \times 2 = 293.64kg = 0.294t$$

（2）下弦杆的工程量

查附表 1-8 知，∟110×8.0 的理论质量为 12.276kg/m。

$$12.276 \times (10.8 + 0.025 \times 2) \times 2 = 266.39 \text{kg} = 0.266 \text{t}$$

（3）斜向支撑杆的工程量

查附表 1-15 知，[16a 的理论质量为 17.24kg/m。

$$17.24 \times \sqrt{2.1^2 + 2.7^2} \times 4 = 235.84 \text{kg} = 0.236 \text{t}$$

（4）竖向支撑杆的工程量

查附表 1-15 知，[18a 的理论质量为 20.174kg/m。

$$20.174 \times 2.1 \times 5 = 211.83 \text{kg} = 0.212 \text{t}$$

（5）塞板的工程量

6mm 厚钢板的理论质量为 47.1kg/m²。

$$47.1 \times (0.11 \times 0.11 + 0.1 \times 0.1) \times 2 = 2.08 \text{kg} = 0.002 \text{t}$$

（6）总工程量

$$0.294 + 0.266 + 0.236 + 0.212 + 0.002 = 1.01 \text{t}$$

清单工程量计算见表 2-52。

清单工程量计算表　　　　　　　　　　　　　　　　表 2-52

项目编号	项目名称	项目特征描述	计量单位	工程量
010606004001	钢挡风架	∟110×8、∟100×8 角钢，[18a 槽钢，6mm 厚钢板	t	1.01

2. 定额工程量

定额工程量同清单工程量。

【例 2-47】 如图 2-47 所示的钢墙架，试计算其工程量。

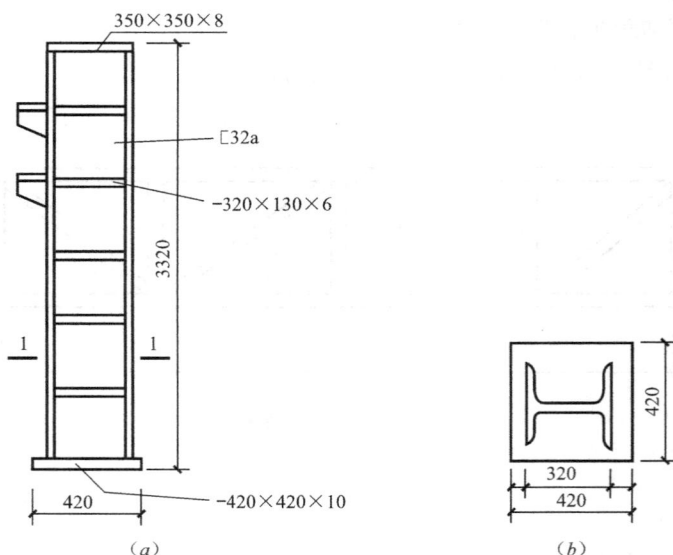

图 2-47　钢墙架示意图

（a）立面图；（b）1-1 示意图

【解】

（1）墙身的工程量

查附表 1-13 知，工 32a 的理论质量为 52.717kg/m。

$$52.717×（3.32-0.008-0.01）=174.07kg=0.174t$$

（2）上顶板的工程量

查表 1-4 知，8mm 厚钢板的理论质量为 62.8kg/m²。

$$62.8×0.35×0.35=7.69kg=0.008t$$

（3）加强板的工程量

查表 1-4 知，6mm 厚钢板的理论质量为 47.1kg/m²。

$$47.1×0.32×0.13=9.7968kg=0.01t$$

（4）下底板的工程量

查表 1-4 知，10mm 厚钢板的理论质量为 78.5kg/m²。

$$78.5×0.42×0.42=13.85kg=0.014t$$

（5）总工程量

$$0.174+0.008+0.01+0.014=0.206t$$

清单工程量计算见表 2-53。

清单工程量计算表　　　　　　　　　　　　　　表 2-53

项目编号	项目名称	项目特征描述	计量单位	工程量
010606005001	钢墙架	工 32a 型钢、6mm、8mm、10mm 厚钢板	t	0.206

【例 2-48】　计算如图 2-48 所示的钢平台的制作工程量。

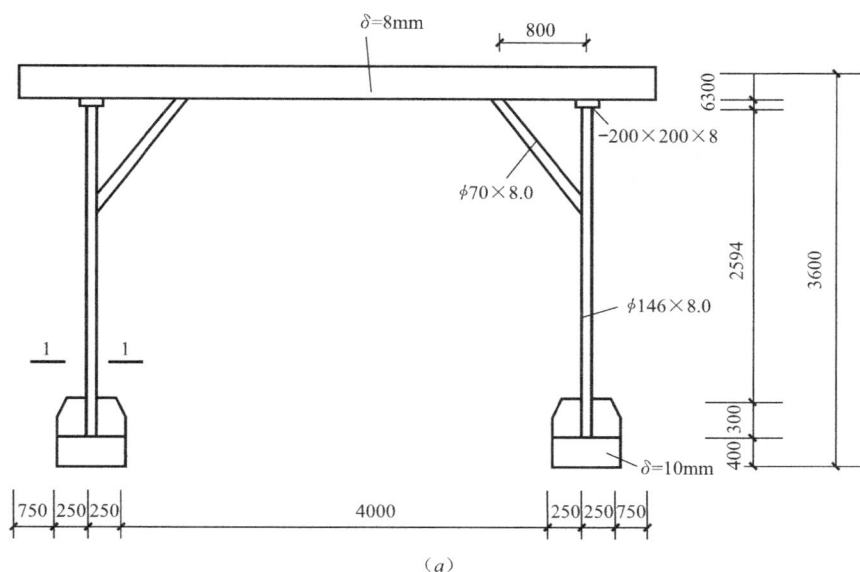

图 2-48　钢平台示意图（一）

（a）正立面、侧立面图

75

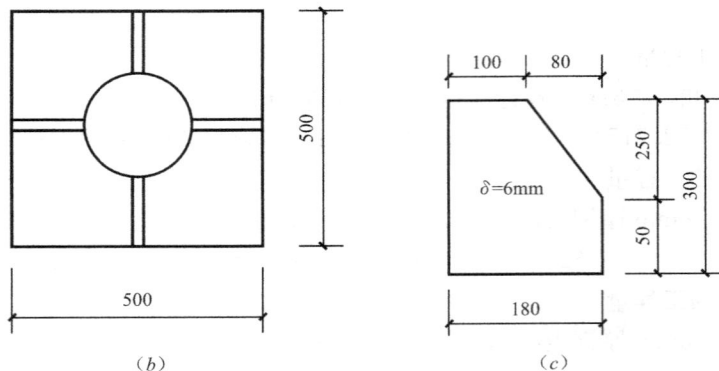

(b)

(c)

图 2-48　钢平台示意图（二）

(b) 1-1示意图；(c) 支撑板详图

【解】

1. 清单工程量

（1）8mm 钢板的工程量

查附表 1-4 知：8mm 钢板的理论质量为 $62.8kg/m^2$。

$$62.8 \times (4+0.25 \times 2+1 \times 2) \times (4+0.25 \times 2+1 \times 2)$$
$$=62.8 \times 6.5 \times 6.5$$
$$=2653.3kg$$
$$=2.653t$$

（2）-200×200×8 钢板的工程量

查附表 1-4 知：8mm 钢板的理论质量为 $62.8kg/m^2$。

$$62.8 \times 0.2 \times 0.2 \times 4=10.05kg=0.01t$$

（3）$\phi146 \times 8.0$ 钢管的工程量

查附表 1-4 知：$\phi146 \times 8.0$ 钢管的理论质量为 27.23kg/m。

$$27.23 \times (2.594+0.3) \times 4=315.21kg=0.315t$$

（4）$\phi0 \times 8.0$ 钢管的工程量

查附表 1-4 知：$\phi70 \times 8.0$ 钢管的理论质量为 12.23kg/m。

$$12.23 \times \sqrt{0.8^2+0.8^2} \times 2 \times 4=110.56kg=0.111t$$

（5）底座钢板的工程量

查附表 1-4 知：10mm 钢板的理论质量为 $78.5kg/m^2$。

$$78.5 \times 0.5 \times 0.5 \times 4=78.5kg=0.079t$$

（6）支撑板的工程量

查附表 1-4 知：6mm 钢板的理论质量为 $47.1kg/m^2$。

$$47.1 \times 0.18 \times 0.3 \times 4 \times 4=40.69kg=0.041t$$

（7）总工程量

$$2.653+0.01+0.315+0.111+0.079+0.041=3.209t$$

清单工程量计算见表 2-54。

项目编号	项目名称	项目特征描述	计量单位	工程量
010606006001	钢平台	8mm 钢板，-200×200×8 钢板，ϕ146×8.0 钢管，ϕ70×8.0 钢管，10mm 和 6mm 厚钢板	t	3.209

2. 定额工程量

（1）支撑板的工程量

$$47.1×0.18×\sqrt{0.18^2+0.3^2}×4×4=47.46kg=0.047t$$

（2）其余构件工程量同清单工程量。

（3）总工程量

$$2.653+0.01+0.315+0.111+0.079+0.047=3.215t$$

说明：钢平台的工程量就是各构件的工程量的累加，在清单工程量的计算中，不规则或多边形钢板以其外接矩形面积乘以单位理论质量计算；而在定额工程量的计算中，不规则或多边形钢板以其最大对角线乘以最大宽度，然后乘以单位理论质量计算。

【例 2-49】 如图 2-49 所示的钢走道，计算其工程量。

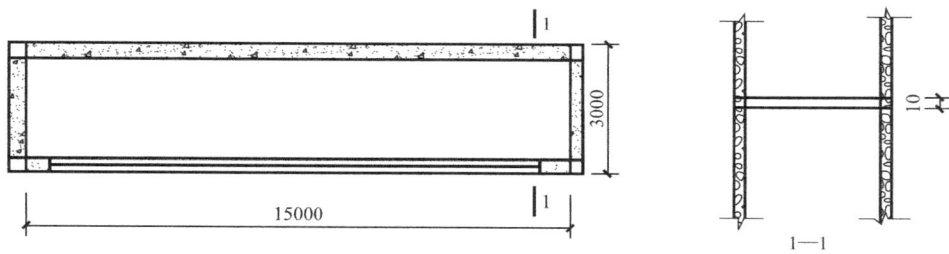

图 2-49 钢走道示意图

【解】

10mm 厚钢板的理论质量为 94.2kg/m²

$$94.2×3×15=4239kg=4.239t$$

清单工程量计算见表 2-55。

项目编号	项目名称	项目特征描述	计量单位	工程量
010606007001	钢走道	10mm 厚钢板	t	4.239

【例 2-50】 如图 2-50 所示，计算制作钢直梯的清单工程量。

【解】

6mm 厚钢板的理论质量为 47.1kg/m²

（1）扶手工程量

$$47.1×（0.05×2+0.038×2）×4.2×2=69.63kg=0.070t$$

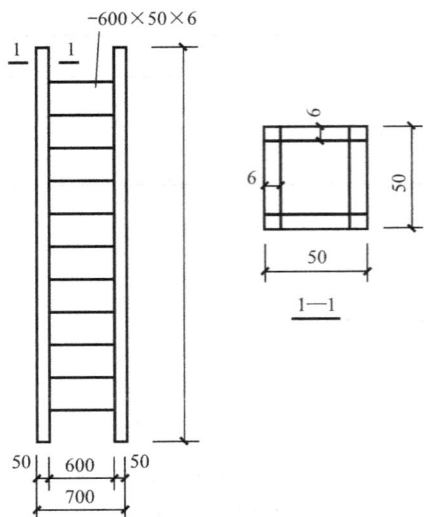

图 2-50 钢梯示意图

（4）扁钢- 12×8

$$0.012×0.45×11×2×0.75×0.008=0.001t$$

（2）梯板工程量

$$47.1×0.6×0.05×11=15.543kg=0.016t$$

（3）总工程量

$$0.070+0.016=0.086t$$

清单工程量计算见表 2-56。

【例 2-51】 计算如图 2-51 所示金属楼梯工程量。

【解】

（1）$\phi60×3.0$ 钢管

$\phi60×3.0$ 钢管理论重量为 4.22kg/m

$$4.22×（0.9×2+4.2×1.2-0.15）=28.23kg=0.028t$$

（2）□14×14

□14×14 的理论重量为 1.54kg/m

$$0.9×10×1.54=13.86kg=0.014t$$

（3）$\varphi45×3.0$

$$（4.2×1.2-0.15）×3.11=15.21kg=0.015t$$

清单工程量计算表　　　　　　　　　　　表 2-56

项目编码	项目名称	项目特征描述	计量单位	工程量
010606008001	钢梯	5mm 厚钢板，6mm 厚钢板，钢直梯	t	0.086

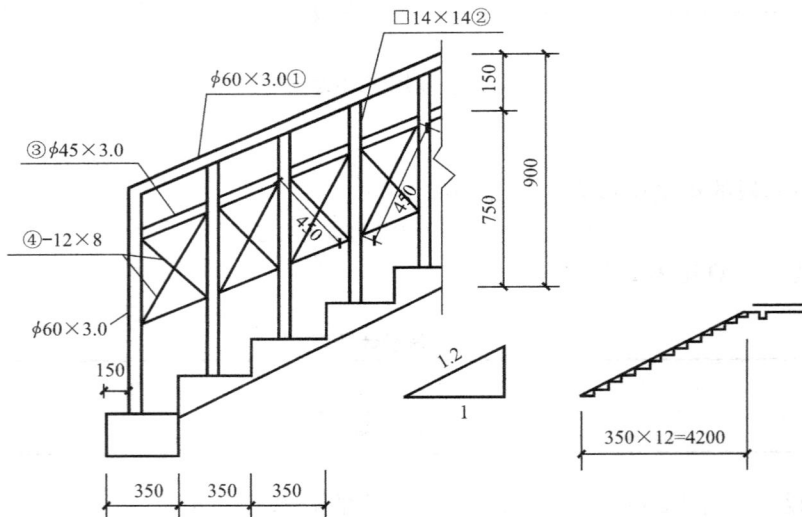

图 2-51 金属楼梯示意图

合计：$0.028+0.014+0.015+0.001=0.058t$

清单工程量计算见表 2-57。

表 2-57

项目编号	项目名称	项目特征描述	计量单位	工程量
010606008001	钢梯	φ60×3.0 钢管 □14×14 φ45×3.0 钢管 －12×8 钢板 踏步式	t	0.058

【例 2-52】 某直钢梯，梯梁截面采用∟75×5mm 的角钢制成，梯棍采用 φ20 的圆钢制成，具体尺寸如图 2-52 所示，计算其工程量。

【解】

∟75×5 的理论重量为 5.82kg/m

φ20 圆钢的理论重量为 2.47kg/m

（1）梯梁（∟75×5mm）

$$5.82×2.0×2=23.28kg$$

（2）梯棍（φ20 圆钢）

$$（0.4＋0.06×2）×2.47×7=8.99kg$$

（3）总工程量

$$23.28＋8.99=32.27kg=0.032t$$

清单工程量计算见表 2-58。

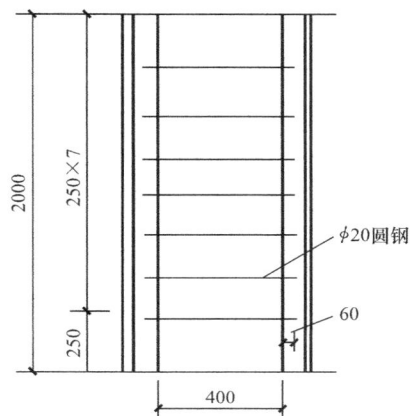

图 2-52 直钢梯

清单工程量计算表　　　　　表 2-58

项目编码	项目名称	项目特征描述	计量单位	工程量
010606008001	钢梯	梯梁：∟75×5 角钢 梯棍：φ20 圆钢 爬式	t	0.032

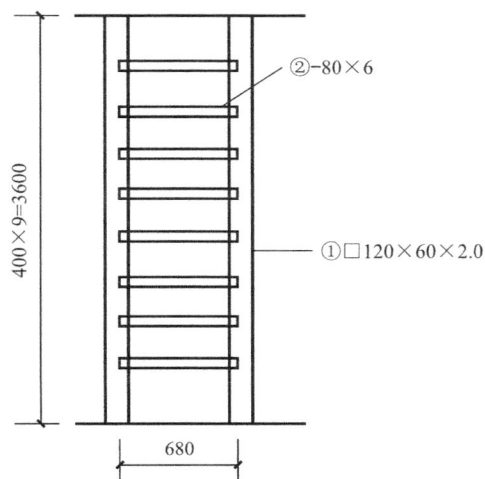

图 2-53 钢梯示意图

【例 2-53】 计算如图 2-53 所示钢直梯制作工程量。

【解】

（1）矩形钢管□120×60×2.0

其理论重量为 5.45kg/m，则其工程量为：

$$5.45×3.6×2=39.24kg=0.039t$$

（2）扁钢-80×6

扁钢-80×6 的理论重量为 3.77kg/m

$$3.77×0.68×8=20.51kg=0.021t$$

合计：0.039＋0.021＝0.06t

清单工程量计算见表 2-59。

项目编号	项目名称	项目特征描述	计量单位	工程量
010606008001	钢梯	矩形钢管：□120×60×2.0 扁钢-80×6 爬式	t	0.06

【例 2-54】 某钢直梯如图 2-54 所示，$\phi 28$ 光面钢筋线密度为 $4.834 kg/m$，计算钢直梯工程量。

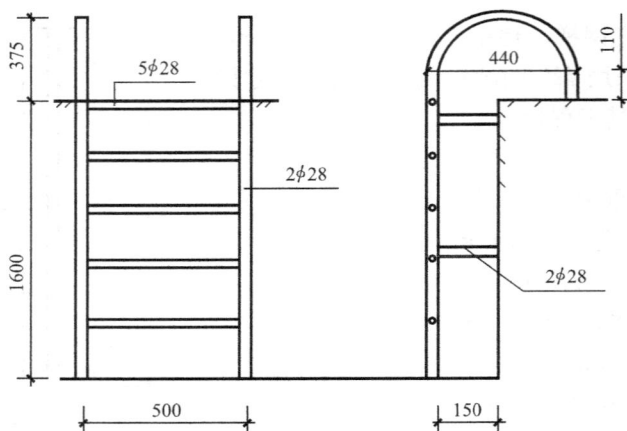

图 2-54 钢直梯

【解】

计算公式：杆件质量＝杆件设计图示长度×单位理论质量

钢直梯工程量＝ $[(1.60＋0.11×2＋0.44×\pi÷2)×2＋(0.50-0.028)×5＋(0.15-0.014)×4]×4.834$

$＝38.315 kg$

$＝0.038 t$

【例 2-55】 如图 2-55 所示钢梯，根据图示尺寸，试编制工程量清单计价表及综合单价计算表（考虑现场制作，不计运输、探伤、刷漆）。

【解】

(1) 清单工程量计算：

角钢 $\llcorner 70×45×3$：$(2.6×2＋0.18×2＋0.06×2)×2.67＝0.015 t$

圆钢 $\phi 18$：$0.45×10×2＝0.009 t$

合计：0.024t

(2) 消耗量定额工程量：0.024t

(3) 钢梯制作：

1) 人工费：$0.024×696.30/1＝16.7$ 元

2) 材料费：$0.024×3137.89/1＝75.31$ 元

3) 机械费：$0.024×1150.84/1＝27.62$ 元

合价：119.63 元

(4) 钢梯安装：

1) 人工费：$0.024×428.78/1＝10.29$ 元

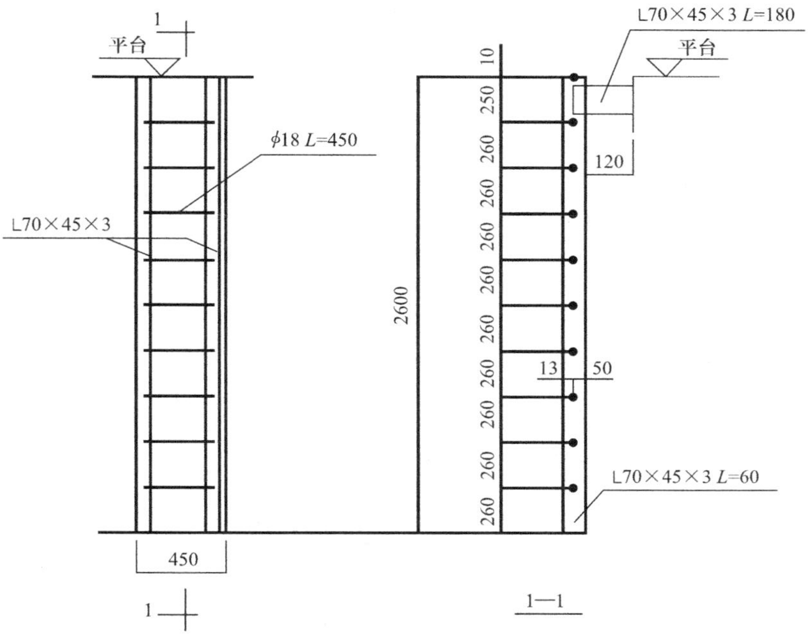

图 2-55　钢梯

2）材料费：$0.024 \times 56.89 / 1 = 1.37$ 元

3）机械费：$0.024 \times 24.78 / 1 = 0.59$ 元

合价：12.25 元

（5）直接费：$119.63 + 12.25 = 131.88$ 元

管理费：$131.88 \times 6.5\% = 8.57$ 元

利润：$131.88 \times 1.4\% = 1.85$ 元

合价：142.3 元

综合单价：$142.3 \div 0.024 = 5929.17$ 元

结果见表 2-60 和表 2-61。

分部分项工程量清单计价表　　　　表 2-60

序号	项目编号	项目名称	项目特征描述	计量单位	工程数量	金额/元		
						综合单价	合价	其中 直接费
1	010606008001	钢梯制安	制作、安装	t	0.024	5929.17	142.3	131.88

分部分项工程量清单综合单价计算表　　　　表 2-61

| 项目编号 | 010606008001 | 项目名称 | 钢梯制安 | 计量单位 | t | 工程量 | 0.024 |

清单综合单价组成明细

定额编号	定额项目名称	定额单位	数量	单价/元			合价/元			
				人工费	材料费	机械费	人工费	材料费	机械费	管理费和利润
7-5-4	钢支撑制作	t	0.024	696.30	3137.89	1150.84	16.7	75.31	27.62	9.45
10-3-252	钢楼梯安装	t	0.024	428.78	56.89	24.78	10.29	1.37	0.59	0.97
人工单价		小计					26.99	76.68	28.21	10.42
28 元/工日		未计价材料费					—			
清单项目综合单价/元							5929.17			

【例 2-56】 试计算图 2-56 示踏步式钢梯工程量和人工钢材用量。

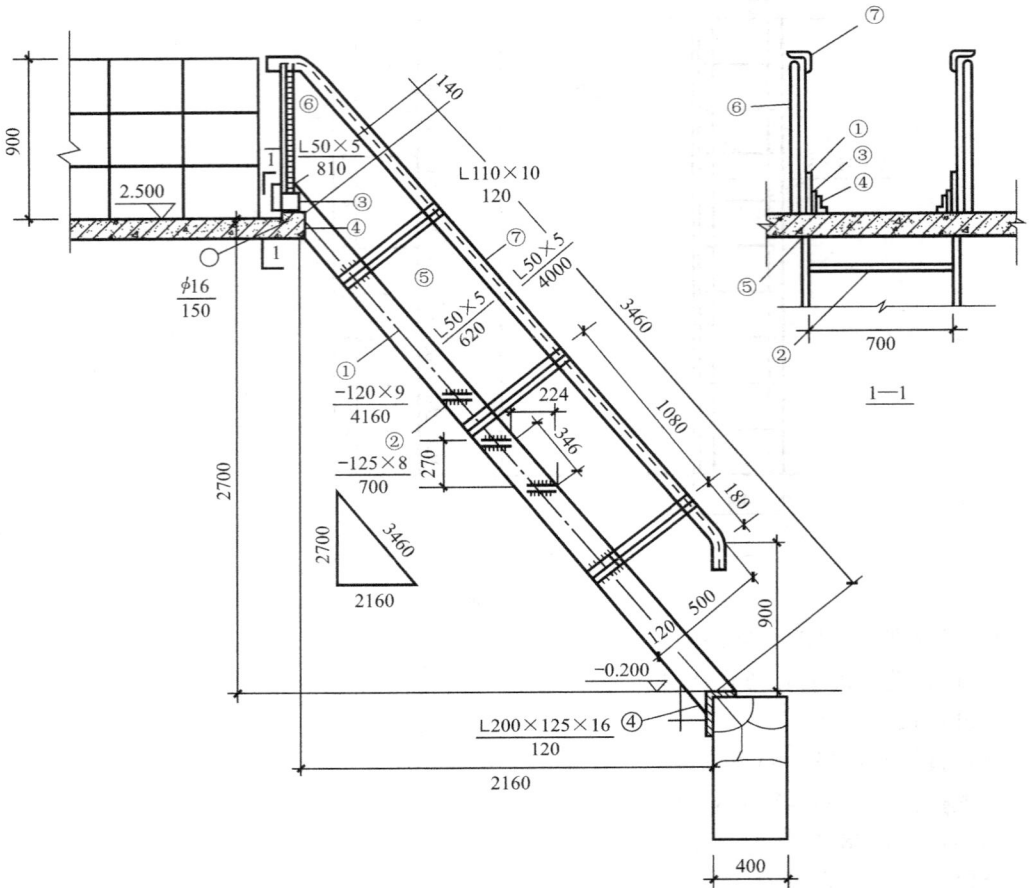

图 2-56 踏步式钢梯

【解】

钢梯制作工程量按图示尺寸计算出长度，再按钢材单位长度质量计算钢梯钢材质量，以吨（t）为单位计算。工程量计算如下：

（1）钢梯边梁，扁钢- 120×9，长度 l=4.00m，2 块；由附表 1-18 得理论质量为 8.48kg/m

$$8.48×4.00×2=67.84kg$$

（2）钢踏步，-125×8，长度 l=0.65m，9 块，理论质量为 7.85kg/m

$$7.85×0.65×9=45.92kg$$

（3）∟110×10，长度 l=0.12m，2 根，16.69kg/m

$$16.69×0.12×2=4.01kg$$

（4）∟200×125×16，长度 l=0.12，4 根，理论质量为 39.045kg/m

$$39.045×0.12×4=18.74kg$$

（5）∟50×5，l=0.62m，6 根，理论质量为 3.77kg/m

$$3.77×0.62×6=14.02kg$$

（6）∟56×5，$l=0.79$m，2根，理论质量为4.251kg/m

$$4.251×0.79×2=6.72kg$$

（7）∟50×5，$l=4.0$m，2根，理论质量为3.77kg/m

$$3.77×4×2=30.16kg$$

钢材总质量$=67.84+45.92+4.01+18.74+14.02+6.72+30.16$

$$=187.41kg$$

$$=0.187t$$

【例2-57】 计算如图2-57所示的钢梯制作工程量。

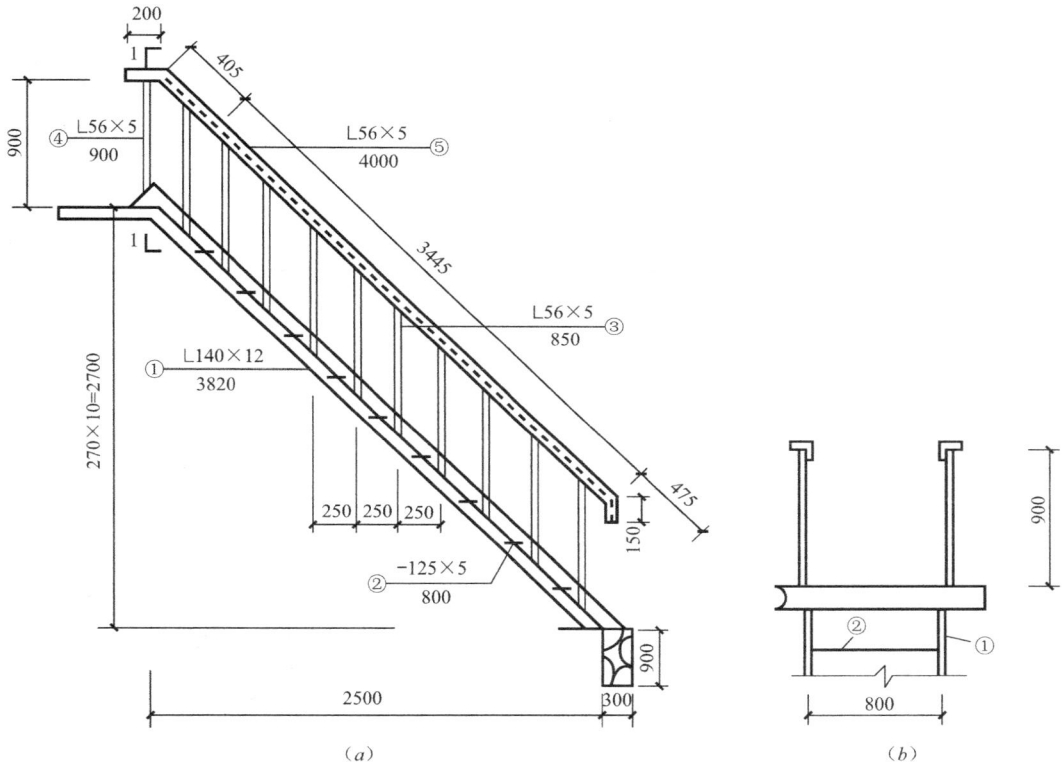

图 2-57 踏步式钢梯示意图

（a）侧立面图；（b）1-1剖面图

【解】

（1）∟140×12

∟140×10的理论质量为25.52kg/m

$$25.52×3.82×2=0.195t$$

（2）-125×8

扁钢-125×8的理论质量为7.85kg/m

$$0.215×0.006×0.8×7.85×9=0.073t$$

（3）∟56×5

∟56×5的理论质量为4.25kg/m

$$0.85 \times 4.25 \times 10 \times 2 = 72.25 \text{kg} = 0.072 \text{t}$$

（4）L 56×5

L 56×5 的理论质量为 4.25kg/m

$$0.9 \times 4.25 \times 2 = 7.65 \text{kg} = 0.008 \text{t}$$

（5）L 56×5

L 56×5 的理论质量为 4.25kg/m

$$4 \times 4.25 \times 2 = 34 \text{kg} = 0.034 \text{t}$$

合计：0.195＋0.073＋0.072＋0.008＋0.034＝0.382t

清单工程量计算见表 2-62。

清单工程量计算表 表 2-62

项目编号	项目名称	项目特征描述	计量单位	工程量
010606008001	钢梯	L 140×12 角钢 - 125×8 钢板 L 56×5 角钢 踏步式	t	0.382

【例 2-58】 计算如图 2-58 所示的踏步式钢梯的工程量（共四层）。

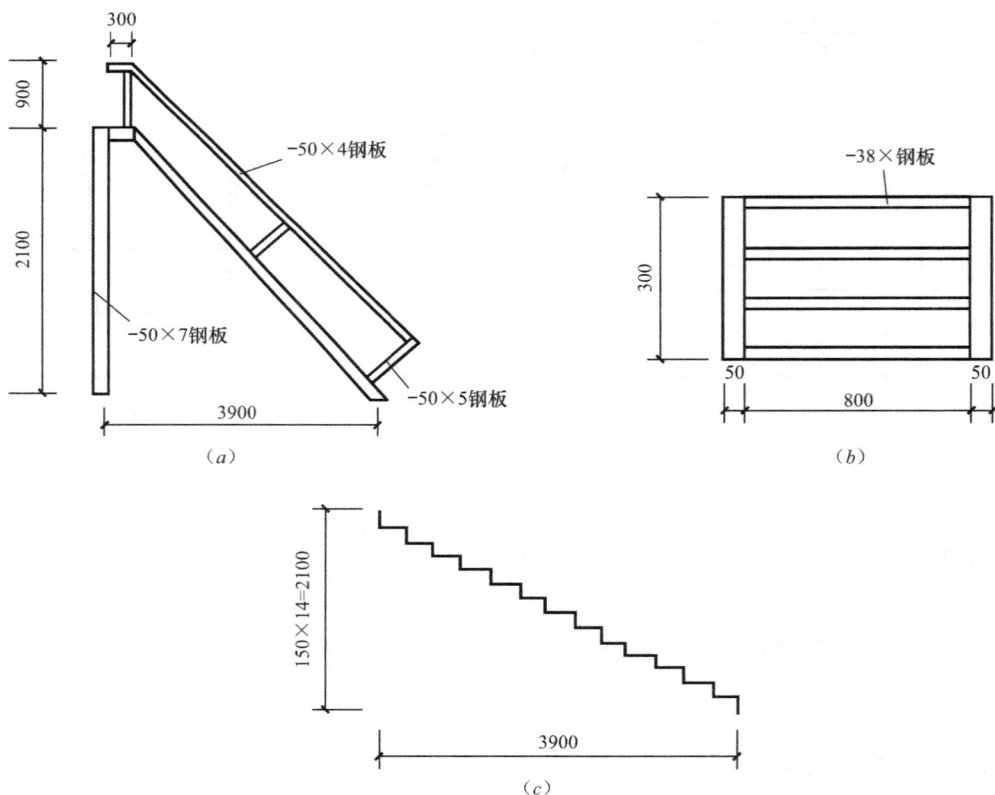

图 2-58 钢梯示意图
（a）钢梯立面图；（b）踏步详图；（c）楼梯截面图

84

1. 清单工程量

（1）-50×7 钢板的工程量：

查附表 1-4 知：7mm 厚钢板的理论质量为 $54.95kg/m^2$。

$$54.95\times0.05\times4\times2.1\times2=46.16=0.046t$$

（2）-50×4 钢板的工程量：

查附表 1-4 知：-50×4 钢板的理论质量为 $1.57kg/m$。

$$1.57\times(\sqrt{3.0^2+3.9^2}+0.3)\times4\times2=65.57kg=0.066t$$

（3）-50×5 钢板的工程量：

查附表 1-4 知：-50×5 钢板的理论质量为 $1.96kg/m$。

$$1.96\times(0.9\times4\times3)\times2=42.336kg=0.042t$$

（4）-30×6 钢板的工程量：

查附表 1-4 知：-30×6 钢板的理论质量为 $1.41kg/m$。

$$1.41\times(0.8\times4\times4\times13)=234.62kg=0.235t$$

（5）总的预算工程量：

$$0.046+0.066+0.042+0.235=0.329t$$

清单工程量计算见表 2-63。

清单工程量计算表

表 2-63

项目编号	项目名称	项目特征描述	计量单位	工程量
010606008001	钢梯	-50×7 钢板，-50×4 钢板，-50×5 钢板，-30×6 钢板	t	0.329

2. 定额工程量

定额工程量同清单工程量。

说明：该钢直梯全部采用的是规则钢板，故不论在清单工程量的计算中，还是定额工程量的计算中，只要将各个构件的工程量累加就行了，而施焊所采用的焊条、铆钉、螺栓等不再计入额外工程量。

【例 2-59】 某室内护栏，用角钢和扁钢焊接而成，立柱和扶手分别用角钢∟50×4 制成，横杆用$-30\times4mm$ 的扁钢制成，踢脚板用$-100\times3mm$ 的扁钢制成。栏杆总长 12m。其具体构造如图 2-59 所示，计算其工程总量。

【解】

∟50×4 的理论重量为 $3.059kg/m$

（1）扶手（∟50×4）

$$3.059\times12=36.71kg$$

（2）横杆（-30×4）

$$0.03\times0.004\times12\times7.85\times10^3\times2=2.33kg$$

（3）踢脚板（-100×3）

$$0.1\times0.003\times12\times7.85\times10^3=2.91kg$$

（4）立柱（∟50×4）

$$3.059\times1.14\times12=38.36kg$$

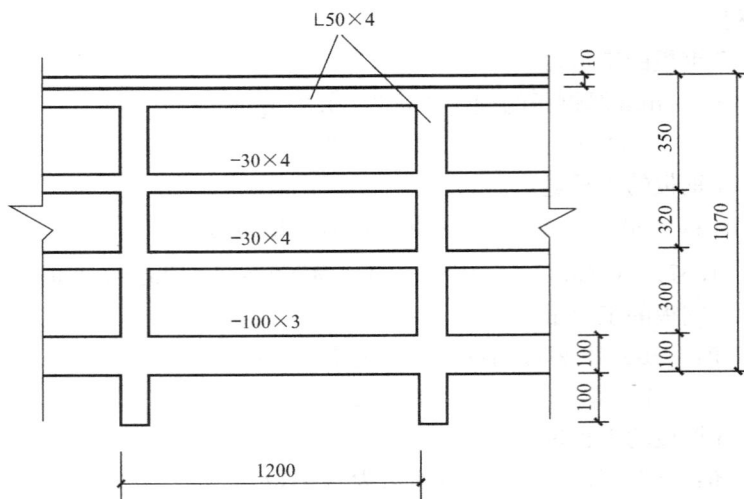

图 2-59 护栏立面图

则总工程量为：$36.71+2.33+2.91+38.36=80.31$kg

清单工程量计算见表 2-64。

清单工程量计算表　　　　　　　　　　　　　　　表 2-64

项目编码	项目名称	项目特征描述	计量单位	工程量
010606009001	钢护栏	扶手：L 50×4 角钢 横杆：—30×4 钢板 踢脚板：—100×3 立柱：L 50×4	t	0.08

【例 2-60】　计算如图 2-60 所示的钢护栏的制作工程量。

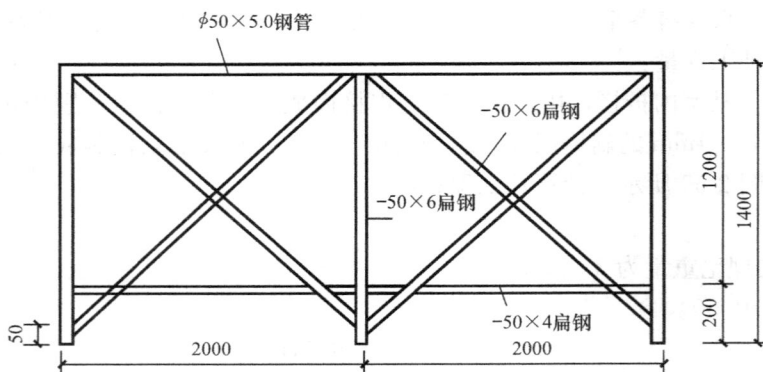

图 2-60　钢护栏立面图

【解】

（1）$\phi50×5.0$ 钢管的工程量

$\phi50×5.0$ 钢管的理论质量为 5.55kg/m

$$5.55×（2+2+1.4×2）=37.74kg=0.038t$$

（2）6mm 厚钢板的工程量

6mm 厚钢板的理论质量为 $47.1kg/m^2$

$47.1\times(1.4\times0.05+\sqrt{2^2+(1.4-0.05)^2}\times0.05\times4)=26.0275kg=0.026t$

（3）4mm 厚钢板的工程量

4mm 厚 50mm 的宽钢板的理论质量为 $1.57kg/m$

$$1.57\times2\times2=6.28kg=0.006t$$

（4）总的预算工程量

$$0.038+0.026+0.006=0.0697t=0.07t$$

清单工程量计算见表 2-65。

清单工程量计算表　　　　　　　　　　　　　　　表 2-65

项目编号	项目名称	项目特征描述	计量单位	工程量
010606009001	钢护栏	$\phi50\times5.0$ 钢管，6mm 和 4mm 厚钢板	t	0.07

【例 2-61】 如图 2-61 所示为某钢护栏示意图，试计算其制作工程量。

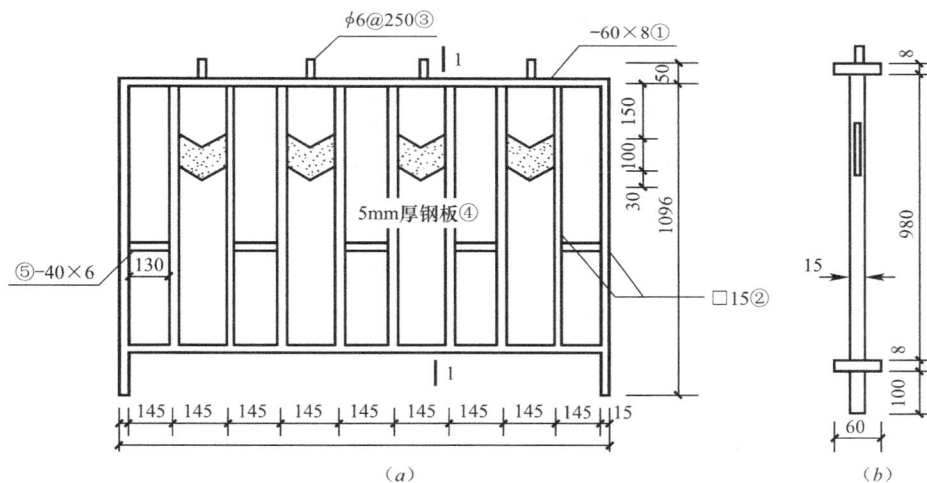

图 2-61　钢护栏示意图

（a）立面图；（b）1-1 剖面图

【解】

（1）-60×8

$$0.06\times0.008\times(1.32\times2-0.015\times2)\times3.77=0.005t$$

（2）□15 方钢

□15 的理论重量为 $1.77kg/m$

$$[0.98\times8+(1.096-0.008)\times2]\times1.77=17.73kg=0.018t$$

（3）$\phi6$ 钢筋

$$0.222\times0.05\times4=0.044kg$$

（4）5mm 厚钢板

$$0.13 \times 0.13 \times 0.005 \times 39.25 \times 4 = 0.013t$$

（5）—40×6

$$0.13 \times 0.04 \times 0.006 \times 1.88 \times 5 = 0.0003t$$

（6）总计

$$0.005 + 0.018 + 0.044 + 0.013 + 0.0003 = 0.0803t$$

清单工程量计算见表 2-66。

清单工程量计算表 表 2-66

项目编号	项目名称	项目特征描述	计量单位	工程量
010606009001	钢护栏	—60×8 钢板 □15 方钢 ϕ6 钢筋 5mm 厚钢板 —40×6 钢板	t	0.0803

【例 2-62】 计算如图 2-62 所示钢护栏制作工程量。

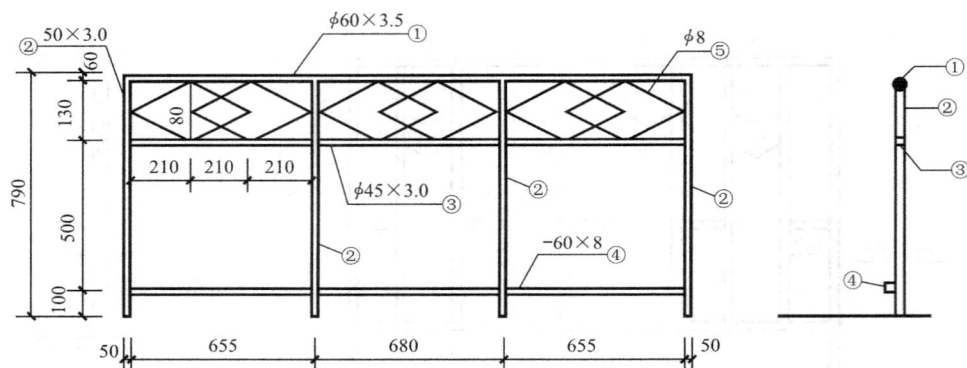

图 2-62 钢护栏示意图

【解】

（1）ϕ60×3.5

$$(0.655 \times 2 + 0.68) \times 4.88kg = 9.71kg = 0.010t$$

（2）ϕ50×3.0

ϕ50×3.0 的理论重量为 3.48kg/m

$$0.79 \times 3.48 \times 4 = 11.00kg = 0.011t$$

（3）ϕ45×3.0

ϕ45×3.0 的理论重量为 3.11kg/m

$$0.63 \times 3 \times 3.11 = 5.878kg = 0.006t$$

（4）- 60×8

$$0.06 \times 0.63 \times 0.008 \times 3.77 \times 3 = 0.003t$$

（5）$\phi8$

$\phi8$ 钢筋理论重量为 0.395kg/m

$$\sqrt{0.21^2+0.04^2}\times0.395\times8\times3=2.027\text{kg}=0.002\text{t}$$

（6）总计

$$0.010+0.011+0.006+0.003+0.002=0.032\text{t}$$

清单工程量计算见表 2-67。

清单工程量计算表

表 2-67

项目编号	项目名称	项目特征描述	计量单位	工程量
010606009001	钢护栏	$\phi60\times3.5$ 钢管 $\phi50\times3.0$ 钢管 $\phi45\times3.0$ 钢管 -60×8 钢板 $\phi8$ 钢筋	t	0.032

【例 2-63】 如图 2-63 所示为某围墙钢护栏示意图，计算其工程量。

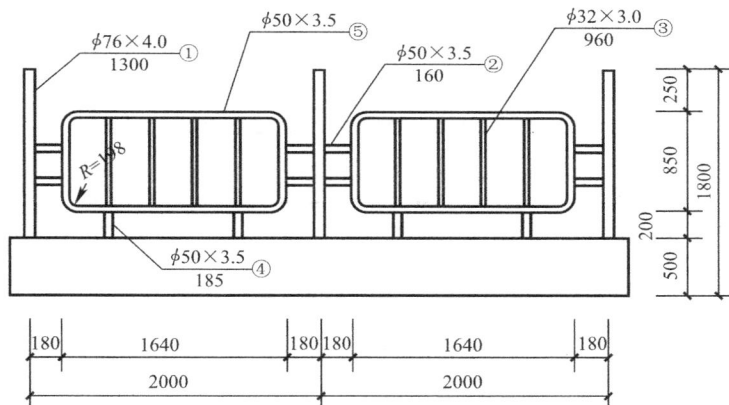

图 2-63 围墙钢护栏示意图

【解】

（1）$\phi76\times4.0$

$\phi76\times4.0$ 的理论重量为 7.1kg/m

$$7.1\times1.3\times3=27.69\text{kg}=0.028\text{t}$$

（2）$\phi50\times3.5$

$\phi50\times3.5$ 的理论重量为 4.01kg/m

$$4.01\times0.16\times8=5.1328\text{kg}=0.005\text{t}$$

（3）$\phi32\times3.0$

$\phi32\times3.0$ 的理论重量为 2.15kg/m

$$2.15\times0.96\times8=16.51\text{kg}=0.017\text{t}$$

（4）$\phi50\times3.5$

$\phi50\times3.5$ 的理论重量为 4.01kg/m

$$4.01 \times 0.185 \times 4 = 2.97 \text{kg} = 0.003 \text{t}$$

（5）$\phi 50 \times 3.5$

$\phi 50 \times 3.5$ 的理论重量为 4.01kg/m

$$(1.64 + 0.85) \times 2 \times 2 \times 4.01 = 39.94 \text{kg} = 0.040 \text{t}$$

合计：$0.028 + 0.005 + 0.017 + 0.003 \text{t} + 0.040 = 0.093 \text{t}$

清单工程量计算见表 2-68。

清单工程量计算表 表 2-68

项目编号	项目名称	项目特征描述	计量单位	工程量
010606009001	钢护栏	$\phi 76 \times 4.0$ 钢管 $\phi 50 \times 3.5$ 钢管 $\phi 32 \times 3.0$ 钢管	t	0.093

【例 2-64】 试计算如图 2-64 所示的一榀围墙钢护栏制作的工程量。

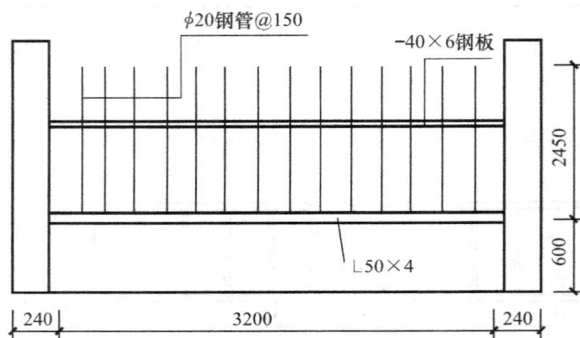

图 2-64 钢护栏示意图

【解】

（1）$\phi 20$ 钢管工程量

查附表 1-1 知：$\phi 20$ 钢管的理论质量为 2.47kg/m。

$$2.47 \times 2.45 \times 19 = 114.98 \text{kg} = 0.115 \text{t}$$

（2）6mm 厚钢板的工程量

查附表 1-4 知：6mm 厚钢板的理论质量为 47.1kg/m^2。

$$47.1 \times 0.04 \times 3.2 = 6.03 \text{kg} = 0.006 \text{t}$$

（3）$\llcorner 50 \times 4$ 角钢的工程量

查附表 1-8 知：$\llcorner 50 \times 4$ 角钢的理论质量为 3.059kg/m。

$$3.059 \times 3.2 = 9.79 \text{kg} = 0.01 \text{t}$$

（4）总工程量

$$0.115 + 0.006 + 0.01 = 0.131 \text{t}$$

清单工程量计算见表 2-69。

单工程量计算表 表 2-69

项目编号	项目名称	项目特征描述	计量单位	工程量
010606009001	钢护栏	$\phi 20$ 钢管，6mm 厚钢板，$\llcorner 50 \times 4$ 角钢	t	0.131

【例 2-65】 试计算如图 2-65 所示的窗钢护栏工程量。

【解】

（1）∟ 50×4 角钢的工程量：

查附表 1-8 知：∟ 50×4 角钢的理论质量为 3.059kg/m。

3.059×（1.2×2＋1.55×2）＝16.82kg＝0.017t

（2）-40×5 扁钢工程量：

查附表 1-4 知：5mm 厚钢板的理论质量为 39.25kg/m

（3）总工程量：

39.25×0.04×（1.2×6＋1.55×7）＝28.34kg＝0.028t

清单工程量计算见表 2-70。

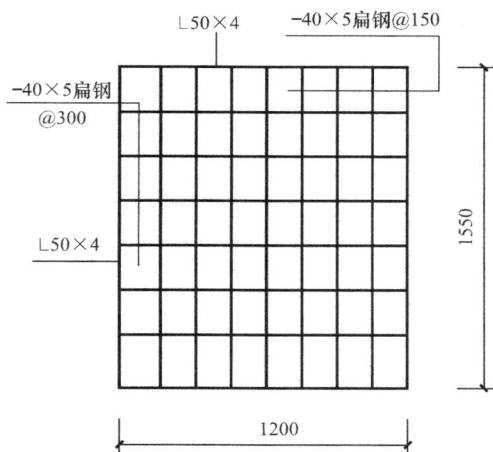

图 2-65　钢护栏布置图

清单工程量计算表　　　表 2-70

项目编号	项目名称	项目特征描述	计量单位	工程量
01060609001	钢护栏	∟ 50×4 角钢，－40×5 扁钢	t	0.045

【例 2-66】 某钢制漏斗如图 2-66 所示，其钢板厚度为 2mm，试计算制作钢制漏斗的工程量。

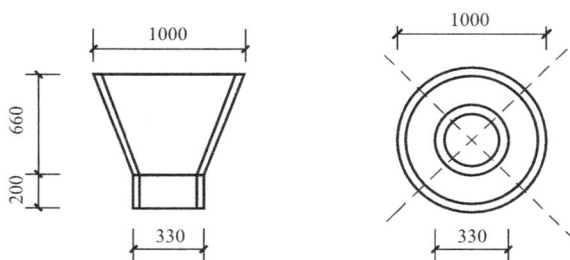

图 2-66　钢制漏斗示意图

【解】

上口板长＝1.0×3.14＝3.14m

上口板面积＝3.14×0.66＝2.07m²

下口板长＝0.33×3.14＝1.04m

下口板面积＝1.04×0.20＝0.21m²

漏斗重量＝（2.07＋0.21）×15.70＝35.80kg＝0.036t

清单工程量计算见表 2-71。

清单工程量计算表　　　表 2-71

项目编号	项目名称	项目特征描述	计量单位	工程量
010606010001	钢漏斗	钢板厚度为 2mm，圆形	t	0.036

91

【例 2-67】 某钢漏斗立、平面图如图 2-67 所示，所采用的钢板均为 1.0mm 厚，试计算其制作工程量。

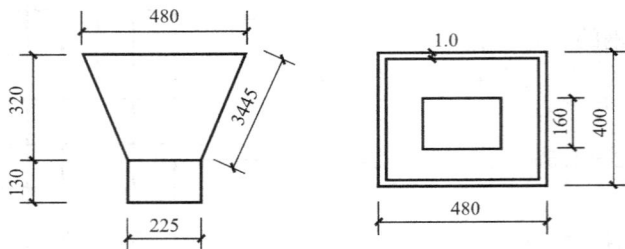

图 2-67　钢漏斗立、平面图

【解】

（1）计算面积

$$\frac{0.48+0.225}{2} \times \sqrt{0.3445^2+0.1275^2} \times 2 + \frac{0.4+0.16}{2} \times \sqrt{0.3445^2-0.12^2}$$

$$\times 2 + (0.225+0.16) \times 2 \times 0.13$$

$$= 0.507\mathrm{m}^2$$

（2）计算工程量

$$0.507 \times 0.001 \times 7.85 = 0.004\mathrm{t}$$

清单工程量计算见表 2-72。

清单工程量计算表　　　　　　　　　　表 2-72

项目编号	项目名称	项目特征描述	计量单位	工程量
010606010001	钢漏斗	1.0mm 厚钢板，方形	t	0.004

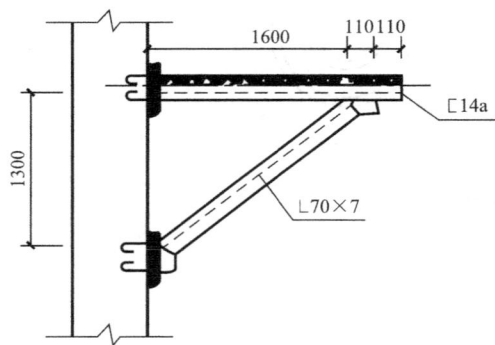

图 2-68　金属支架

【例 2-68】 如图 2-68 所示金属支架，试计算 120 个在钢筋混凝土柱上安装金属管道支架制作的工程量。

【解】

（1）〔14a 槽钢

$$1.82 \times 1.3 \times 14.535 = 34.39\mathrm{kg}$$

（2）∟70×7 角钢

$$\left(\sqrt{1.6^2+1.3^2}+0.22\right) \times 120 \times 7.4 = 2026.06\mathrm{kg}$$

（3）工程量合计

$$34.39+2026.06 = 2060.45\mathrm{kg} = 2.06\mathrm{t}$$

【例 2-69】 某金属支架如图 2-69 所示，试计算该金属支架的制作工程量。

【解】

（1）工型钢工程量

查附表 1-13 知：工 32a 的理论质量为 52.72kg/m。

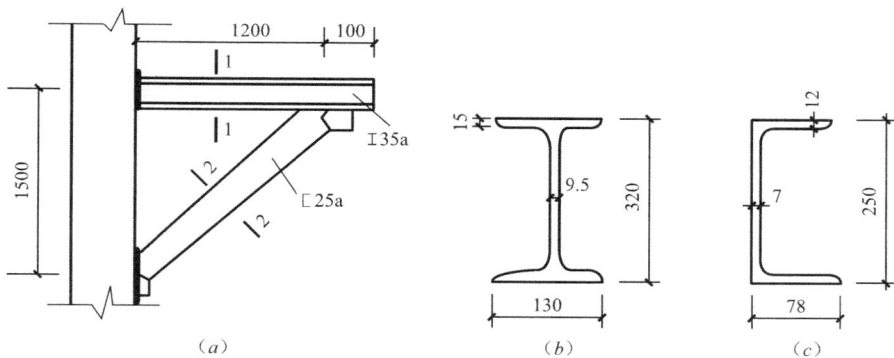

图 2-69 某金属支架示意图

(a) 支架立面图; (b) 1-1 示意图; (c) 2-2 示意图

$$52.72 \times (1.2 + 0.1) = 68.54\text{kg} = 0.069\text{t}$$

（2）槽形钢工程量

〔25a 的理论质量为 27.41kg/m。

$$27.41 \times \sqrt{1.2^2 + 1.5^2} = 52.63\text{kg} = 0.053\text{t}$$

（3）总工程量

$$0.069 + 0.053 = 0.122\text{t}$$

清单工程量计算见表 2-73。

清单工程量计算表 表 2-73

项目编号	项目名称	项目特征描述	计量单位	工程量
010606012001	钢支架	工 32a 型钢，〔25a 槽钢	t	0.122

【例 2-70】 某厚度为 8mm 的，边长不等的不规则五边形钢板，如图 2-70 所示，试计算其工程量。

【解】

8mm 厚钢板的理论质量为 62.8kg/m²

钢板的计算面积按其外接矩形面积计算：

$$S = (3 + 3) \times (3 + 6) = 54\text{m}^2$$

预算工程量为：

$$62.8 \times 54 = 3391.2\text{kg} = 3.391\text{t}$$

清单工程量计算见表 2-74。

【例 2-71】 如图 2-71 所示系杆共有 10 根，试计算其制作工程量。

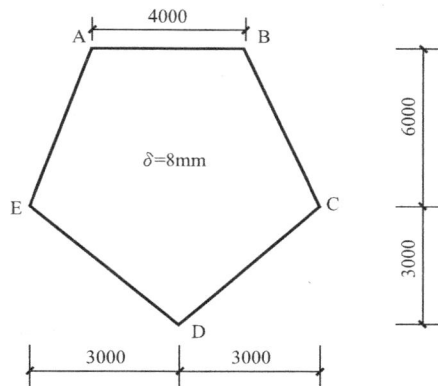

图 2-70 五边形钢板尺寸示意图

清单工程量计算表 表 2-74

项目编码	项目名称	项目特征描述	计量单位	工程量
010606013001	零星钢构件	钢板厚度为 8mm	t	3.391

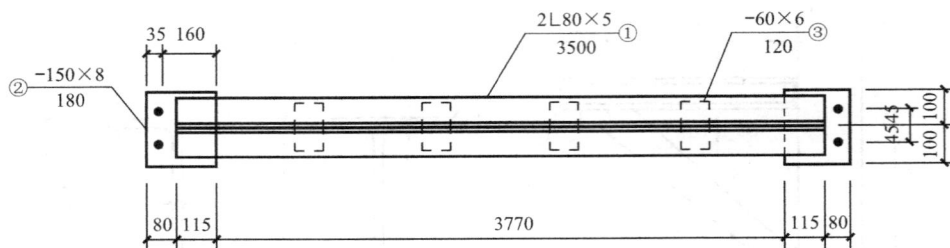

图 2-71 某系杆详图

【解】

首先计算一根系杆的工程量：

（1）2∟80×5：

∟80×5 的理论重量为 6.211kg/m

$$6.211×3.5×2=0.043t$$

（2）—150×8

$$0.15×0.008×0.18×9.42×2=0.004t$$

（3）—60×6

$$0.06×0.006×0.12×2.83×4=0.0004t$$

合计：0.043+0.004+0.0004=0.047t

则 10 根系杆的工程量为：0.047×10=0.47t

清单工程量计算见表 2-75。

清单工程量计算表   表 2-75

项目编码	项目名称	项目特征描述	计量单位	工程量
010606013001	零星钢构件	∟80×5 角钢 —150×8 钢板 —60×6 钢板 系杆	t	0.47

【例 2-72】 某系杆如图 2-72 所示，计算其工程量。

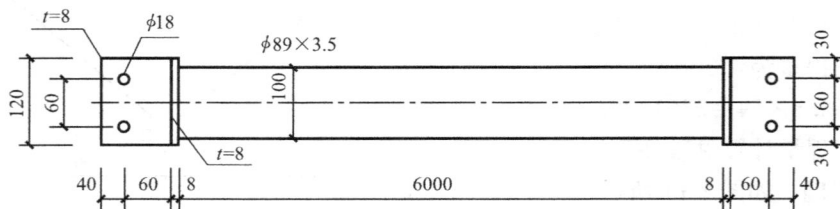

图 2-72 系杆

【解】

钢管 $\phi89×3.5$ 的理论重量为 7.38kg/m

$$7.38×6=44.28kg=0.044t$$

8mm 厚钢板的理论重量为 62.8kg/m²

$$(0.12\times0.1+0.12^2)\times0.008\times62.8\times2=0.027t$$

合计：$0.044+0.027=0.071t$

清单工程量计算见表 2-76。

清单工程量计算表　　　　　　　　　　　　表 2-76

项目编号	项目名称	项目特征描述	计量单位	工程量
010606013001	零星钢构件	$\phi89\times3.5$ 钢管，8mm 厚钢板，系杆	t	0.071

【例 2-73】　某 H 型钢，其规格为 $400mm\times300mm\times10mm\times16mm$，如图 2-73 所示，其长度为 9.58m，试计算其工程量。

【解】

10mm 钢板的理论重量为 $78.5kg/m^2$

16mm 钢板的理论重量为 $125.6kg/m^2$，则：

（1）腹板的工程量

$78.5\times(0.4\text{-}0.032+0.05)\times9.58=314.35kg=0.314t$

（2）翼缘板的工程量

$2\times125.6\times(0.3+0.05)\times9.58=842.27kg=0.842t$

（3）总工程量

$$0.314+0.842=1.156t$$

注：实腹柱吊车梁、H 型钢按图示尺寸计算，其中腹板及翼板宽度按每边增加 25mm 计算。

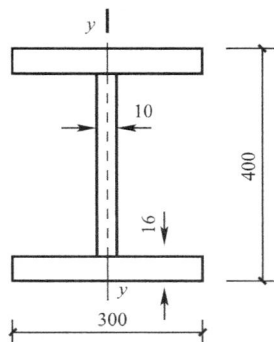

图 2-73　H 型钢示意图

清单工程量计算见表 2-77。

清单工程量计算表　　　　　　　　　　　　表 2-77

项目编码	项目名称	项目特征描述	计量单位	工程量
010606013001	零星钢构件	H 型钢规格 $400mm\times300mm\times10mm\times16mm$，长度为 9.58m	t	1.156

【例 2-74】　某 H 型钢规格为 $200mm\times125mm\times5mm\times7mm$，如图 2-74 所示，其长度为 9.36m，试计算其清单工程量。

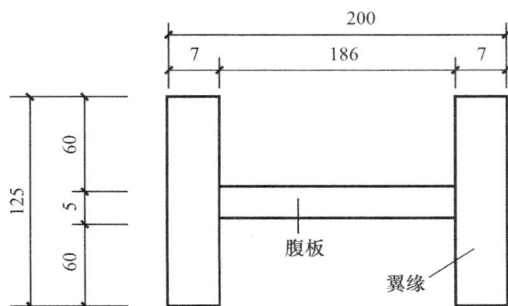

图 2-74　某 H 型钢示意图

【解】

查附表 1-4 得：5mm 钢板的理论质量为 $39.25kg/m^2$，7mm 钢板的理论质量为 $54.95kg/m^2$。

钢板质量＝理论质量×矩形面积

（1）5mm 钢板的清单工程量

$39.25\times0.186\times9.36=68.33kg=0.068t$

（2）7mm 钢板的清单工程量

$54.95\times0.125\times9.36\times2=128.58kg=0.129t$

（3）总的工程量

$$0.068+0.129=0.197t$$

清单工程量计算见表 2-78。

清单工程量计算表

表 2-78

项目编码	项目名称	项目特征描述	计量单位	工程量
010606013001	零星钢构件	H 型钢，规格为 200mm×125mm ×5mm×7mm	t	0.197

【例 2-75】 某钢大门如图 2-75 所示，计算其制作工程量。

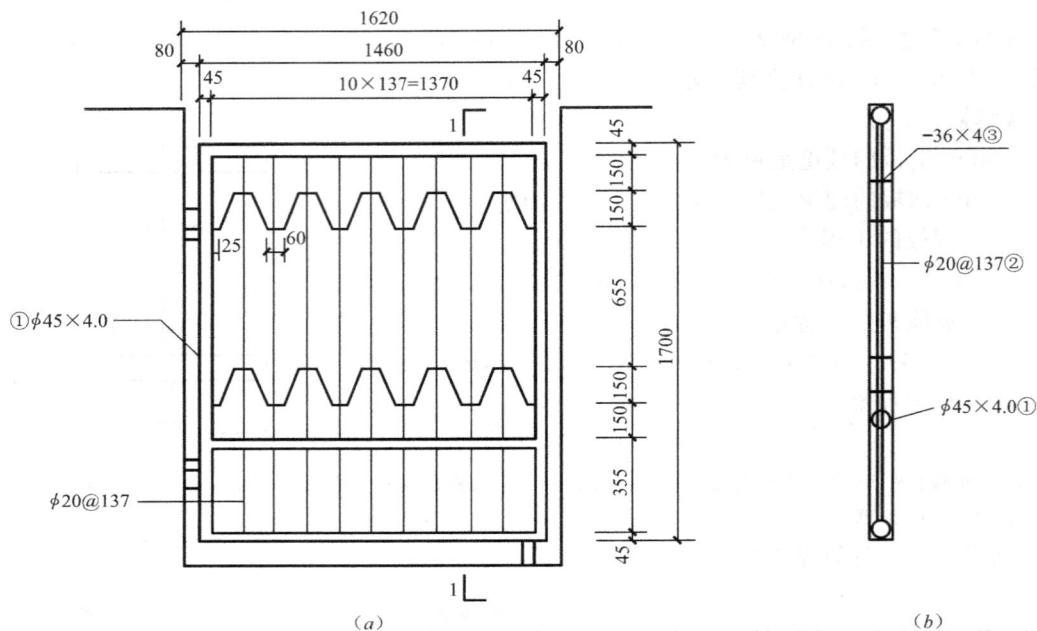

图 2-75　某钢大门示意图

(a) 立面图；(b) 1-1 剖面图

【解】

(1) $\phi45×4.0$

$\phi45×4.0$ 钢管的理论重量为 4.04kg/m

$[(1.46+1.70)×2+(1.46-0.09)]×4.04=31.07kg=0.0311t$

(2) $\phi20$

$\phi20$ 钢筋的理论重量为 3.142kg/m

$(1.70-0.045×3)×3.142×9=44.255kg=0.044t$

(3) $-36×4$

$(\sqrt{0.15^2+(0.137-0.06)^2}×10+0.06×9+0.05)×2×0.036×0.04×7.85$
$=0.051t$

(4) 合计

$0.0311+0.044+0.051=0.126t$

清单工程量计算见表 2-79。

96

项目编号	项目名称	项目特征描述	计量单位	工程量
010606013001	零星钢构件	$\phi 45 \times 4.0$ 钢管 $\phi 20$ 钢筋 -36×4 钢板 钢大门的组成构件	t	0.126

【例 2-76】　如图 2-76 所示的金属网栏，试计算该金属网栏的清单工程量。

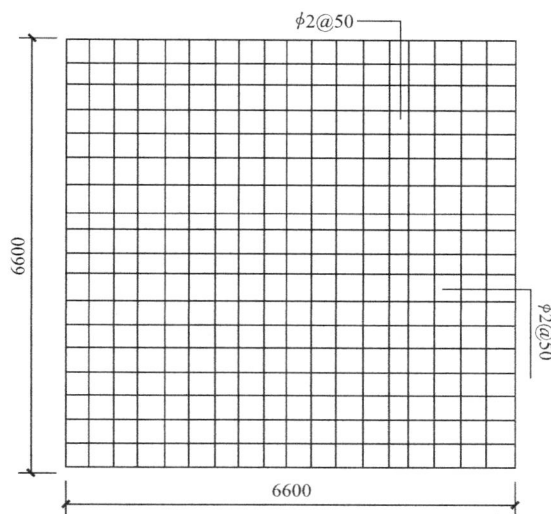

图 2-76　金属网布置图

【解】

工程量＝6.6×6.6＝43.56m²

清单工程量计算见表 2-80。

项目编码	项目名称	项目特征描述	计量单位	工程量
010607004001	金属网栏	$\phi 2$ 钢丝	m²	43.56

3 钢结构工程计价与实例精析

3.1 工程定额计价体系

3.1.1 钢结构工程施工定额

1. 劳动定额

（1）劳动定额测定方法

1）技术测定法。技术测定法是应用几种计时观察法获得工时消耗数据、制定劳动消耗定额。为了保证定额的质量，对那些工料消耗比较大的定额项目应首先选择这种方法。时间定额也叫"工时定额"，是劳动定额的一种，是生产单位产品或完成一定工作量所规定的时间消耗量。定额时间包括基本工作时间、辅助工作时间、不可避免中断时间、准备时间与结束工作时间及工人必需的休息时间。

① 确定基本工作时间。基本工作时间在必须消耗的工作时间中占的比重最大。基本工作时间消耗根据计算观察资料确定。其做法是，首先确定工作过程每一组成部分的工时消耗，之后再综合该工作过程的工时消耗。

② 确定辅助工作和准备与结束工作时间。确定方法与基本工作时间相同。

a. 拟定、确定不可避免的中断时间。施工中有两种不同的工作中断情况。一种情况是由工艺特点所引起的不可避免的中断，此项工作消耗可以列入工作过程的时间定额；另一种情况是由于班组工人所担负的任务存在的不均衡引起的中断，这种工作中断应该通过改善班组人员编制、合理进行劳动分工来克服。不可避免中断时间根据测时资料通过整理分析获得。

b. 确定休息时间。休息时间是工人恢复体力所必需的时间，应列入工作过程时间定额。休息时间应通过对工作班作息制度、经验资料、计时观察资料以及对工作的疲劳程度作全面分析来确定，尽可能利用不可避免中断时间作为休息时间。

c. 确定时间定额。基本工作时间、辅助工作时间、准备与结束工作时间、不可避免中断时间和休息时间确定后，就可以计算劳动定额的时间定额了，计算公式是：

$$\text{定额时间} = \text{基本工作时间} + \text{辅助工作时间} + \text{准备与结束工作时间}$$
$$+ \text{不可避免的中断时间} + \text{休息时间} \tag{3-1}$$

或

$$\text{定额时间} = \frac{\text{基本工作时间}}{1 - \text{其他各项工作时间所占百分比}} \tag{3-2}$$

2）比较类推法。比较类推法是选定一个已精确测定好的典型项目的定额，经过对比分析，计算出同类型其他相邻项目定额的方法。采用这种方法制定定额简单易行、工作量小、但往往会因对定额的时间构成分析不够，对影响因素估计不足，或所选典型定额不当而影响定额的质量。本法适用于制定同类产品品种多、批量小的劳动定额和材料消耗定额。比较类推的计算公式为：

$$T = pt_0 \tag{3-3}$$

式中 T——比较类推同类相邻定额项目的时间定额；

      t_0——典型项目的时间定额；

      p——各同类相邻项目耗用工时的比例。

3) 统计分析法。统计分析法是将以往施工中所积累的同类型工程项目的工时耗用量加以科学地统计、分析，并考虑施工技术与组织变化的因素，经分析研究后制定劳动定额的一种方法。采用统计分析法需有准确的原始记录和统计工作基础，并且选择正常的及一般水平的施工单位与班组，同时还要选择部分先进和落后的施工单位与班组进行分析和比较。因为统计分析资料是过去已经达到的水平，且包含了某些不合理的因素，水平可能偏于保守。为了使定额保持平均先进水平，应从统计资料中求出平均先进值。

平均先进值的计算步骤：①删除统计资料中特别偏高、偏低及明显的不合理的数据；②计算出算术平均数值；③在工时统计数组中，取小于上述算术平均值的数组，再计算其平均值，即为所求的平均先进值。

4) 经验估计法。经验估计法是对生产某一种产品或完成某项工作所消耗的工日、原材料、机械台班等的数量，根据定额管理人员、技术人员、工人等以往的经验，结合图纸分析、现场观察、分解施工工艺、组织条件和操作方法来估计，适用于指定多品种产品的定额。该方法要了解施工工艺，分析施工的生产技术组织条件和操作方法的繁简难易等情况，对于同一项定额应选择几种不同类型工序进行反复比较和讨论，避免只靠个别人的经验作为制定定额的唯一根据。

经验估计法的优点是简便易行、工作量小、速度快，但往往受主观因素的影响，缺乏详细的分析和计算，准确性较差，容易出现偏高或偏低现象。所以，经验估计法只适用于企业内部，作为某些局部项目的补充定额。由于受估计人员的经验和水平的局限，同一个项目的定额，有时会提出几种不同水平的定额。在这种情况下就要对提出的各种不同的数据进行分析处理。常用的方法是"三点估计法"，就是预先估计某施工过程或工序的工时消耗量或材料消耗量的三个不同水平的数值：先进的（乐观估计）为 a，一般的（最大可能）为 m，保守的（悲观估计）为 b，根据统筹法的原理，求它们的平均值 $\bar{t}$ 的计算公式为：

$$\bar{t} = \frac{a + 4m + b}{6} \tag{3-4}$$

标准差为：

$$\sigma = \left| \frac{a - b}{6} \right| \tag{3-5}$$

根据正态分布的公式，调整后的工时定额为：

$$t = \bar{t} + \lambda\sigma \tag{3-6}$$

式中 λ——σ 的系数，从正态分布表（见有关概率统计的书籍）中，可以查出对应于 λ 值的概率 $P(\lambda)$。

三点法的实质仍是一种用样本均值和标准差作为总体均值和标准差估计量的形式，只不过不采用通常的抽样计算方式。这种方法简单易行，有一定的科学依据和可靠性。此法

的关键问题是 a、m、b 三个估计值的可靠程度。

经验估计法通常用于品种多，工程量少，施工时间短以及一些不常出现的项目等一次性定额的制定。

（2）劳动定额的表现形式

1）时间定额。时间定额是指某种专业、某种技术等级的工人班组或个人，在合理的劳动组织与一定的生产技术条件下，为完成单位合格产品所必须消耗的工作时间。

时间定额的单位通常以"工日"、"工时"表示，一个工日表示一个人工作一个工作班，每个工日工作时间按现行制度为每人 8h。其计算方法为：

$$单位产品时间定额（工日）＝\frac{1}{每工日产量} \tag{3-7}$$

或

$$单位产品时间定额（工日）＝\frac{小组成员工日数的总和}{台班产量} \tag{3-8}$$

2）产量定额。产量定额是指在合理的劳动组织与一定的生产技术条件下，某种专业、某种技术等级的工人班组或个人，在单位工日中所应完成的合格产品数量。其计算方法为：

$$每工日产量＝\frac{1}{单位产品时间定额（工日）} \tag{3-9}$$

或

$$台班产量＝\frac{小组成员工日数的总和}{单位产品时间定额（工日）} \tag{3-10}$$

产量定额的计量单位视具体产品的性质分别选用 m、m^2、m^3、t、根和块等表示。

时间定额与产量定额互为倒数，即：

$$时间定额＝\frac{1}{产量定额} \tag{3-11}$$

时间定额和产量定额两种形式，使用时可以任意选择。劳动定额通常采用两种形式，分子为时间定额，分母为产量定额。

2. 材料消耗定额

（1）材料消耗定额的编制方法

材料消耗定额的编制方法有观测法、试验法、统计法和理论计算法。

1）观测法。观测法是对施工过程中实际完成产品的数量进行现场观察、测定，再通过分析整理和计算确定建筑材料消耗定额的一种方法。

观测法最适宜制定材料的损耗定额，因为只有通过现场观察、测定，才能正确区别哪些属于不可避免的损耗；哪些属于可以避免的损耗。用观测法制定材料的消耗定额时，所选用的观测对象应符合下列要求：

① 建筑物应具有代表性；

② 施工方法符合操作规范的要求；

③ 建筑材料的品种、规格、质量符合技术、设计的要求；

④ 被观测对象在节约材料和保证产品质量等方面有较好的成绩。

观测中要区分不可避免的材料损耗和可以避免的材料损耗，可以避免的材料损耗不应包括在定额损耗量内。必须经过科学的分析研究以后，确定确切的材料消耗标准，列入定额。

2）试验法。试验法又称实验室试验法，通过专门的仪器和设备在试验室内确定材料消耗定额的一种方法。这种方法适用于能在试验室条件下进行测定的塑性材料和液体材料（如混凝土、砂浆、沥青玛琋脂、油漆涂料及防腐等），通常用于确定材料的配合比。例如，求得不同强度等级混凝土的配合比，用以计算每立方米混凝土的各种材料耗用量。

由于在实验室内比施工现场具有更好的工作条件，所以能更深入、详细地研究各种因素对材料消耗的影响，从中得到比较准确的数据。但是，在实验室中无法充分估计到施工现场中某些外界因素对材料消耗的影响。因此，要求实验室条件尽量与施工过程中的正常施工条件一致，同时在测定后用观察法进行审核和修正。

3）统计法。统计法是指通过统计现场各分部分项工程的进料数量、用料数量、剩余数量及完成产品数量，并对大量统计资料进行分析计算，获得材料消耗的数据。这种方法因为不能分清材料消耗的性质，所以不能作为确定材料净用量定额和材料损耗定额的精确依据。

采用统计法必须要保证统计与测算的耗用材料和其相应产品符合。在施工现场中的某些材料，往往难以区分用在各个不同部位上的准确数量。所以，要注意统计资料的准确性和有效性。

4）理论计算法。理论计算法又称计算法。它是根据施工图纸和其他技术资料，用理论公式计算出产品的材料净用量，从而制定出材料的消耗定额。理论计算法只能计算出单位产品的材料净用量，材料的损耗量还要在现场通过实测取得。这种方法主要适用于块状、板状和卷筒状产品（如砖、钢材、玻璃、油毡等）材料的计算。

例如，$1m^3$ 标准砖墙中，砖、砂浆的净用量计算公式：

$1m^3$ 的一砖墙中，砖的净用量为：

$$砖净用量 = \frac{1}{（砖宽＋灰缝）\times（砖厚＋灰缝）} \times \frac{1}{砖长} \tag{3-12}$$

$1m^3$ 的一砖半砖墙中，砖的净用量为：

$$砖净用量 = \left[\frac{1}{（砖长＋灰缝）\times（砖厚＋灰缝）} + \frac{1}{（砖宽＋灰缝）\times（砖厚＋灰缝）} \right]$$

$$\times \frac{1}{砖长＋砖宽＋灰缝} \tag{3-13}$$

$$砂浆净用量 = 1m^3 砌体 － 砖体积 \tag{3-14}$$

（2）周转性材料的消耗量计算

周转性材料是指在施工过程中不是一次性消耗的材料，而是经过修理、补充后可多次周转使用，逐渐消耗尽的材料。如模板、脚手架。周转性材料计算是定额与预算中的一个重要内容。

周转性材料消耗的定额量是指每使用一次摊销数量，其计算必须考虑一次使用量、周转使用量、回收价值和摊销量之间的关系。

1）现浇构件周转性材料（木模板）用量计算

① 一次使用量。一次使用量即第一次投入使用时的材料数量。根据构件施工图与施工验收规范计算。一次使用量供建设单位和施工单位申请备料和编制施工作业计划使用。其用量与各分部分项工程部位、施工工艺和施工方法有关。

例如，计算现浇钢筋混凝土构件模板的一次量时，应先求结构构件混凝土与模板的接触面积，再乘以该结构构件每平方米模板接触面积所需要的材料数量。其计算公式为：

$$一次使用量 = 混凝土模板接触面积 \times 1m^3 \ 接触面积需模板量 \times (1 - 制作损耗率)$$

$$(3-15)$$

② 周转次数。周转次数是指周转性材料在补损条件下可以重复使用的次数。可按施工情况和过去经验确定。

③ 周转使用量。周转使用量是指在周转使用和补损的条件下，每周转一次的平均需用量。

周转性材料在周转过程中，其投入使用总量为：

$$投入使用总量 = 一次使用量 + 一次使用量 \times (周转次数 - 1) \times 损耗率 \quad (3-16)$$

周转使用量为：

$$周转使用量 = \frac{投入使用量}{周转次数} = \frac{一次使用量 + 一次使用量 \times (周转次数 - 1) \times 损耗率}{周转次数}$$

$$= 一次使用量 \times \left[\frac{1 + (周转次数 - 1) \times 损耗率}{周转次数}\right] \quad (3-17)$$

其中

$$损耗率 = \frac{平均每次损耗率}{一次使用量} \quad (3-18)$$

若设周转使用系数为 k_1：

$$k_1 = \frac{1 + (周转次数 - 1) \times 损耗率}{周转次数} \quad (3-19)$$

则

$$周转使用量 = 一次使用量 \times k_1 \quad (3-20)$$

④ 周转回收量。周转回收量是指周转性材料每周转一次后，可以平均回收的数量，这部分数量应从摊销量中扣除。计算公式为：

$$周转回收量 = \frac{周转使用最终回收量}{周转次数} = \frac{一次使用量 - (一次使用量 \times 损耗率)}{周转次数}$$

$$= 一次使用量 \times \frac{1 - 损耗率}{周转次数} \quad (3-21)$$

若设周转回收量系数为 k_2：

$$k_2 = \frac{1 - 损耗率}{周转次数} \quad (3-22)$$

则

$$周转回收量 = 一次使用量 \times k_2 \quad (3-23)$$

⑤ 摊销量。摊销量指周转材料使用一次在单位产品上的消耗量，即应分摊到每一单位分项工程或结构构件上的周转材料消耗量。

$$摊销量 = 周转使用量 - 周转使用量 \times 回收折价率$$

$$= 一次使用量 \times k_1 - 一次使用量 \times \frac{1 - 损耗率}{周转次数} \times 回收折价率$$

$$= 一次使用量 \times (k_1 - k_2 \times 回收折价率) \quad (3-24)$$

若设摊销量系数为：

$$k_3 = k_1 - k_2 \times 回收折价率 \tag{3-25}$$

则

$$摊销量 = 一次使用量 \times k_3 \tag{3-26}$$

2）预制构件模板及其他定型模板计算。预制混凝土构件的模板，虽属周转使用材料，但其摊销量的计算方法与现浇混凝土模板计算方法不同，按照多次使用平均摊销的方法计算，即不需计算每次周转的损耗，只需根据一次量及周转次数，即可算出摊销量。计算公式如下：

$$预制构件模板摊销量 = \frac{一次使用量}{周转次数} \tag{3-27}$$

其他定型模板，如组合式钢模板、复合木模板也用式（3-27）计算摊销量。

（3）材料消耗定额的组成

单位合格产品必须消耗的材料数量由材料的净用量和损耗量两部分组成。材料的净用量是指直接用于工程并构成工程实体的材料数量；材料损耗量是指不可避免的施工废料和材料损耗数量，如场内运输及场内堆放在允许范围内不可避免的损耗、加工制作中的合理损耗及施工操作中的合理损耗等。

材料消耗量可表示为：

$$材料消耗量 = 材料净用量 + 材料损耗量 \tag{3-28}$$

材料损耗量常用损耗率表示，损耗率通过观测和统计确定，不同材料的损耗率不同。材料损耗量计算方法是：

$$材料损耗量 = 材料消耗量 \times 材料损耗率 \tag{3-29}$$

材料损耗率为：

$$材料损耗率 = \frac{材料损耗量}{材料消耗量} \tag{3-30}$$

所以，材料消耗量也可表示为：

$$材料消耗量 = \frac{材料净用量}{1 - 材料损耗率} \tag{3-31}$$

3. 机械台班使用定额

（1）确定机械净工作 1h 生产率

机械净工作时间是指机械必须消耗的时间，包括在满载和有根据地降低负荷下的工作时间、不可避免的无负荷工作时间与必要的中断时间。

根据工作特点的不同，机械可分为循环和连续动作两类，其机械净工作 1h 生产率的确定方法有所不同。

1）循环动作机械净工作 1h 生产率。循环动作机械，如单斗挖土机、起重机等，每一循环动作的正常延续时间包括不可避免的空转和中断时间。机械净工作 1h 生产率的计算公式如下：

$$机械净工作 1h 循环次数 = \frac{3600s}{一次循环的正常延续时间} \tag{3-32}$$

$$循环工作机械净工作 1h 生产率 = 机械净工作 1h 循环次数 \times 一次循环生产的产品数量 \tag{3-33}$$

2）连续动作机械净工作 1h 生产率。连续动作机械是指施工作业中只作某一动作的连续动作机械。确定机械净工作 1h 正常生产率计算公式如下：

$$连续工作机械净工作 1h 工作率 = \frac{工作时间内完成的产品数量}{工作时间(h)} \quad (3\text{-}34)$$

工作时间内完成的产品数量和工作时间的消耗，要通过多次现场观测或试验以及机械说明来确定。

3）确定机械的正常利用系数。机械的正常利用系数是指机械在工作班内对工作时间的利用率。机械正常利用系数的计算公式如下：

$$机械正常利用系数 = \frac{机械在一个工作班内净工作时间}{一个工作班延续时间(8h)} \quad (3\text{-}35)$$

4）计算机械台班定额。确定了机械工作正常条件、机械净工作 1h 正常生产率和机械正常利用系数之后，采用下列公式计算施工机械定额：

$$机械台班产量定额 = 机械净工作 1h 正常生产率 \times 工作班净工作时间 \quad (3\text{-}36)$$

或

$$机械台班产量定额 = 机械净工作 1h 正常生产率 \times 工作班延续时间$$
$$\times 机械正常利用系数 \quad (3\text{-}37)$$

（2）机械台班定额的表现形式

1）机械台班定额

① 机械时间定额。在正常的施工条件和合理的劳动组织下，完成单位合格产品所必需的机械台班数，按下式计算：

$$机械时间定额(台班) = \frac{1}{机械台班产量} \quad (3\text{-}38)$$

② 机械台班产量定额。在正常的施工条件、合理的劳动组织下，每一个机械台班时间中需完成的合格产品数量，按下式计算：

$$机械台班产量定额 = \frac{1}{机械时间定额(台班)} \quad (3\text{-}39)$$

2）人工配合机械工作的定额。也就是按照每个机械台班内配合机械工作的工人班组总工日数及完成的合格产品数量来确定。

单位产品的时间定额为完成单位合格产品所必须消耗的工作时间，按下式计算：

$$单位产品时间定额(工日) = \frac{班组成员工日总数}{一个机械台班的产量} \quad (3\text{-}40)$$

一个机械台班中折合到每个工日生产单位合格产品的数量，按下式计算：

$$产量定额 = \frac{一个机械台班的产量}{班组成员工日数总和(工日)} \quad (3\text{-}41)$$

机械台班定额通常用复式表示，即时间定额/台班产量定额，同时表示时间定额和台班产量定额。

3.1.2 钢结构工程预算定额

1. 预算定额编制方法

（1）划分定额项目，确定工作内容及施工方法

预算定额项目应在施工定额的基础上进一步综合。通常应根据建筑的不同部位、不同

构件，将庞大的建筑物分解为较为简单的、各种不同的、可以用适当计量单位计算工程量的基本构造要素。做到项目齐全、粗细适度、简明实用。同时，根据项目的划分，确定预算定额的名称、工作内容及施工方法，并使施工和预算定额协调一致，以便于相互比较。

（2）选择计量单位

为了准确计算每个定额项目中的消耗指标，并有利于简化工程量计算，必须根据结构构件或分项工程的特征及变化规律来确定定额项目的计量单位。如果物体有一定厚度，而长度和宽度不定时，采用面积单位，如层面、地面等；如果物体断面形状、大小固定，则采用长度单位，如管道、钢筋等；如果物体的长、宽、高均不一定时，则采用体积单位，如土方、砖石、混凝土工程等。

（3）计算工程量

选择有代表性的图纸和已确定的定额项目计量单位，计算分项工程的工程量。

（4）确定人工、材料、机械台班的消耗指标

预算定额中的人工、材料、机械台班消耗指标，是以施工定额中的人工、材料、机械台班消耗指标为基础，并考虑预算定额中所包括的其他因素，采用理论计算与现场测试相结合、编制定额人员与现场工作人员相结合的方法确定的。

2. 预算定额项目消耗指标的确定

（1）人工消耗指标的确定

预算定额中，人工消耗指标包括完成该分项工程必需的各种用工量。而各种用工量根据对多个典型工程测算后综合取定的工程量数据，以及国家颁发的、现行的《全国建筑安装工程统一劳动定额》计算求得。预算定额中，人工消耗指标是由基本用工和其他用工两部分组成的。

1）基本用工。基本用工是指为完成某个分项工程所需的主要用工量。例如，砌筑各种墙体工程中的砌砖、调制砂浆以及运砖和运砂浆的用工量。另外，还包括属于预算定额项目工作内容范围内的一些基本用工量，例如在墙体中的门窗洞、预留抗震柱孔等工作内容。

2）其他用工。其他用工是指辅助基本用工消耗的工日或工时，按其工作内容分为以下三类。

① 人工幅度差用工，是指在劳动定额中未包括的、而在一般正常施工情况下又不可避免的一些工时消耗。

② 超运距用工，是指超过劳动定额所规定的材料、半成品运距的用工数量。

③ 辅助用工，是指材料需要在现场加工的用工数量，如筛砂子等需要增加的用工数量。

（2）材料消耗指标的确定

材料消耗指标是指在正常施工条件下，用合理使用材料的方法，完成单位合格产品所必须消耗的各种材料、成品、半成品的数量标准。

1）材料消耗指标的组成。预算中的材料用量由材料的净用量和材料的损耗量组成。预算定额内的材料由主要材料、零星材料、辅助材料三部分组成，反映了材料的使用性质、用途和用量大小。

2）材料消耗指标的确定。材料消耗指标在编制预算定额方案中已经确定的有关因素（如工程项目划分、工程内容范围、计量单位和工程量的计算）的基础上，可采用观测法、

试验法、统计法和计算法确定。首先确定出材料的净用量，然后确定材料的损耗率，计算出材料的消耗量，并结合测定的资料，采用加权平均的方法计算出材料的消耗指标。

（3）机械台班消耗量的确定

1）编制依据。预算定额中的机械台班消耗指标是以台时为单位计算的，有的按台班计算，一台机械工作八小时为一个台班，其中：

① 以手工操作为主的工人班组所配备的施工机械（如砂浆、混凝土搅拌机，垂直运输的塔式起重机）为小组配合使用，所以应以小组产量计算机械台班量或台时量；

② 机械施工过程（如机械化土石方工程、打桩工程、机械化运输及吊装工程所用的大型机械及其他专用机械）应在劳动定额中的台班定额或台时定额的基础上另加机械幅度差。

2）机械幅度差。机械幅度差是指在劳动定额中机械台班或台时耗用量中未包括的，而机械在合理的施工组织条件下所必需的停歇时间。这些因素会影响机械的生产效率，所以应另外增加一定的机械幅度差的因素，其内容包括：

① 在正常施工情况下，机械施工中不可避免的工序间歇时间。

② 施工机械转移工作面及配套机械互相影响损失的时间。

③ 临时水、电线路在施工中移动位置所发生的机械停歇时间。

④ 施工中工作面不饱满，工程结尾时工作量不多而影响机械的操作时间等。

⑤ 工程质量检查影响机械的操作时间。

机械幅度差系数，从本质上讲就是机械的时间利用系数，通常根据测定和统计资料取定。在确定补充机械台班费时，大型机械可参考以下幅度差系数：土方机械为1.25，打桩机械为1.33，吊装机械为1.30。其他分项工程机械，如木作、蛙式打夯机、水磨石机等专用机械，均为1.10。

3）预算定额中机械台班消耗指标的计算方法具体有如下三种指标：

① 操作小组配合机械台班消耗指标。操作小组和机械配合的情况很多，如起重机、混凝土搅拌机等。关于这种机械，计算台班消耗指标时以综合取定的小组产量计算，不另计机械幅度差。即：

$$机械台班消耗指标 = \frac{分项定额的计算单位值}{小组总产量} \qquad (3-42)$$

② 按机械台班产量计算机械台班消耗量。大型机械施工的土石方、打桩、构件吊装、运输等项目，机械台班消耗量按劳动定额中规定的各分项工程的机械台班产量计算，再加上机械幅度差。即：

$$大型机械台班消耗量 = \frac{工序工程量}{机械台班产量定额} \times (1 + 机械幅度差) \qquad (3-43)$$

式中，机械幅度差一般为20%～40%。

③ 打夯、钢筋加工、木作、水磨石等各种专用机械台班消耗指标。专用机械台班消耗指标，有的直接将值计入预算定额中，也有的以机械费表示，不列入台班数量。其计算公式为：

$$台班产量 = 机械配备人数 \times 每工产量 \qquad (3-44)$$

$$台班消耗量 = \frac{计量单位值}{台班产量} \times (1 + 机械幅度差) \qquad (3-45)$$

3.1.3 钢结构工程人工、材料、机械台班单价确定

1. 人工单价

人工单价是指一个建筑安装工人一个工作日内，在预算中应计入的全部人工费用。

人工单价的组成内容包括：基本工资（G_1）、工资性补贴（G_2）、辅助工资（G_3）、职工福利费（G_4），劳动保护费（G_5）。

人工单价受到多方面因素的影响。①社会平均工资水平；②生活消费指数；③人工单价的组成内容；④劳动力市场供需变化；⑤社会保障和福利政策。

$$职工福利费 G_4 = (G_1 + G_2 + G_3) \times 福利计提比例(\%) \tag{3-46}$$

$$人工单价 = G_1 + G_2 + G_3 + G_4 + G_5 \tag{3-47}$$

2. 材料预算价格

（1）供应价的确定

1）原价的确定。材料原价即材料的出厂价、进口材料货价或市场批发价。对于同一种材料，因产地、供应渠道的不同出现几种原价时，其综合原价可按供应量比例的加权平均计算。

2）供销部门手续费的确定。供销部门手续费是指需要经过当地物资部门供应时所发生的经营管理费用。

$$供销部门手续费 = 原价 \times 供销部门手续费率 \tag{3-48}$$

$$材料供应价 = 原价 + 供销部门手续费 \tag{3-49}$$

（2）包装费的确定

材料运到现场或使用之后，要对包装品进行回收，回收价值冲减材料预付价格。

（3）运输费用的确定

运输费按国家有关部门和地方政府交通运输部门的规定进行计算。同一品种的材料如有若干来源地，其运输费用可以根据每个来源地的运输里程、运输方法及运价标准，用加权平均的方法计算运输费。

（4）损耗费的确定

$$运输损耗 = 材料原价 \times 相应材料损耗率 \tag{3-50}$$

（5）采购及保管费的确定

按规定费率计算：

$$采购及保管费 = 材料运到工地仓库价格 \times 采购及保管费率 \tag{3-51}$$

以上五项费用之和，即材料预算价格。计算公式为：

$$材料预算价格 = (供应价 + 包装费 + 运输费 + 运输损耗费)$$
$$\times (1 + 采购及保管费率) - 包装品回收值 \tag{3-52}$$

3. 机械台班单价

（1）机械台班单价及其组成内容

机械台班单价是指一台施工机械在正常运转条件下一个工作班内所发生的全部费用，共包括七项：

1）折旧费。

2）大修理费。

3）经常修理费。

4）安拆费及场外运输费。

5）燃料动力费。

6）人工费。

7）养路费及单价的计算方法。

（2）机械台班单价的计算方法和确定依据

1）折旧费计算公式

$$台班折旧费 = \frac{机械预算价格 \times (1-残值率) \times 贷款利息系数}{耐用总台班} \quad (3-53)$$

2）大修理费计算公式

$$大修理费 = \frac{一次大修理费 \times 寿命周期内大修理次数}{耐用总台班} \quad (3-54)$$

3）经常修理费计算公式

$$台班经常修理费 = 台班大修费 \times \frac{机械台班经常修理费}{机械台班大修费} \quad (3-55)$$

4）安拆费和场外运输费计算公式

$$台班安拆费 = \frac{机械一次安拆费 \times 年平均安拆次数}{年工作台班} + 台班辅助设施费 \quad (3-56)$$

5）人工费计算公式

$$台班人工费 = 定额机上人工工日 \times 日工资单价 \quad (3-57)$$

6）养路费及车船使用税计算公式

$$养路费及车船使用税 = 载重量(或核定自重吨位) \times [养路费标准 / 吨 / 月 \times 12$$
$$+ 车船使用税标准元 / 吨 / 年] \div 年工作台班 \quad (3-58)$$

4. 工程单价

工程单价是指建筑工程单位产品的基本直接费用，常指分部分项工程的预算单价，也称定额基价。

（1）工程单价的编制依据

1）预算定额和概算定额。

2）人工单价、材料预算价格和机械台班单价。

3）现场经费、其他直接费和间接费的取费标准。

（2）工程单价的确定方法

工程单价的确定方法就是工、料、机的消耗量和工、料、机单价的结合过程，有如下计算公式：

1）分部分项工程基本直接费单价（基价）

$$分部分项工程基本直接费单价(基价) = 单位分部分项工程人工费$$
$$+ 材料费 + 机械使用费 \quad (3-59)$$

2）分部分项工程全部费用单价

$$分部分项工程全部费用单价 = 单位分部分项工程基本直接费 + 其他直接费$$
$$+ 现场经费 + 间接费 \quad (3-60)$$

（3）工程单价的用途

1）确定和控制工程造价。

2）利用其编制统一性的工程单价。

3）以对结构方案进行经济比较，优选设计方案。

4）进行工程款的期中结算。

5. 单位估价表

单位估价表是以建筑安装工程的预算定额规定的人工、材料、施工机械消耗量指标为依据，以货币形式表示预算定额中的每一分项工程单位预算价值的计算表格。它根据国家现行的建筑安装工程预算定额，结合各地区工资标准、材料预算价格、机械台班预算价值编制的，所以又被称为某时期某地区单位估价表。单位估价表有地区性和时间性，是地区编制施工图预算确定工程直接费的基础资料。

单位估价表编制后，经当地主管部门审核、批准后便成为工程计价依据，在规定的地区范围内执行，且不得随意修改。

单位估价表分为建筑工程单位估价表和设备安装工程单位估价表。建筑工程单位估价表以一般建筑工程为对象编制的；设备安装工程单位估价表则是以设备安装工程为对象进行编制。单位估价表由额定计量单位和预算价格两部分组成。

3.1.4 钢结构工程定额计价实例

【例 3-1】 已知某型号混凝土搅拌机拌混凝土的工时消耗数据资料：123s、124s、126s、127s、131s、125s、124s、128s、129s、132s。试用二次平均法计算其平均先进值。

【解】

（1）计算全数的平均值

$$\bar{t}_1 = \frac{1}{10}(123 + 124 + 126 + 127 + 131 + 125 + 124 + 128 + 129 + 132)$$

$$= 126.9s$$

（2）计算小于全数平均值的各数平均值

$$\bar{t}_2 = \frac{1}{5}(123 + 124 + 126 + 125 + 124)$$

$$= 124.4s$$

（3）计算平均先进值

$$\bar{t}_n = \frac{1}{2}(124.4 + 126.9) = 125.65s$$

计算所得平均先进值，也就是定额水平的依据。

【例 3-2】 在制定某一施工的劳动定额时，估出了三种不同的工时消耗，一般的工时消耗为 450min，先进的工时消耗为 410min，保守的工时消耗为 600min。

试计算：

（1）如果要求在 500min 内完成，其完成任务的可能性有多少？

（2）要使完成任务的可能性 $P(\lambda) = 90\%$，则下达的工时定额应是多少？

【解】

（1）$a = 410min$，$m = 450min$，$b = 600min$，$t = 500min$，则：

$$\bar{t} = \frac{1}{6}(410 + 450 \times 4 + 600) = 468.33\text{min}$$

$$\sigma = \left|\frac{410 - 600}{6}\right| = 31.67\text{min}$$

$$\lambda = \frac{t - \bar{t}}{\sigma} = \frac{500 - 468.33}{31.67} = 1$$

由 $\lambda=1$，从正态分布表中查得对应的 $P(\lambda)=0.841$，即在给定工时消耗为 500min 时，完成任务的可能性为 84.1%。

（2）由 $P(\lambda)=90\%$，从正态分布表中查得 $\lambda=1.3$，则：

$$t = 468.33 + 31.67 \times 1.3 = 510\text{min}$$

即当要求完成任务的可能性为用 $P(\lambda)=90\%$ 时，下达的工时定额为 8.5h。

【例 3-3】 某钢结构工程施工图材料如表 3-1 所示，檩托 89mm 高，24 个。试计算该工程 2 号杆件的损耗率。

杆件汇总表

表 3-1

序号	杆件编号	规格	根数	下料长度/mm	每米重/（kg/m）	重量/kg
1	1	48×3	104	1731	3.34	1466
2	1A		59	2226		
3	1B		53	2426		
4	2	60×3.5	9	1731	4.89	75.80
						1542

【解】

高频焊管定尺长度是 6000mm。

（1）本工程 2 号杆件的下料长度是 1731mm，根据材料的定尺长度，应买该型号 $\phi60\times3.5$ 的钢管 3 根，即每根截取 3 根 2 号杆，用料 5193mm，剩余 807mm。

（2）用剩余料（3 根长 807mm 的短管）做檩托

其中 2 根每根截取 9 个檩托，用料：$9\times89=801$mm；剩料：6mm。

1 根截取 6 个檩托，用料：$6\times89=534$mm；剩料：$807-534=273$mm

（3）该工程损耗量为：$6\times2+273=285$mm

净用量为：$5193\times3+801\times2+534=17715$mm

理论损耗率=285/17715=1.61%

【例 3-4】 已知某钢结构工程人工挖土，挖土深度在 1.5m 以内，上口宽度为 3m，土质为二类土，每挖 1m³ 需要消耗的总时间为 92.2min（其中包括辅助工作时间、准备和结束工作时间、不可避免的中断时间、休息时间）。试确定时间定额。

【解】

$$时间定额 = \frac{92.2}{480} = 0.192\ 工日/\text{m}^3$$

$$产量定额 = \frac{1}{0.192} = 5.2\text{m}^3/工日$$

【例 3-5】 已知某钢结构工程，采用 12t 塔式起重机吊装混凝土板，已知机械台班产量定额为 35 块，工作组内有 2 名吊车司机、6 名安装起重工、1 名电焊工。试求吊装每一块板的机械时间定额和人工时间定额。

【解】

吊装每一块板的机械时间定额为：

$$机械时间定额 = \frac{1}{35} = 0.03 \text{ 台班}$$

吊装每一块板的人工时间定额为：

吊车司机时间定额 $=2×0.03=0.06$ 工日

安装起重工时间定额 $=6×0.03=0.18$ 工日

电焊工时间定额 $=1×0.03=0.03$ 工日

$$工作小组人工时间定额 = \frac{2+6+1}{35} = 0.26 \text{ 工日}$$

【例 3-6】 已知挖地槽深度在 1.5m 以内的一类土的时间定额及一类土与二类土、三类土、四类土的比例见表 3-2，试计算二类土、三类土、四类土的时间定额。

挖桩基时间定额确定表（工日/m³）　　　　　表 3-2

项目	比例关系	挖桩基深在 1.5m 以内 上口面积/m²		
		≤0.502	1.766	≤7.065
一类土	1.00	0.167	0.144	0.134
二类土	1.43			
三类土	2.51			
四类土	3.75			

【解】

可计算出二类土、三类土、四类土的时间定额，当上口面积在 0.502m² 以内时：

二类土 $t=1.43×0.167=0.239$ 工日/m³

三类土 $t=2.51×0.167=0.419$ 工日/m³

四类土 $t=3.75×0.167=0.626$ 工日/m³

同理，可求出上口面积在 1.766~7.065m² 以内二类土、三类土、四类土的时间定额，见表 3-3。

挖桩基时间定额确定表（工日/m³）　　　　　表 3-3

项目	比例关系	挖桩基深在 1.5m 以内 上口面积/m²		
		≤0.502	1.766	≤7.065
一类土	1.00	0.167	0.144	0.134
二类土	1.43	0.239	0.206	0.192
三类土	2.51	0.419	0.361	0.336
四类土	3.75	0.626	0.54	0.503

【例 3-7】 用标准砖砌墙，标准砖尺寸为 240mm×115mm×53mm，墙厚为 0.25m，高为 1.5m，灰缝按 0.01m 考虑，砌体损耗率为 1.18%，砂浆损耗率为 15.9%，试计算每立方米砖墙的标准砖和砂浆的消耗量。

【解】

（1）计算标准砖和砂浆的净用量（取 100m 砖墙计算）

砖墙的体积＝0.25×1.5×100＝37.5m³

$$所需砖块数 = \frac{37.5}{(0.115+0.01)\times(0.053+0.01)\times0.24} = 19842 块$$

砖块净用量＝19842×0.24×0.115×0.053＝29.02m³

$$每立方米砖墙砖块净用量 = \frac{29.02}{37.5} = 0.774m³$$

$$每立方米砖墙砂浆净用量 = 1-0.774 = 0.226m³$$

（2）每立方米砖墙标准砖和砂浆消耗量

$$砖块消耗量 = \frac{0.774}{1-1.18\%} = 0.783m³$$

$$砂浆消耗量 = \frac{0.226}{1-15.9\%} = 0.269m³$$

【例 3-8】 某钢结构工程浇筑厂房钢筋混凝土梁，已知一次使用模板料 2.53m³，支撑料 3.62m³，周转 8 次，每次损耗 16.8%，试计算施工定额摊销量。

【解】

（1）模板料摊销量

$$模板周转使用量 = 2.53\times\left[\frac{1+(8-1)\times16.8\%}{8}\right] = 0.688m³$$

$$模板回收量 = 2.53\times\left(\frac{1-16.8\%}{8}\right) = 0.263m³$$

$$模板摊销量 = 0.688-0.263 = 0.425m³$$

（2）支撑料摊销量

$$支撑周转使用量 = 3.62\times\left[\frac{1+(8-1)\times16.8\%}{8}\right] = 0.985m³$$

$$支撑回收量 = 3.62\times\left(\frac{1-16.8\%}{8}\right) = 0.376m³$$

$$模板摊销量 = 0.985-0.376 = 0.609m³$$

【例 3-9】 某钢结构工程，根据设计要求需要碳素结构钢筋和 20MnSi 钢筋，其市场价格分别为 2320 元/t 和 2520 元/t；两种规格的钢筋所占比重分别为 60% 和 40%；分别由甲、乙两厂供应，甲厂供应 30%，乙厂供应 70%。甲厂距离工地仓库 30km，乙厂距离工地仓库 20km，汽车运输价格为 0.5 元/(t·km)；汽车每装、卸一次装卸费为 16 元/t；运输保险费率按 3‰ 计算；采购保管费按 3% 计算。试计算钢筋的综合预算价格。

【解】

（1）运杂费

甲厂综合运杂费＝0.5×30＋16×2＝47.00 元/t

乙厂综合运杂费＝0.5×20＋16×2＝42.00 元/t

平均每吨运杂费＝47.00×30%＋42.00×70%＝43.5 元/t

(2) 保险费

$$碳素结构钢筋保险费 = 2320 \times 3‰ = 6.96 \ 元/t$$

$$20MnSi \ 钢筋保险费 = 2520 \times 3‰ = 7.56 \ 元/t$$

(3) 预算价格

$$碳素结构钢筋预算价格 = (2320 + 43.5) \times (1 + 3\%) + 6.96 = 2441.37 \ 元/t$$

$$20MnSi \ 钢筋预算价格 = (2520 + 43.5) \times (1 + 3\%) + 7.56 = 2647.97 \ 元/t$$

$$钢筋综合预算价格 = 2441.37 \times 60\% + 2647.97 \times 40\% = 2524.01 \ 元/t$$

【例 3-10】 已知 60T 门坐式起重机的出厂价为 60 万元，运杂费为 6%；年工作台时 2000 个，耐用总台时为 42500 个，残值率为 5%；大修理次数为 2 次，每次大修理费占设备预算价格的 4%；台时经常性修理费占台时大修理费的 224%；台时替换设备费占台时大修理费的 86%；年保管费占设备预算价格的 0.27%；电动机容量 55kW，时间利用系数 0.4，能量利用系数 0.5，低压线路损耗系数 0.95，电动机效率 88%；电价为 0.55 元/ (kW·h)；机上人工 2 个，预算工资 6.21 元/工时。试计算 60T 门坐式起重机的台时费。

【解】

(1) 设备预算价 = $600000 \times (1 + 6\%) = 636000$ 元

(2) 一类费用

$$基本折旧费 = \frac{636000 \times (1 - 0.05)}{42500} = 14.22 \ 元/台时$$

$$大修理费 = \frac{636000 \times 0.04 \times 2}{42500} = 1.2 \ 元/台时$$

$$经常性修理费 = 1.2 \times 224\% = 2.69 \ 元/台时$$

$$替换设备及工具、附具费 = 1.2 \times 86\% = 1.032 \ 元/台时$$

$$保管费 = \frac{636000 \times 0.27\%}{2000} = 0.86 \ 元/台时$$

$$\begin{aligned} 一类费用 &= 基本折旧费 + 大修理费 + 经常性修理费 \\ &\quad + 替换设备及工具、附具费 + 保管费 \\ &= 14.22 + 1.2 + 2.69 + 1.032 + 0.86 \\ &= 20.002 \ 元/台时 \end{aligned}$$

(3) 二类费用

$$机上人工工资 = 6.21 \times 2 = 12.42 \ 元/台时$$

$$耗电费 = 55 \times 0.4 \times 0.5 \times \frac{1}{0.88 \times 0.95} \times 0.55 = 7.24 \ 元/台时$$

二类费用 = 机上人工工资 + 耗电费 = 12.42 + 7.24 = 19.66 元/台时

(4) 台时费

60T 门坐式起重机台时费 = 20.002 + 19.66 = 39.662 元/台时

【例 3-11】 某钢结构工程有 $115.9 m^3$ 一单面墙，每天有 10 名工人在现场施工，时间定额是 1.37 工日/m^3。试计算完成该工程所需施工天数。

【解】

完成该工程所需劳动量 = $1.37 \times 115.9 = 158.783$ 工日

需要的施工天数＝158.783÷10＝15.89 天＝16 天

3.2 工程清单计价体系

3.2.1 工程量清单编制

1. 一般规定

（1）招标工程量清单应由具有编制能力的招标人或受其委托、具有相应资质的工程造价咨询人编制。

（2）招标工程量清单必须作为招标文件的组成部分，其准确性和完整性应由招标人负责。

（3）招标工程量清单是工程量清单计价的基础，应作为编制招标控制价、投标报价、计算或调整工程量、索赔等的依据之一。

（4）招标工程量清单应以单位（项）工程为单位编制，应由分部分项工程项目清单、措施项目清单、其他项目清单、规费和税金项目清单组成。

（5）工程量清单编制应依据：

1）《建设工程工程量清单计价规范》GB 50500—2013 和相关工程的国家计量规范。

2）国家或省级、行业建设主管部门颁发的计价定额和办法。

3）建设工程设计文件及相关资料。

4）与建设工程有关的标准、规范、技术资料。

5）拟定的招标文件。

6）施工现场情况、地勘水文资料、工程特点及常规施工方案。

7）其他相关资料。

2. 分部分项工程项目

（1）分部分项工程项目清单必须载明项目编码、项目名称、项目特征、计量单位和工程量。

（2）分部分项工程项目清单必须根据相关工程现行国家计量规范规定的项目编码、项目名称、项目特征、计量单位和工程量计算规则进行编制。

3. 措施项目

（1）措施项目清单必须根据相关工程现行国家计量规范的规定编制。

（2）措施项目清单应根据拟建工程的实际情况列项。

4. 其他项目

（1）其他项目清单应按照下列内容列项：

1）暂列金额。

2）暂估价，包括材料暂估单价、工程设备暂估单价、专业工程暂估价。

3）计日工。

4）总承包服务费。

（2）暂列金额应根据工程特点按有关计价规定估算。

（3）暂估价中的材料、工程设备暂估单价应根据工程造价信息或参照市场价格估算，列出明细表；专业工程暂估价应分不同专业，按有关计价规定估算，列出明细表。

（4）计日工应列出项目名称、计量单位和暂估数量。

（5）总承包服务费应列出服务项目及其内容等。

（6）出现第（1）条未列的项目，应根据工程实际情况补充。

5. 规费

（1）规费项目清单应按照下列内容列项：

1）社会保险费：包括养老保险费、失业保险费、医疗保险费、工伤保险费、生育保险费。

2）住房公积金。

3）工程排污费。

（2）出现第（1）条未列的项目，应根据省级政府或省级有关部门的规定列项。

6. 税金

（1）税金项目清单应包括下列内容：

1）营业税。

2）城市维护建设税。

3）教育费附加。

4）地方教育附加。

（2）出现第（1）条未列的项目，应根据税务部门的规定列项。

3.2.2 工程量清单计价编制

1. 招标控制价编制

（1）招标控制价应根据下列依据编制与复核：

1）《建设工程工程量清单计价规范》GB 50500－2013；

2）国家或省级、行业建设主管部门颁发的计价定额和计价办法；

3）建设工程设计文件及相关资料；

4）拟定的招标文件及招标工程量清单；

5）与建设项目相关的标准、规范、技术资料；

6）施工现场情况、工程特点及常规施工方案；

7）工程造价管理机构发布的工程造价信息，当工程造价信息没有发布时，参照市场价；

8）其他的相关资料。

（2）综合单价中应包括招标文件中划分的应由投标人承担的风险范围及其费用。招标文件中没有明确的，如是工程造价咨询人编制，应提请招标人明确；如是招标人编制，应予明确。

（3）分部分项工程和措施项目中的单价项目，应根据拟定的招标文件和招标工程量清单项目中的特征描述及有关要求确定综合单价计算。

（4）措施项目中的总价项目应根据拟定的招标文件和常规施工方案按下列规定计价：

1）工程量清单应采用综合单价计价。

2）措施项目中的安全文明施工费必须按国家或省级、行业建设主管部门的规定计算，不得作为竞争性费用。

（5）其他项目应按下列规定计价：

1）暂列金额应按招标工程量清单中列出的金额填写；

2）暂估价中的材料、工程设备单价应按招标工程量清单中列出的单价计入综合单价；

3）暂估价中的专业工程金额应按招标工程量清单中列出的金额填写；

4）计日工应按招标工程量清单中列出的项目根据工程特点和有关计价依据确定综合单价计算；

5）总承包服务费应根据招标工程量清单列出的内容和要求估算。

（6）规费和税金必须按国家或省级、行业建设主管部门的规定计算，不得作为竞争性费用。

（7）投标人经复核认为招标人公布的招标控制价未按照《建设工程工程量清单计价规范》GB 50500—2013 的规定进行编制的，应在招标控制价公布后 5 天内向招投标监督机构和工程造价管理机构投诉。

（8）投诉人投诉时，应当提交由单位盖章和法定代表人或其委托人签名或盖章的书面投诉书。投诉书应包括下列内容：

1）投诉人与被投诉人的名称、地址及有效联系方式；

2）投诉的招标工程名称、具体事项及理由；

3）投诉依据及有关证明材料；

4）相关的请求及主张。

（9）投诉人不得进行虚假、恶意投诉，阻碍招投标活动的正常进行。

（10）工程造价管理机构在接到投诉书后应在 2 个工作日内进行审查，对有下列情况之一的，不予受理：

1）投诉人不是所投诉招标工程招标文件的收受人；

2）投诉书提交的时间不符合第（1）条规定的；

3）投诉书不符合第（2）条规定的；

4）投诉事项已进入行政复议或行政诉讼程序的。

（11）工程造价管理机构应在不迟于结束审查的次日将是否受理投诉的决定书面通知投诉人、被投诉人以及负责该工程招投标监督的招投标管理机构。

（12）工程造价管理机构受理投诉后，应立即对招标控制价进行复查，组织投诉人、被投诉人或其委托的招标控制价编制人等单位人员对投诉问题逐一核对。有关当事人应当予以配合，并应保证所提供资料的真实性。

（13）工程造价管理机构应当在受理投诉的 10 天内完成复查，特殊情况下可适当延长，并作出书面结论通知投诉人、被投诉人及负责该工程招投标监督的招投标管理机构。

（14）当招标控制价复查结论与原公布的招标控制价误差大于±3％时，应当责成招标人改正。

（15）招标人根据招标控制价复查结论需要重新公布招标控制价的，其最终公布的时间至招标文件要求提交投标文件截止时间不足 15 天的，应相应延长投标文件的截止时间。

2. 投标报价编制

（1）投标报价应根据下列依据编制和复核：

1）《建设工程工程量清单计价规范》GB 50500—2013；

2）国家或省级、行业建设主管部门颁发的计价办法；

3）企业定额，国家或省级、行业建设主管部门颁发的计价定额和计价办法；

4）招标文件、招标工程量清单及其补充通知、答疑纪要；

5）建设工程设计文件及相关资料；

6）施工现场情况、工程特点及投标时拟定的施工组织设计或施工方案；

7）与建设项目相关的标准、规范等技术资料；

8）市场价格信息或工程造价管理机构发布的工程造价信息；

9）其他的相关资料。

（2）综合单价中应包括招标文件中划分的应由投标人承担的风险范围及其费用，招标文件中中没有明确的，应提请招标人明确。

（3）分部分项工程和措施项目中的单价项目，应根据招标文件和招标工程量清单项目中的特征描述确定综合单价计算。

（4）措施项目中的总价项目金额应根据招标文件及投标时拟定的施工组织设计或施工方案，按相关规定自主确定。其中安全文明施工费必须按国家或省级、行业建设主管部门的规定计算，不得作为竞争性费用。

（5）其他项目应按下列规定报价：

1）暂列金额应按招标工程量清单中列出的金额填写；

2）材料、工程设备暂估价应按招标工程量清单中列出的单价计入综合单价；

3）专业工程暂估价应按招标工程量清单中列出的金额填写；

4）计日工应按招标工程量清单中列出的项目和数量，自主确定综合单价并计算计日工金额；

5）总承包服务费应根据招标工程量清单中列出的内容和提出的要求自主确定。

（6）规费和税金必须按国家或省级、行业建设主管部门的规定计算，不得作为竞争性费用。

（7）招标工程量清单与计价表中列明的所有需要填写单价和合价的项目，投标人均应填写且只允许有一个报价。未填写单价和合价的项目，可视为此项费用已包含在已标价工程量清单中其他项目的单价和合价之中。当竣工结算时，此项目不得重新组价予以调整。

（8）投标总价应当与分部分项工程费、措施项目费、其他项目费和规费、税金的合计金额一致。

3. 合同价款的约定

（1）一般规定

1）实行招标的工程合同价款应在中标通知书发出之日起 30 天内，由发承包双方依据招标文件和中标人的投标文件在书面合同中约定。

合同约定不得违背招标、投标文件中关于工期、造价、质量等方面的实质性内容。招标文件与中标人投标文件不一致的地方，应以投标文件为准。

2）不实行招标的工程合同价款，应在发承包双方认可的工程价款基础上，由发承包双方在合同中约定。

3）实行工程量清单计价的工程，应采用单价合同；建设规模较小，技术难度较低，工期较短，且施工图设计已审查批准的建设工程可采用总价合同；紧急抢险、救灾以及施工技术特别复杂的建设工程可采用成本加酬金合同。

（2）约定内容

1）发承包双方应在合同条款中对下列事项进行约定：

① 预付工程款的数额、支付时间及抵扣方式；

② 安全文明施工措施的支付计划，使用要求等；

③ 工程计量与支付工程进度款的方式、数额及时间；

④ 工程价款的调整因素、方法、程序、支付及时间；

⑤ 施工索赔与现场签证的程序、金额确认与支付时间；

⑥ 承担计价风险的内容、范围以及超出约定内容、范围的调整办法；

⑦ 工程竣工价款结算编制与核对、支付及时间；

⑧ 工程质量保证金的数额、预留方式及时间；

⑨ 违约责任以及发生合同价款争议的解决方法及时间；

⑩ 与履行合同、支付价款有关的其他事项等。

2）合同中没有按照第1）条的要求约定或约定不明的，若发承包双方在合同履行中发生争议由双方协商确定；当协商不能达成一致时，应按《建设工程工程量清单计价规范》GB 50500—2013 的规定执行。

4. 合同价款的调整

（1）一般规定

1）下列事项（但不限于）发生，发承包双方应当按照合同约定调整合同价款：

① 法律法规变化；

② 工程变更；

③ 项目特征不符；

④ 工程量清单缺项；

⑤ 工程量偏差；

⑥ 计日工；

⑦ 物价变化；

⑧ 暂估价；

⑨ 不可抗力；

⑩ 提前竣工（赶工补偿）；

⑪ 误期赔偿；

⑫ 索赔；

⑬ 现场签证；

⑭ 暂列金额；

⑮ 发承包双方约定的其他调整事项。

2）出现合同价款调增事项（不含工程量偏差、计日工、现场签证、索赔）后的14天内，承包人应向发包人提交合同价款调增报告并附上相关资料；承包人在14天内未提交合同价款调增报告的，应视为承包人对该事项不存在调整价款请求。

3）出现合同价款调减事项（不含工程量偏差、索赔）后的14天内，发包人应向承包人提交合同价款调减报告并附相关资料；发包人在14天内未提交合同价款调减报告的，应视为发包人对该事项不存在调整价款请求。

4）发（承）包人应在收到承（发）包人合同价款调增（减）报告及相关资料之日起 14 天内对其核实，予以确认的应书面通知承（发）包人。当有疑问时，应向承（发）包人提出协商意见。发（承）包人在收到合同价款调增（减）报告之日起 14 天内未确认也未提出协商意见的，应视为承（发）包人提交的合同价款调增（减）报告已被发（承）包人认可。发（承）包人提出协商意见的，承（发）包人应在收到协商意见后的 14 天内对其核实，予以确认的应书面通知发（承）包人。承（发）包人在收到发（承）包人的协商意见后 14 天内既不确认也未提出不同意见的，应视为发（承）包人提出的意见已被承（发）包人认可。

5）发包人与承包人对合同价款调整的不同意见不能达成一致的，只要对发承包双方履约不产生实质影响，双方应继续履行合同义务，直到其按照合同约定的争议解决方式得到处理。

6）经发承包双方确认调整的合同价款，作为追加（减）合同价款，应与工程进度款或结算款同期支付。

（2）法律法规变化

1）招标工程以投标截止日前 28 天、非招标工程以合同签订前 28 天为基准日，其后因国家的法律、法规、规章和政策发生变化引起工程造价增减变化的，发承包双方应按照省级或行业建设主管部门或其授权的工程造价管理机构据此发布的规定调整合同价款。

2）因承包人原因导致工期延误的，按第 1）条规定的调整时间，在合同工程原定竣工时间之后，合同价款调增的不予调整，合同价款调减的予以调整。

（3）工程变更

1）因工程变更引起已标价工程量清单项目或其工程数量发生变化时，应按照下列规定调整：

① 已标价工程量清单中有适用于变更工程项目的，应采用该项目的单价；但当工程变更导致该清单项目的工程数量发生变化，且工程量偏差超过 15％时，该项目单价应按照工程量偏差第 2）条的规定调整。

② 已标价工程量清单中没有适用但有类似于变更工程项目的，可在合理范围内参照类似项目的单价。

③ 已标价工程量清单中没有适用也没有类似于变更工程项目的，应由承包人根据变更工程资料、计量规则和计价办法、工程造价管理机构发布的信息价格和承包人报价浮动率提出变更工程项目的单价，并应报发包人确认后调整。承包人报价浮动率可按下列公式计算：

招标工程：
$$承包人报价浮动率 L =（1 - 中标价 / 招标控制价）\times 100％$$

非招标工程：
$$承包人报价浮动率 L =（1 - 报价 / 施工图预算）\times 100％$$

④ 已标价工程量清单中没有适用也没有类似于变更工程项目，且工程造价管理机构发布的信息价格缺价的，应由承包人根据变更工程资料、计量规则、计价办法和通过市场调查等取得有合法依据的市场价格提出变更工程项目的单价，并应报发包人确认后调整。

2）工程变更引起施工方案改变并使措施项目发生变化时，承包人提出调整措施项目费的，应事先将拟实施的方案提交发包人确认，并应详细说明与原方案措施项目相比的变化情况。拟实施的方案经发承包双方确认后执行，并应按照下列规定调整措施项目费：

① 安全文明施工费应按照实际发生变化的措施项目依据国家或省级、行业建设主管部门的规定计算。

② 采用单价计算的措施项目费，应按照实际发生变化的措施项目，按1）的规定确定单价。

③ 按总价（或系数）计算的措施项目费，按照实际发生变化的措施项目调整，但应考虑承包人报价浮动因素，即调整金额按照实际调整金额乘以1）规定的承包人报价浮动率计算。

如果承包人未事先将拟实施的方案提交给发包人确认，则应视为工程变更不引起措施项目费的调整或承包人放弃调整措施项目费的权利。

（4）当发包人提出的工程变更因非承包人原因删减了合同中的某项原定工作或工程，致使承包人发生的费用或（和）得到的收益不能被包括在其他已支付或应支付的项目中，也未被包含在任何替代的工作或工程中时，承包人有权提出并应得到合理的费用及利润补偿。

（5）项目特征不符

1）发包人在招标工程量清单中对项目特征的描述，应被认为是准确的和全面的，并且与实际施工要求相符合。承包人应按照发包人提供的招标工程量清单，根据项目特征描述的内容及有关要求实施合同工程，直到项目被改变为止。

2）承包人应按照发包人提供的设计图纸实施合同工程，若在合同履行期间出现设计图纸（含设计变更）与招标工程量清单任一项目的特征描述不符，且该变化引起该项目工程造价增减变化的，应按照实际施工的项目特征，按工程变更相关条款的规定重新确定相应工程量清单项目的综合单价，并调整合同价款。

（6）工程量清单缺项

1）合同履行期间，由于招标工程量清单中缺项，新增分部分项工程清单项目的，应按照相关规定确定单价，并调整合同价款。

2）新增分部分项工程清单项目后，引起措施项目发生变化的，应根据工程变更第2）条的规定，在承包人提交的实施方案被发包人批准后调整合同价款。

3）由于招标工程量清单中措施项目缺项，承包人应将新增措施项目实施方案提交发包人批准后，按照工程变更第1）条、第2）条的规定调整合同价款。

（7）工程量偏差

1）合同履行期间，当应予计算的实际工程量与招标工程量清单出现偏差，且符合下列2）、3）条规定时，发承包双方应调整合同价款。

2）对于任一招标工程量清单项目，当因本节规定的工程量偏差和工程变更规定的工程变更等原因导致工程量偏差超过15%时，可进行调整。当工程量增加15%以上时，增加部分的工程量的综合单价应予调低；当工程量减少15%以上时，减少后剩余部分的工程量的综合单价应予调高。

3）当工程量出现上述2）条的变化，且该变化引起相关措施项目相应发生变化时，按系数或单一总价方式计价的，工程量增加的措施项目费调增，工程量减少的措施项目费调减。

120

（8）计日工

1）发包人通知承包人以计日工方式实施的零星工作，承包人应予执行。

2）采用计日工计价的任何一项变更工作，在该项变更的实施过程中，承包人应按合同约定提交下列报表和有关凭证送发包人复核：

① 工作名称、内容和数量；

② 投入该工作所有人员的姓名、工种、级别和耗用工时；

③ 投入该工作的材料名称、类别和数量；

④ 投入该工作的施工设备型号、台数和耗用台时；

⑤ 发包人要求提交的其他资料和凭证。

3）任一计日工项目持续进行时，承包人应在该项工作实施结束后的 24 小时内向发包人提交有计日工记录汇总的现场签证报告一式三份。发包人在收到承包人提交现场签证报告后的 2 天内予以确认并将其中一份返还给承包人，作为计日工计价和支付的依据。发包人逾期未确认也未提出修改意见的，应视为承包人提交的现场签证报告已被发包人认可。

4）任一计日工项目实施结束后，承包人应按照确认的计日工现场签证报告核实该类项目的工程数量，并应根据核实的工程数量和承包人已标价工程量清单中的计日工单价计算，提出应付价款；已标价工程量清单中没有该类计日工单价的，由发承包双方按工程变更的规定商定计日工单价计算。

5）每个支付期末，承包人应按照进度款的规定向发包人提交本期间所有计日工记录的签证汇总表，并应说明本期间自己认为有权得到的计日工金额，调整合同价款，列入进度款支付。

（9）物价变化

1）合同履行期间，因人工、材料、工程设备、机械台班价格波动影响合同价款时，应根据合同约定，按《建设工程工程量清单计价规范》GB 50500－2013 附录 A 的方法之一调整合同价款。

2）承包人采购材料和工程设备的，应在合同中约定主要材料、工程设备价格变化的范围或幅度；当没有约定，且材料、工程设备单价变化超过 5%时，超过部分的价格应按照《建设工程工程量清单计价规范》GB 50500－2013 附录 A 的方法计算调整材料、工程设备费。

3）发生合同工程工期延误的，应按照下列规定确定合同履行期的价格调整：

① 因非承包人原因导致工期延误的，计划进度日期后续工程的价格，应采用计划进度日期与实际进度日期两者的较高者。

② 因承包人原因导致工期延误的，计划进度日期后续工程的价格，应采用计划进度日期与实际进度日期两者的较低者。

4）发包人供应材料和工程设备的，不适用上述 1）、2）条规定，应由发包人按照实际变化调整，列入合同工程的工程造价内。

（10）暂估价

1）发包人在招标工程量清单中给定暂估价的材料、工程设备属于依法必须招标的，应由发承包双方以招标的方式选择供应商，确定价格，并应以此为依据取代暂估价，调整合同价款。

2）发包人在招标工程量清单中给定暂估价的材料、工程设备不属于依法必须招标的，应由承包人按照合同约定采购，经发包人确认单价后取代暂估价，调整合同价款。

3）发包人在工程量清单中给定暂估价的专业工程不属于依法必须招标的，应按照工程变更相应条款的规定确定专业工程价款，并应以此为依据取代专业工程暂估价，调整合同价款。

4）发包人在招标工程量清单中给定暂估价的专业工程，依法必须招标的，应当由发承包双方依法组织招标选择专业分包人，并接受有管辖权的建设工程招标投标管理机构的监督，还应符合下列要求：

① 除合同另有约定外，承包人不参加投标的专业工程发包招标，应由承包人作为招标人，但拟定的招标文件、评标工作、评标结果应报送发包人批准。与组织招标工作有关的费用应当被认为已经包括在承包人的签约合同价（投标总报价）中。

② 承包人参加投标的专业工程发包招标，应由发包人作为招标人，与组织招标工作有关的费用由发包人承担。同等条件下，应优先选择承包人中标。

③ 应以专业工程发包中标价为依据取代专业工程暂估价，调整合同价款。

（11）不可抗力

1）因不可抗力事件导致的人员伤亡、财产损失及其费用增加，发承包双方应按下列原则分别承担并调整合同价款和工期：

① 合同工程本身的损害、因工程损害导致第三方人员伤亡和财产损失以及运至施工场地用于施工的材料和待安装的设备的损害，应由发包人承担；

② 发包人、承包人人员伤亡应由其所在单位负责，并应承担相应费用；

③ 承包人的施工机械设备损坏及停工损失，应由承包人承担；

④ 停工期间，承包人应发包人要求留在施工场地的必要的管理人员及保卫人员的费用应由发包人承担；

⑤ 工程所需清理、修复费用，应由发包人承担。

2）不可抗力解除后复工的，若不能按期竣工，应合理延长工期。发包人要求赶工的，赶工费用应由发包人承担。

3）因不可抗力解除合同的，应按合同解除的价款结算与支付的规定办理。

（12）提前竣工（赶工补偿）

1）招标人应依据相关工程的工期定额合理计算工期，压缩的工期天数不得超过定额工期的20％，超过者，应在招标文件中明示增加赶工费用。

2）发包人要求合同工程提前竣工的，应征得承包人同意后与承包人商定采取加快工程进度的措施，并应修订合同工程进度计划。发包人应承担承包人由此增加的提前竣工（赶工补偿）费用。

3）发承包双方应在合同中约定提前竣工每日历天应补偿额度，此项费用应作为增加合同价款列入竣工结算文件中，应与结算款一并支付。

（13）误期赔偿

1）承包人未按照合同约定施工，导致实际进度迟于计划进度的，承包人应加快进度，实现合同工期。

合同工程发生误期，承包人应赔偿发包人由此造成的损失，并应按照合同约定向发包人支付误期赔偿费。即使承包人支付误期赔偿费，也不能免除承包人按照合同约定应承担的任何责任和应履行的任何义务。

2）发承包双方应在合同中约定误期赔偿费，并应明确每日历天应赔额度。误期赔偿费应列入竣工结算文件中，并应在结算款中扣除。

3）在工程竣工之前，合同工程内的某单项（位）工程已通过了竣工验收，且该单项（位）工程接收证书中表明的竣工日期并未延误，而是合同工程的其他部分产生了工期延误时，误期赔偿费应按照已颁发工程接收证书的单项（位）工程造价占合同价款的比例幅度予以扣减。

（14）索赔

1）当合同一方向另一方提出索赔时，应有正当的索赔理由和有效证据，并应符合合同的相关约定。

2）根据合同约定，承包人认为非承包人原因发生的事件造成了承包人的损失，应按下列程序向发包人提出索赔：

① 承包人应在知道或应当知道索赔事件发生后 28 天内，向发包人提交索赔意向通知书，说明发生索赔事件的事由。承包人逾期未发出索赔意向通知书的，丧失索赔的权利。

② 承包人应在发出索赔意向通知书后 28 天内，向发包人正式提交索赔通知书。索赔通知书应详细说明索赔理由和要求，并应附必要的记录和证明材料。

③ 索赔事件具有连续影响的，承包人应继续提交延续索赔通知，说明连续影响的实际情况和记录。

④ 在索赔事件影响结束后的 28 天内，承包人应向发包人提交最终索赔通知书，说明最终索赔要求，并应附必要的记录和证明材料。

3）承包人索赔应按下列程序处理：

① 发包人收到承包人的索赔通知书后，应及时查验承包人的记录和证明材料。

② 发包人应在收到索赔通知书或有关索赔的进一步证明材料后的 28 天内，将索赔处理结果答复承包人，如果发包人逾期未作出答复，视为承包人索赔要求已被发包人认可。

③ 承包人接受索赔处理结果的，索赔款项应作为增加合同价款，在当期进度款中进行支付；承包人不接受索赔处理结果的，应按合同约定的争议解决方式办理。

4）承包人要求赔偿时，可以选择下列一项或几项方式获得赔偿：

① 延长工期。

② 要求发包人支付实际发生的额外费用。

③ 要求发包人支付合理的预期利润。

④ 要求发包人按合同的约定支付违约金。

5）当承包人的费用索赔与工期索赔要求相关联时，发包人在作出费用索赔的批准决定时，应结合工程延期，综合作出费用赔偿和工程延期的决定。

6）发承包双方在按合同约定办理了竣工结算后，应被认为承包人已无权再提出竣工结算前所发生的任何索赔。承包人在提交的最终结清申请中，只限于提出竣工结算后的索赔，提出索赔的期限应自发承包双方最终结清时终止。

7）根据合同约定，发包人认为由于承包人的原因造成发包人的损失，宜按承包人索赔的程序进行索赔。

8）发包人要求赔偿时，可以选择下列一项或几项方式获得赔偿：

① 延长质量缺陷修复期限；

② 要求承包人支付实际发生的额外费用；

③ 要求承包人按合同的约定支付违约金。

9）承包人应付给发包人的索赔金额可从拟支付给承包人的合同价款中扣除，或由承包人以其他方式支付给发包人。

（15）现场签证

1）承包人应发包人要求完成合同以外的零星项目、非承包人责任事件等工作的，发包人应及时以书面形式向承包人发出指令，并应提供所需的相关资料；承包人在收到指令后，应及时向发包人提出现场签证要求。

2）承包人应在收到发包人指令后的 7 天内向发包人提交现场签证报告，发包人应在收到现场签证报告后的 48 小时内对报告内容进行核实，予以确认或提出修改意见。发包人在收到承包人现场签证，报告后的 48 小时内未确认也未提出修改意见的，应视为承包人提交的现场签证报告已被发包人认可。

3）现场签证的工作如已有相应的计日工单价，现场签证中应列明完成该类项目所需的人工、材料、工程设备和施工机械台班的数量。

如现场签证的工作没有相应的计日工单价，应在现场签证报告中列明完成该签证工作所需的人工、材料设备和施工机械台班的数量及单价。

4）合同工程发生现场签证事项，未经发包人签证确认，承包人便擅自施工的，除非征得发包人书面同意，否则发生的费用应由承包人承担。

5）现场签证工作完成后的 7 天内，承包人应按照现场签证内容计算价款，报送发包人确认后，作为增加合同价款，与进度款同期支付。

6）在施工过程中，当发现合同工程内容因场地条件、地质水文、发包人要求等不一致时，承包人应提供所需的相关资料，并提交发包人签证认可，作为合同价款调整的依据。

（16）暂列金额

1）已签约合同价中的暂列金额应由发包人掌握使用。

2）发包人按照前述（1）～（14）项的规定支付后，暂列金额余额应归发包人所有。

5. 合同价款期中支付

（1）预付款

1）承包人应将预付款专用于合同工程。

2）包工包料工程的预付款的支付比例不得低于签约合同价（扣除暂列金额）的 10%，不宜高于签约合同价（扣除暂列金额）的 30%。

3）承包人应在签订合同或向发包人提供与预付款等额的预付款保函后向发包人提交预付款支付申请。

4）发包人应在收到支付申请的 7 天内进行核实，向承包人发出预付款支付证书，并在签发支付证书后的 7 天内向承包人支付预付款。

5）发包人没有按合同约定按时支付预付款的，承包人可催告发包人支付；发包人在预付款期满后的 7 天内仍未支付的，承包人可在预付款期满后的第 8 天起暂停施工。发包人应承担由此增加的费用和延误的工期，并应向承包人支付合理利润。

6）预付款应从每一个支付期应支付给承包人的工程进度款中扣回，直到扣回的金额达到合同约定的预付款金额为止。

7）承包人的预付款保函的担保金额根据预付款扣回的数额相应递减，但在预付款全部扣回之前一直保持有效。发包人应在预付款扣完后的 14 天内将预付款保函退还给承包人。

（2）安全文明施工费

1）安全文明施工费包括的内容和使用范围，应符合国家有关文件和计量规范的规定。

2）发包人应在工程开工后的 28 天内预付不低于当年施工进度计划的安全文明施工费总额的 60%，其余部分应按照提前安排的原则进行分解，并应与进度款同期支付。

3）发包人没有按时支付安全文明施工费的，承包人可催告发包人支付；发包人在付款期满后的 7 天内仍未支付的，若发生安全事故，发包人应承担相应责任。

4）承包人对安全文明施工费应专款专用，在财务账目中应单独列项备查，不得挪作他用，否则发包人有权要求其限期改正；逾期未改正的，造成的损失和延误的工期应由承包人承担。

（3）进度款

1）发承包双方应按照合同约定的时间、程序和方法，根据工程计量结果，办理期中价款结算，支付进度款。

2）进度款支付周期应与合同约定的工程计量周期一致。

3）已标价工程量清单中的单价项目，承包人应按工程计量确认的工程量与综合单价计算；综合单价发生调整的，以发承包双方确认调整的综合单价计算进度款。

4）已标价工程量清单中的总价项目和按照规定形成的总价合同，承包人应按合同中约定的进度款支付分解，分别列入进度款支付申请中的安全文明施工费和本周期应支付的总价项目的金额中。

5）发包人提供的甲供材料金额，应按照发包人签约提供的单价和数量从进度款支付中扣除，列入本周期应扣减的金额中。

6）承包人现场签证和得到发包人确认的索赔金额应列入本周期应增加的金额中。

7）进度款的支付比例按照合同约定，按期中结算价款总额计，不低于 60%，不高于 90%。

8）承包人应在每个计量周期到期后的 7 天内向发包人提交已完工程进度款支付申请一式四份，详细说明此周期认为有权得到的款额，包括分包人已完工程的价款。支付申请应包括下列内容：

① 累计已完成的合同价款；

② 累计已实际支付的合同价款；

③ 本周期合计完成的合同价款：

a. 本周期已完成单价项目的金额；

b. 本周期应支付的总价项目的金额；

c. 本周期已完成的计日工价款；

d. 本周期应支付的安全文明施工费；

e. 本周期应增加的金额。

④ 本周期合计应扣减的金额：

a. 本周期应扣回的预付款；

　　b. 本周期应扣减的金额。

　　⑤ 本周期实际应支付的合同价款。

　　9）发包人应在收到承包人进度款支付申请后的 14 天内，根据计量结果和合同约定对申请内容予以核实，确认后向承包人出具进度款支付证书。若发承包双方对部分清单项目的计量结果出现争议，发包人应对无争议部分的工程计量结果向承包人出具进度款支付证书。

　　10）发包人应在签发进度款支付证书后的 14 天内，按照支付证书列明的金额向承包人支付进度款。

　　11）若发包人逾期未签发进度款支付证书，则视为承包人提交的进度款支付申请已被发包人认可，承包人可向发包人发出催告付款的通知。发包人应在收到通知后的 14 天内，按照承包人支付申请的金额向承包人支付进度款。

　　12）发包人未按照 9）～11）条的规定支付进度款的，承包人可催告发包人支付，并有权获得延迟支付的利息；发包人在付款期满后的 7 天内仍未支付的，承包人可在付款期满后的第 8 天起暂停施工。发包人应承担由此增加的费用和延误的工期，向承包人支付合理利润，并应承担违约责任。

　　13）发现已签发的任何支付证书有错、漏或重复的数额，发包人有权予以修正，承包人也有权提出修正申请。经发承包双方复核同意修正的，应在本次到期的进度款中支付或扣除。

6. 合同解除的价款结算与支付

　　（1）发承包双方协商一致解除合同的，应按照达成的协议办理结算和支付合同价款。

　　（2）由于不可抗力致使合同无法履行解除合同的，发包人应向承包人支付合同解除之日前已完成工程但尚未支付的合同价款，此外，还应支付下列金额：

　　1）提前竣工（赶工补偿）的由发包人承担的费用；

　　2）已实施或部分实施的措施项目应付价款；

　　3）承包人为合同工程合理订购且已交付的材料和工程设备货款；

　　4）承包人撤离现场所需的合理费用，包括员工遣送费和临时工程拆除、施工设备运离现场的费用；

　　5）承包人为完成合同工程而预期开支的任何合理费用，且该项费用未包括在本款其他各项支付之内。

　　发承包双方办理结算合同价款时，应扣除合同解除之日前发包人应向承包人收回的价款。当发包人应扣除的金额超过了应支付的金额，承包人应在合同解除后的 56 天内将其差额退还给发包人。

　　（3）因承包人违约解除合同的，发包人应暂停向承包人支付任何价款。发包人应在合同解除后 28 天内核实合同解除时承包人已完成的全部合同价款以及按施工进度计划已运至现场的材料和工程设备货款，按合同约定核算承包人应支付的违约金以及造成损失的索赔金额，并将结果通知承包人。发承包双方应在 28 天内予以确认或提出意见，并应办理结算合同价款。如果发包人应扣除的金额超过了应支付的金额，承包人应在合同解除后的 56 天内将其差额退还给发包人。发承包双方不能就解除合同后的结算达成一致的，按照合同约定的争议解决方式处理。

（4）因发包人违约解除合同的，发包人除应按照（2）的规定向承包人支付各项价款外，应按合同约定核算发包人应支付的违约金以及给承包人造成损失或损害的索赔金额费用。该笔费用应由承包人提出，发包人核实后应与承包人协商确定后的 7 天内向承包人签发支付证书。协商不能达成一致的，应按照合同约定的争议解决方式处理。

7. 工程计量

（1）单价合同的计量

1）工程量必须以承包人完成合同工程应予计量的工程量确定。

2）施工中进行工程计量，当发现招标工程量清单中出现缺项、工程量偏差，或因工程变更引起工程量增减时，应按承包人在履行合同义务中完成的工程量计算。

3）承包人应当按照合同约定的计量周期和时间向发包人提交当期已完工程量报告。发包人应在收到报告后 7 天内核实，并将核实计量结果通知承包人。发包人未在约定时间内进行核实的，承包人提交的计量报告中所列的工程量应视为承包人实际完成的工程量。

4）发包人认为需要进行现场计量核实时，应在计量前 24 小时通知承包人，承包人应为计量提供便利条件并派人参加。当双方均同意核实结果时，双方应在上述记录上签字确认。承包人收到通知后不派人参加计量，视为认可发包人的计量核实结果。发包人不按照约定时间通知承包人，致使承包人未能派人参加计量，计量核实结果无效。

5）当承包人认为发包人核实后的计量结果有误时，应在收到计量结果通知后的 7 天内向发包人提出书面意见，并应附上其认为正确的计量结果和详细的计算资料。发包人收到书面意见后，应在 7 天内对承包人的计量结果进行复核后通知承包人。承包人对复核计量结果仍有异议的，按照合同约定的争议解决办法处理。

6）承包人完成已标价工程量清单中每个项目的工程量并经发包人核实无误后，发承包双方应对每个项目的历次计量报表进行汇总，以核实最终结算工程量，并应在汇总表上签字确认。

（2）总价合同的计量

1）采用经审定批准的施工图纸及其预算方式发包形成的总价合同，除按照工程变更规定的工程量增减外，总价合同各项目的工程量应为承包人用于结算的最终工程量。

2）总价合同约定的项目计量应以合同工程经审定批准的施工图纸为依据，发承包双方应在合同中约定工程计量的形象目标或时间节点进行计量。

3）承包人应在合同约定的每个计量周期内对已完成的工程进行计量，并向发包人提交达到工程形象目标完成的工程量和有关计量资料的报告。

4）发包人应在收到报告后 7 天内对承包人提交的上述资料进行复核，以确定实际完成的工程量和工程形象目标。对其有异议的，应通知承包人进行共同复核。

8. 竣工结算与支付

（1）工程竣工结算应根据下列依据编制和复核：

1）《建设工程工程量清单计价规范》GB 50500－2013；

2）工程合同；

3）发承包双方实施过程中已确认的工程量及其结算的合同价款；

4）发承包双方实施过程中已确认调整后追加（减）的合同价款；

5）建设工程设计文件及相关资料；

6）投标文件；

7）其他依据。

（2）分部分项工程和措施项目中的单价项目应依据发承包双方确认的工程量与已标价工程量清单的综合单价计算；发生调整的，应以发承包双方确认调整的综合单价计算。

（3）措施项目中的总价项目应依据已标价工程量清单的项目和金额计算；发生调整的，应以发承包双方确认调整的金额计算，其中安全文明施工费应按相关规定计算。

（4）其他项目应按下列规定计价：

1）计日工应按发包人实际签证确认的事项计算；

2）暂估价应按暂估价的规定计算；

3）总承包服务费应依据已标价工程量清单金额计算；发生调整的，应以发承包双方确认调整的金额计算；

4）索赔费用应依据发承包双方确认的索赔事项和金额计算；

5）现场签证费用应依据发承包双方签证资料确认的金额计算；

6）暂列金额应减去合同价款调整（包括索赔、现场签证）金额计算，如有余额归发包人。

（5）规费和税金应按相关规定计算。规费中的工程排污费应按工程所在地环境保护部门规定的标准缴纳后按实列入。

（6）发承包双方在合同工程实施过程中已经确认的工程计量结果和合同价款，在竣工结算办理中应直接进入结算。

（7）承包人应根据办理的竣工结算文件向发包人提交竣工结算款支付申请。申请应包括下列内容：

1）竣工结算合同价款总额；

2）累计已实际支付的合同价款；

3）应预留的质量保证金；

4）实际应支付的竣工结算款金额。

（8）发包人应在收到承包人提交竣工结算款支付申请后 7 天内予以核实，向承包人签发竣工结算支付证书。

（9）发包人签发竣工结算支付证书后的 14 天内，应按照竣工结算支付证书列明的金额向承包人支付结算款。

（10）发包人在收到承包人提交的竣工结算款支付申请后 7 天内不予核实，不向承包人签发竣工结算支付证书的，视为承包人的竣工结算款支付申请已被发包人认可；发包人应在收到承包人提交的竣工结算款支付申请 7 天后的 14 天内，按照承包人提交的竣工结算款支付申请列明的金额向承包人支付结算款。

（11）发包人未按照（9）、（10）规定支付竣工结算款的，承包人可催告发包人支付，并有权获得延迟支付的利息。发包人在竣工结算支付证书签发后或者在收到承包人提交的竣工结算款支付申请 7 天后的 56 天内仍未支付的，除法律另有规定外，承包人可与发包人协商将该工程折价，也可直接向人民法院申请将该工程依法拍卖。承包人应就该工程折价或拍卖的价款优先受偿。

3.2.3 钢结构工程工程量清单编制实例

招标工程量清单封面

 ×× 工业厂房钢结构 工程

招标工程量清单

招标人：　 ××× 　
（单位公章）

造价咨询人：　 ××× 　
（单位公章）

××××年××月××日

_ ××工业厂房钢结构 _ 工程

招标工程量清单

招标人： _____×××_____
　　　　　(单位盖章)

造价咨询人： _____×××_____
　　　　　　(单位资质专用章)

法定代表人
或其授权人： _____×××_____
　　　　　(签字或盖章)

法定代表人
或其授权人： _____×××_____
　　　　　(签字或盖章)

编　制　人： _____×××_____
　　(造价人员签字盖专用章)

复　核　人： _____×××_____
　　(造价工程师签字盖专用章)

编制时间：××××年××月××日

复核时间：××××年××月××日

扉-1

总说明

工程名称：××工业厂房钢结构　　　　　　　　　　　　　　　　第　页　共　页

> 1. 工程概况：建筑面积3850m² 的单层工业厂房，主跨30m，地理位置及施工要求详见图纸和招标文件相关章节。
> 2. 招标范围：钢结构工程。
> 3. 工期：65天。
> 4. 工程量清单编制依据：
> (1) 由××市建筑工程设计事务所设计的施工图1套。
> (2) 由××公司编制的《××工业厂房钢结构工程施工招标书》、《××工业厂房钢结构工程招标答疑》。
> (3) 工程量清单计量按照国家标准《建设工程工程量清单计价规范》编制。
> (4) 因工程质量要求优良，故所有材料必须持有市以上有关部门颁发的《产品合格证书》及价格在中档以上的建筑材料。
> (5) 工程量清单计费列表参考如下：(略)
> (6) 税金按3.413%计取。
> 5. 其他（略）

表-01

分部分项工程和单价措施项目清单与计价表

工程名称：××工业厂房钢结构　　　　　　　　　　　　　　　　第　页　共　页

序号	项目编号	项目名称	项目特征描述	计量单位	工程量	金额/元		
						综合单价	合价	其中暂估价
			F 金属结构工程					
1	010603001001	实腹钢柱	H型实腹钢柱，H400×240×6×10，底板440×280×20；其中：工字钢占0.825%，其余Q235B钢板；二级标准X光探伤	t	2.156			
2	010603001002	实腹钢柱	H型实腹钢柱，H400×240×6×10，底板440×280×20；柱顶TG下工18挑梁长390；其中：工字钢占0.825%，其余Q235B钢板；二级标准X光探伤	t	9.43			
3	010603001003	实腹钢柱	H型实腹钢柱，H400×240×6×10，底板440×280×20；柱顶TG下工18挑梁长390；其中：工字钢占0.825%，其余Q235B钢板；二级标准X光探伤；涂SB—2防火涂层，耐火极限2.5h	t	0.496			
4	010603001004	实腹钢柱	H型实腹钢柱，H400×240×6×10，底板440×290×20，柱顶外挑TG1H（320～200）×200×4×6，净长1.5m；其中：工字钢占1.14%，角钢占0.35%，其余Q235B钢板；二级标准X光探伤	t	76.45			

131

序号	项目编号	项目名称	项目特征描述	计量单位	工程量	金额/元		
						综合单价	合价	其中 暂估价
5	010603001005	实腹钢柱	H 型实腹钢柱，Q235B 钢板；H300×200X5X8，底板 260×340×20；二级标准 X 光探伤；涂 SB—2 防火涂层，耐火极限 2.5h	t	0.312			
6	010603001006	实腹钢柱	H 型实腹钢柱，Q235B 钢板；H300×200×5×8，底板 260×340×20；二级标准 X 光探伤	t	0.312			
7	010604001001	钢梁	H 型钢屋面梁，H（500～300）×200×6×8，Q235B 钢板；每根梁节点连接共 32 只 M20 摩擦型 10.9 级高强度螺栓；二级标准 X 光探伤	t	45.63			
8	010604001002	钢梁	H 型钢屋面梁，H（120～650）×200×8×12，Q235B 钢板（总量其中角钢 0.025t）；每根梁节点连接共 46 只 M20 摩擦型 10.9 级高强度螺栓；二级标准 X 光探伤	t	82.38			
9	010604001003	钢梁	XC—1 上滑触线钢梁，工 18，长度 6m，底标高 9.3m	t	7.545			
10	010606001001	柱间钢支撑	柱间钢支撑（ZC—1），ϕ20 圆钢，长 7.86m；每副 4 只半圆楔形垫块；边跨下柱，安装高度 4.8m	t	0.392			
11	010606001002	柱间钢支撑	(ZC—2)，ϕ20 圆钢，长 8.7m；每副 4 只半圆楔形垫块；中跨下柱，安装高度 6.08m	t	0.561			
12	010606001003	柱间钢支撑	（ZC—3），ϕ20 圆钢，长 7.61m；每副 4 只半圆楔形垫块；中跨上柱，安装高度 4.8m	t	0.366			
13	010606001004	屋面水平支撑	屋面水平支撑（SC—1），ϕ20 圆钢，长 9.634m；每副 4 只半圆楔形垫块；边跨钢架梁间，安装高度平均 6m	t	0.883			
14	010606001005	屋面水平支撑	（SC—2），ϕ20 圆钢，长 7.92m；每副 4 只半圆楔形垫块；中跨钢架梁间，安装高度平均 12.5m	t	0.397			

序号	项目编号	项目名称	项目特征描述	计量单位	工程量	金额/元		
						综合单价	合价	其中 暂估价
15	010606001006	屋面水平支撑	（SC—3），ϕ20 圆钢，长8.51m；每副 4 只半圆楔形垫块；中跨钢架梁间，安装高度平均 13.2m	t	0.856			
16	010606001007	屋面水平支撑	水平系杆，ϕ102×2.5 钢管，长5.34m；每根-230×160×10 连接板 2 块、M20 摩擦型 10.9 级高强度螺栓 4 只；安装高度平均 6.1m	t	4.42			
17	010606002001	钢檩条	实腹式檩条，Z 形钢	t	2.28			
18	010606011001	钢板天沟	（Ⓑ、Ⓒ轴外 TG）；3 厚钢板，展开宽 920，沟内衬-3×40×294 扁钢@700；排水坡 0.5%，坡长 6m；沟外侧包 0.5 厚彩钢板展开宽 550；沟内二道红丹防锈漆、二道氯磺化聚乙烯防腐涂料 0.391	m²	264.56			
19	010606011002	钢板天沟	（Ⓐ/①～⑬轴外 TG2）；3 厚钢板，展开宽 1070，沟内衬-3×40×384 扁钢@700；沟底通长 180×70×20×2.2C 型钢一根；沟外侧包 0.5 厚彩钢板展开宽 870；沟内二道红丹防锈漆、二道氯磺化聚乙烯防腐涂料	m²	75.44			
20	010606011003	钢板天沟	（Ⓐ/⑬～㉗轴外 TG2）；3 厚钢板，展开宽 1070，沟内衬-3×40×384 扁钢@700；沟外侧包 0.5 厚彩钢板展开宽 710；沟内二道红丹防锈漆、二道氯磺化聚乙烯防腐涂料	m²	91.42			
21	010606011004	型材屋面	（①轴外 TG3）；3 厚钢板，展开宽 950，沟内衬-3×40×294 扁钢@700；沟顶通长 0.5 厚镀锌白铁泛水，宽 150，膨胀螺栓@800 固定墙上，内嵌密封油膏 20×40；沟内二道红丹防锈漆、二道氯磺化聚乙烯防腐涂料	m²	144.56			
			分部小计					
			J 屋面及防水工程					

序号	项目编号	项目名称	项目特征描述	计量单位	工程量	综合单价	合价	其中 暂估价
22	010901002001	型材屋面	0.6 厚蓝色 YX35—125—750 型彩钢压型板，穿透式连接；C200×70×20×2.2 檩条（LT2）；└50×4 斜撑（YC4～8）；φ12 圆钢拉条（T1、T3、T5）；φ12 圆钢、φ33×2 钢管撑杆（T4、C2）	m²	6104.25			
23	010901002002	钢板天沟	塑材屋面（ⓒ～ⓓ轴），0.6 厚蓝色 YX35—125—750 型彩钢压型板，穿透式连接；C180×70×20×2.2 檩条（LT1）；└50×4 斜撑（YC1～4a）；φ2 圆钢拉条（T1～T3）；φ12 圆钢、φ33×2 钢管撑杆（C1、C2）	m²	2054.6			
24	010901002003	型材屋面	型材屋面（ⓐ～ⓑ/①～⑩轴），0.6 厚蓝色 YX35—125—750 型彩钢压型板，穿透式连接；C180×70×20×2.2 檩条（LT1）；└50×4 斜撑（YC1—4a）；φ12 圆钢拉条（T1～3、TB）；φ12 圆钢、φ33×2 钢管撑杆（C1、C2）	m²	1152.23			
25	010901002004	型材屋面	型材屋面（ⓐ～ⓑ/⑬～㉗轴），穿透式连接 0.6 厚蓝色 YX35—125—750 型彩钢压型板＋50 厚玻璃棉＋250×250 钢丝网；C180×70×20×2.2 檩条（LT1）；└50×4 斜撑（YC1—4a）；φ12 圆钢拉条（T1～3、TB），φ12 圆钢、φ33×2 钢管撑杆（C1、C2）	m²	1011.59			
26	010902004001	屋面排水管	ⓑ～ⓒ轴，φ110UPVC 白色塑料排水管；每根一只 UPVC 落水头子、一只塑料雨水斗；排至低屋面上加接 1.5m 平段，出口处加 1500×1500×1 厚钢板（共 0.495t），金属面刷红丹防锈漆二道，氯磺化聚乙烯防腐漆二道	m	188.42			
27	010902004002	屋面排水管	ⓐ、ⓓ轴，φ110UPVC 白色塑料排水管；每根一只 UPVC 落水头子、一只塑料雨水斗；排至地面上接一只 45°弯头后接至室外散水面	m	326.55			

序号	项目编号	项目名称	项目特征描述	计量单位	工程量	金额/元		其中
						综合单价	合价	暂估价
		S措施项目						
28	011701001001	综合脚手架		m²	2000.0			
29	011705001001	大型机械设备进出场及安、拆		台次	10.0			
30	011703001001	垂直运输		天	60			
		分部小计						
		合计						

表-08

总价措施项目清单与计价表

工程名称：××工业厂房钢结构　　　　　　　　　　　　　　　　　第　页　共　页

序号	项目编码	项目名称	计算基础	费率/（%）	金额/元	调整费率/（%）	调整后金额/元	备注
1		安全文明施工费						
2		夜间施工增加费						
3		二次搬运费						
4		冬雨期施工增加费						
5		已完工程及设备保护费						
		合计						

编制人（造价人员）：×××　　　　　　　　　　　　　　复核人（造价工程师）：×××

表-11

其他项目清单与计价汇总表

工程名称：××工业厂房钢结构　　　　　　　　　　　　　　　　　第　页　共　页

序号	项目名称	金额/元	结算金额/元	备注
1	暂列金额	100000.00		明细详见表-12-1
2	暂估价	500000.00		明细详见表-12-2
2.1	材料（工程设备）暂估价	—		明细详见表-12-2
2.2	专业工程暂估价	500000.00		明细详见表-12-3
3	计日工			明细详见表-12-4
4	总承包服务费			明细详见表-12-5
	合计	150000.00		

表-12

暂列金额明细表

序号	项目名称	计量单位	暂列金额/元	备注
1	政策性调整和材料价格风险	项	80000.00	
2	工程量清单中工程量变更和设计变更	项	15000.00	
3	其他	项	5000.00	
	合计		100000.00	

表-12-1

材料（工程设备）暂估单价及调整表

序号	材料（工程设备）名称、规格、型号	计量单位	数量		暂估/元		确认/元		差额元±/元		备注
			暂估	确认	单价	合价	单价	合价	单价	合价	
1	钢板 Q235B 中厚综合	t	5		5000.00	25000.00					用于实腹钢柱项目
2	C 型钢 Q235B 冷弯薄壁 C200×70×20×2.2	t	23.7		5000.00	118500.00					用于型材屋面项目
	合计					143500.00					

表-12-2

专业工程暂估价及结算价表

序号	工程名称	工程内容	暂估金额/元	结算金额/元	差额±/元	备注
1	屋面防水	合同图纸中标明的及相关技术规范和技术要求中规定的屋面防水层铺设工作	50000			
	合计		50000			

表-12-3

计日工表

工程名称：××工业厂房钢结构　　　　　　　　　　　　　　　第　页　共　页

编号	项目名称	单位	暂定数量	实际数量	综合单价/元	合价/元 暂定	合价/元 实际
一	人工						
1	配合工	工日	32				
2	吊装工	工日	12				
3	电焊工	工日	12				
4	水、电工	工日	5				
5	其他技术工	工日	5				
	人工小计						
二	材料						
1	焊条	kg	40.00				
2	氯磺化聚乙烯防腐涂料	kg	10.00				
3	彩钢板（维护用）	kg	350.00				
4	脚手架、维护钢板	kg	600.00				
	材料小计						
三	施工机械						
1	载重汽车（8t内）	台班	22				
2	金属切割机	台班	40				
3	电焊机（32kW）	台班	30				
4	起重机	台班	30				
	施工机械小计						
	四、企业管理费和利润						
	总计						

表-12-4

总承包服务费计价表

工程名称：××工业厂房钢结构　　　　　　　　　　　　　　　第　页　共　页

序号	工程名称	项目价值/元	服务内容	计算基础	费率/（%）	金额/元
1	发包人发包专业工程	50000	1. 按专业工程承包人的要求提供施工并对施工现场统一管理，对竣工资料统一汇总整理 2. 为专业工程承包人提供垂直运输机械和焊接电源接入点，并承担运输费和电费			
2	发包人供应材料	143500.00	对发包人供应的材料进行验收及保管和使用发放			

序号	工程名称	项目价值/元	服务内容	计算基础	费率/（%）	金额/元
		合计				

表-12-5

规费、税金项目清单与计价表

工程名称：××工业厂房钢结构　　　　　　　　　　　　　　　　　　　第　页　共　页

序号	项目名称	计算基础	计算基数	计算费率（%）	金额/元
1	规费	定额人工费			
1.1	社会保险费	定额人工费			
(1)	养老保险费	定额人工费			
(2)	失业保险费	定额人工费			
(3)	医疗保险费	定额人工费			
(4)	工伤保险费	定额人工费			
(5)	生育保险费	定额人工费			
1.2	住房公积金	定额人工费			
1.3	工程排污费	按工程所在地环境保护部门收取标准，按实计入			
2	税金	分部分项工程费＋措施项目费＋其他项目费＋规费－按规定不计税的工程设备金额			
		合计			

编制人（造价人员）：×××　　　　　　　　　　　　　　复核人（造价工程师）：×××

表-13

3.2.4 钢结构工程竣工结算总价编制实例

竣工结算书封面

　　　　　　　　　　××工业厂房钢结构　工程

竣工结算书

发包人：　　×××　　
（单位盖章）

承包人：　　×××　　
（单位盖章）

造价咨询人：　　×××　　
（单位盖章）

××××年××月××日

竣工结算总价扉页

<u>　　××工业厂房钢结构　　</u>工程

竣工结算总价

签约合同价（小写）：　<u>　3950488.52　</u>　（大写）：<u>叁佰玖拾伍万零肆佰捌拾捌元伍角贰分</u>

竣工结算价（小写）：　<u>　4097255.06　</u>　（大写）：<u>肆佰零玖万柒仟贰佰伍拾伍元零陆分</u>

发包人：×××　　　　　承包人：×××　　　　　工程造价咨询人：×××
　　（单位盖章）　　　　　　（单位盖章）　　　　　　（单位资质专用章）

法定代表人　　　　　　　法定代表人　　　　　　　法定代表人
或其授权人：<u>×××</u>　　或其授权人：<u>×××</u>　　或其授权人：<u>×××</u>
　　（签字或盖章）　　　　　（签字或盖章）　　　　　　（签字或盖章）

编制人：<u>×××</u>　　　　　　　　　　核对人：<u>×××</u>
（造价人员签字盖专用章）　　　　　　　（造价工程师签字盖专用章）

编制时间：××××年××月××日　　　　核对时间：××××年××月××日

扉-4

140

总说明

工程名称：××工业厂房钢结构

1. 工程概况：建筑面积 3850m² 的单层工业厂房，主跨 30m，地理位置及施工要求详见图纸和招标文件相关章节。
2. 合同工期为 65 天，实际施工工期 62 天。
3. 竣工结算依据。
(1) 承包人报送的竣工结算。
(2) 施工合同、投标文件、招标文件。
(3) 竣工图、发包人确认的实际完成工程量和索赔及现场签证资料。
(4) 省建设主管部门颁发的计价定额和计价管理办法及相关计价文件。
(5) 省工程造价管理机构发布人工费调整文件。
4. 核对情况说明：（略）
5. 结算价分析说明：（略）

表-01

建设项目竣工结算汇总表

工程名称：××工业厂房钢结构

序号	单项工程名称	金额/元	其中/元		
			暂估价	安全文明施工费	规费
1	××工业厂房钢结构工程	4097255.06		254716.68	290877.01
	合计	4097255.06		254716.68	290877.01

表-05

单项工程竣工结算汇总表

工程名称：××工业厂房钢结构

序号	单位工程名称	金额/元	其中/元		
			暂估价	安全文明施工费	规费
1	××工业厂房钢结构工程	4097255.06		254716.68	290877.01
	合计	4097255.06		254716.68	290877.01

表-06

单位工程竣工结算汇总表

工程名称：××工业厂房钢结构

序号	汇总内容	金额（元）
1	分部分项	3159609.61
	F 金属结构工程	2675819.28
	J 屋面及防水工程	408590.33
2	措施项目	388832.88
2.1	其中：安全文明施工费	254716.68
3	其他项目	124435.62
3.1	其中：专业工程结算价	52000.00
3.2	其中：计日工	62878.12
3.3	其中：总承包服务费	4057.50
3.4	其中：索赔与现场签证	5500.00
4	规费	290877.01
5	税金	133499.94
竣工结算总价合计＝1＋2＋3＋4＋5		4097255.06

表-07

分部分项工程和单价措施项目清单与计价表

工程名称：××工业厂房钢结构

序号	项目编号	项目名称	项目特征描述	计量单位	工程量	综合单价	合价	其中 暂估价
			F 金属结构工程					
1	010603001001	实腹钢柱	H 型实腹钢柱，H400×240×6×10，底板 440×280×20；其中：工字钢占 0.825%，其余 Q235B 钢板；二级标准 X 光探伤	t	2.162	11250.0	24322.5	
2	010603001002	实腹钢柱	H 型实腹钢柱，H400×240×6×10，底板 440×280×20；柱顶 TG 下工 18 挑梁长 390；其中：工字钢占 0.825%，其余为 Q235B 钢板；二级标准 X 光探伤	t	9.56	11150.0	106594.0	
3	010603001003	实腹钢柱	H 型实腹钢柱，H400×240×6×10，底板 440×280×20；柱顶 TG 下工 18 挑梁长 390；其中：工字钢占 0.825%，其余为 Q235B 钢板；二级标准 X 光探伤；涂 SB—2 防火涂层，耐火极限 2.5h	t	0.563	11120.0	6260.56	

序号	项目编号	项目名称	项目特征描述	计量单位	工程量	金额/元		其中
						综合单价	合价	暂估价
4	010603001004	实腹钢柱	H型实腹钢柱，H400×240×6×10，底板440×290×20，柱顶外挑TG1H（320～200）×200×4×6，净长1.5m；其中：工字钢占1.14%，角钢占0.35%，其余为Q235B钢板；二级标准X光探伤	t	77.21	11200.0	864752.0	
5	010603001000	实腹钢柱	H型实腹钢柱，Q235B钢板；H300×200×5×8，底板260×340×20；二级标准X光探伤；涂SB—2防火涂层，耐火极限2.5h	t	0.32	11355.0	3633.6	
6	010603001006	实腹钢柱	H型实腹钢柱，Q235B钢板；H300×200×5×8，底板260×340×20；二级标准X光探伤	t	0.32	11400.0	3648.0	
7	010604001001	钢梁	H型钢屋面梁，H（500～300）×200×6×8，Q235B钢板；每根梁节点连接共32只M20擦型10.9级高强度螺栓；二级标准X光探伤	t	46.11	11255.0	518968.05	
8	010604001002	钢梁	H型钢屋面梁，H（120～650）×200×8×12，Q235B钢板（总量其中角钢0.025t）；每根梁节点连接共46只M20摩擦型10.9级高强度螺栓；二级标准X光探伤	t	83.27	11400.0	949278.0	
9	010604001003	钢梁	XC—1上滑触线钢梁，工18，长度6m，底标高9.3m	t	7.68	11250.0	86400.0	
10	010606001001	柱间钢支撑	柱间钢支撑（ZC—1），ϕ20圆钢，长7.86m；每副4只半圆楔形垫块；边跨下柱，安装高度4.8m	t	0.421	11385.0	4793.09	
11	010606001002	柱间钢支撑	（ZC—2），ϕ20圆钢，长8.7m，每副4只半圆楔形垫块；中跨下柱，安装高度6.08m	t	0.573	11365.0	6512.15	
12	010606001003	柱间钢支撑	（ZC—3），ϕ20圆钢，长7.61m；每副4只半圆楔形垫块；中跨上柱，安装高度4.8m	t	0.376	11320.0	4256.32	

143

序号	项目编号	项目名称	项目特征描述	计量单位	工程量	金额/元		
						综合单价	合价	其中 暂估价
13	010606001004	屋面水平支撑	屋面水平支撑（SC—1），ϕ20圆钢，长9.634m；每副4只半圆楔形垫块；边跨钢架梁间，安装高度平均6m	t	0.925	10955.0	10133.38	
14	010606001005	屋面水平支撑	（SC—2），ϕ20圆钢，长7.92m；每副4只半圆楔形垫块；中跨钢架梁间，安装高度平均12.5m	t	0.418	11240.0	4698.32	
15	010606001006	屋面水平支撑	（SC—3），ϕ20圆钢，长8.51m；每副4只半圆楔形垫块；中跨钢架梁川，安装高度平均13.2m	t	0.862	11220.0	9671.64	
16	010606001007	屋面水平支撑	水平系杆，ϕ102×2.5钢管，长5.34m；每根-230×160×10连接顿2块、M20摩擦型10.9级高强度螺栓4只；安装高度平均6.1m	t	4.56	11150.0	50844	
17	010606002001	钢檩条	实腹式檩条，Z形钢	t	2.3	3162.3	7273.34	
18	010606011001	钢板天沟	（B、C轴外TG），展开宽920，沟内衬-3×40×294扁钢@700；排水坡0.5%，坡饫6m；沟外侧包0.5厚彩钢板展开宽500；沟内二道红丹防锈漆、二道氯磺化聚乙烯防腐涂料	m²	269.87	23.56	6358.14	
19	010606011002	钢板天沟	（A/①~⑬轴外TG2）；3厚钢板，展开宽1070，沟内衬-3×40×384扁钢@700，沟底通长180×70×20×2.2C型钢一根；沟外侧包0.5厚彩钢板展开宽870；沟内二道红丹防锈漆、二道氯磺化聚乙烯防腐涂料	m²	76.880	22.42	1723.65	
20	010606011003	钢板天沟	（A/⑬~㉗轴外TG2）；3厚钢板，展开宽1070，沟内衬-3×40×384扁钢@700；沟外侧包0.5厚彩钢板展开宽710；沟内二道红丹防锈漆、二道氯磺化聚乙烯防腐涂料	m²	91.78	23.42	2149.49	

序号	项目编号	项目名称	项目特征描述	计量单位	工程量	金额/元		
						综合单价	合价	其中暂估价
21	010606011004	钢板天沟	(①轴外 TG3)；3 厚钢板，展开宽 950，沟内衬-3×40×294 扁钢@700；沟顶通长0.5 厚镀锌白铁泛水，宽150，膨胀螺栓@800 固定墙上，内嵌密封油膏 20×40；沟内二道红丹防锈漆、二道氯磺化聚乙烯防腐涂料	m²	148.620	23.88	3549.05	
			分部小计				2675819.28	
			J 屋面及防水工程					
22	010901002001	型材屋面	0.6 厚蓝色 YX35—125—750型彩钢压型板，穿透式连接；C200×70×20×2.2 檩条（LT2）；∟50×4 斜撑（YC4~8）；φ12 圆钢拉条（T1、I3、T5）；φ12 圆钢、φ3×2钢管撑杆（T4、C2）	m²	6111.68	38.26	233832.88	
23	010901002002	型材屋面	型材屋面（C~①轴），0.6厚蓝色 YX35—125—750 型彩钢压型板，穿透式连接；C180×70×20×2.2 檩条（LT1）；∟50×4 斜撑（YC1~4a）；φ12 圆钢拉条（T1~T3）；φ12 圆钢、φ33×2 钢管撑杆（C1、C2）	m²	2098.72	36.44	76477.36	
24	010901002003	型材屋面	型材屋面（A~B/①~③轴），0.6 厚蓝色 YX35—125—750 型彩钢压型板，穿透式连接 C180×70×2D×2.2 檩条（LT1）；∟50×4 斜撑（YC1~4a）；φ12 圆钢拉条（T1~3、TB）；φ12 圆钢、φ33×2 钢管撑杆（C1、C2）	m²	1157.68	39.4	45612.59	
25	010901002004	型材屋面	型材屋面（A~B/⑬~㉗轴），穿透式连接 0.6 厚蓝色YX35—125—750 型彩钢压型板＋50 厚玻璃棉＋250×200钢丝网 C180×70×20×2.2檩条（LT1）；∟50×4 斜撑（YC1~4a）；租 2 圆钢拉条（T1~3、TB）；φ12 圆钢、φ33×2 钢管撑杆（C1、C2）	m²	1024.36	38.45	39396.42	

序号	项目编号	项目名称	项目特征描述	计量单位	工程量	综合单价	合价	其中 暂估价
						金额/元		
26	010902004001	屋面排水管	⑧～ⓒ轴，∅110UPVC 白色塑料排水管；每根一只 UPVC落水头子、一只塑料雨水斗；排至低屋面上加接1.5m平段，出口处加 1500×1500×1 厚钢板（共0.495t），金属面刷红丹防锈漆二道，氯磺化聚乙烯防腐漆二道	m	192.97	25.26	4874.42	
27	010902004002	屋面排水管	ⓐ、ⓓ轴，∅110 UPVC 白色塑料排水管；每根一只 UPVC落水头子、一只塑料雨水斗；排至地面上接一只 45°弯头后接至室外散水面	m	331.36	25.34	8396.66	
			分部小计				408590.33	
			S措施项目					
28	011701001001	综合脚手架		m²	2000.00	25.0	50000.00	
29	011705001001	大型机械设备进出场及安、拆		台次	10.00	600.0	6000.00	
30	011703001001	垂直运输		天	60	320.0	19200	
			分部小计				75200	
			合计				3159609.61	

表-08

综合单价分析表

工程名称：××工业厂房钢结构　　　　　　　　　　　　　　　　　　　　第　页　共　页

项目编码	010606002001	项目名称	钢檩条	计量单位	t	工程量	2.300

综合单价组成明细

定额编号	定额名称	定额单位	数量	单价				合价			
				人工费	材料费	机械费	管理费和利润	人工费	材料费	机械费	管理费和利润
12—31	钢檩条	t	1.000	104.02	2279.89	276.30	212.56	104.02	2279.89	276.30	212.56
6—449	檩条安装	t	1.000	18.56	78.30	31.25	72.15	18.56	78.30	31.25	72.15
11—575	檩条刷油漆	t	1.000	50.10	32.89	—	6.30	50.10	32.89	—	6.30
人工单价		小计						172.68	2391.08	307.55	291.01
元/工日		未计价材料费									
清单项目综合单价								3162.32			

146

主要材料名称、规格、型号	单位	数量	单价/元	合价/元	暂估单价/元	暂估合价/元
螺栓	kg	0.76	7	5.32		
角钢∟70×6	kg	397.390	4.26	1692.881		
电焊条	kg	22.270	6.14	136.7378		
钢板	kg	63.480	5.23	332.0004		
防锈漆	kg	5.040	9.70	48.888		
汽油	kg	1.304	2.85	3.7164		
乙炔气	m³	1.165	7.50	8.7375		
氧气	m³	2.680	4.50	12.06		
镀锌铁丝	kg	0.039	4.24	0.16536		
二等板方材（杉）	m³	0.00087	1116.96	0.971755		
麻绳	kg	0.022	5.17	0.11374		
杉杆	m³	0.00044	530.00	0.2332		
垫铁	kg	2.170	68.78	149.2526		
其他材料费		—		—		
材料费小计		—		2391.08	—	

材料费明细

表-09

总价措施项目清单与计价表

工程名称：××工业厂房钢结构　　　　　　　　　　　　　　　　　　第　页　共　页

序号	项目编码	项目名称	计算基础	费率（%）	金额（元）	调整费率（%）	调整后金额（元）	备注
1		安全文明施工费	人工费	25	238796.89	25	254716.68	
2		夜间施工增加费	人工费	3	28655.63	3	30566.00	
3		二次搬运费	人工费	2	19103.75	2	20377.33	
4		冬雨季施工增加费	人工费	1	9551.88	1	10188.67	
5		已完工程及设备保护费			2984.20		2984.20	
	合计				299092.35		318832.88	

编制人（造价人员）：×××　　　　　　　　　　　　　　复核人（造价工程师）：×××

表-11

其他项目清单与计价汇总表

序号	项目名称	金额（元）	结算金额（元）	备注
1	暂列金额	100000.00	—	明细详见表-12-1
2	暂估价	50000.00	52000.0	
2.1	材料（工程设备）暂估价/结算价	—	—	明细详见表-12-2
2.2	专业工程暂估价/结算价	50000.00	52000.0	明细详见表-12-3
3	计日工	58810.04	62878.12	明细详见表-12-4
4	总承包服务费	3935.00	4057.50	明细详见表-12-5
5	索赔与现场签证		5500.00	明细详见表-12-6
	合计		124435.62	—

注：材料（工程设备）暂估单价进入清单项目综合单价，此处不汇总。

表-12

暂列金额明细表

序号	项目名称	计量单位	暂列金额/元	备注
1	政策性调整和材料价格风险	项	80000.00	
2	工程量清单中工程量变更和设计变更	项	15000.00	
3	其他	项	5000.00	
	合计		100000.00	

表-12-1

材料（工程设备）暂估单价及调整表

序号	材料（工程设备）名称、规格、型号	计量单位	数量		暂估/元		确认/元		差额±/元		备注
			暂估	确认	单价	合价	单价	合价	单价	合价	
1	钢板 Q235B 中厚综合	t	5	6.3	5000	25000	5300	33390	300	8390	用于实腹钢柱项目
2	C 型钢 Q235B 冷弯薄壁 C200×70×20×2.2	t	23.7	22.8	5000	118500	4950	112860	−50	−5640	用于型材屋面项目

序号	材料（工程设备）名称、规格、型号	计量单位	数量		暂估/元		确认/元		差额±/元		备注
			暂估	确认	单价	合价	单价	合价	单价	合价	
合计						143500		146250		2750	

表-12-2

专业工程暂估价及结算价表

工程名称：××工业厂房钢结构　　　　　　　　　　　　　　　　　　第　页　共　页

序号	工程名称	工程内容	暂估金额（元）	结算金额（元）	差额±（元）	备注
1	屋面防水	合同图纸中标明的及相关技术规范和技术要求中规定的屋面防水层铺设工作	50000	52000	2000	
合计			50000	52000	2000	

表-12-3

计日工表

工程名称：××工业厂房钢结构　　　　　　　　　　　　　　　　　　第　页　共　页

编号	项目名称	单位	暂定数量	实际数量	综合单价（元）	合价（元）	
						暂定	实际
一	人工						
1	配合工	工日	32	35	48.00	1536.00	1680.00
2	吊装工	工日	12	20	58.00	696.00	1160.00
3	电焊工	工日	12	15	58.00	696.00	870.00
4	水、电工	工日	5	6	58.00	290.00	348.00
5	其他技术工	工日	5	4	58.00	290.00	232.00
	人工小计					3508.00	4290.00
二	材料						
1	焊条	kg	40.00	58.00	6.24	249.60	361.92
2	氯磺化聚乙烯防腐涂料	kg	10.00	20.00	12.60	126.00	252.00
3	彩钢板（维护用）	kg	350.00	350.00	53.50	18725.00	18725.00
4	脚手架、维护钢板	kg	600.00	720.00	4.85	2910.00	3492.00
	材料小计					22010.60	22830.92

编号	项目名称	单位	暂定数量	实际数量	综合单价（元）	合价（元） 暂定	合价（元） 实际
三	施工机械						
1	载重汽车（8t 内）	台班	22	25	280.00	6160.00	7000.00
2	金属切割机	台班	40	35	115.00	4600	4025.00
3	电焊机（32kW）	台班	30	32	130.00	3900.00	4160.00
4	起重机	台班	30	33	600.00	18000.00	19800.00
	施工机械小计					32660.00	34985.00
四、企业管理费和利润（按人工费的18%计算）						631.44	772.20
总计						58810.04	62878.12

表-12-4

总承包服务费计价表

工程名称：××工业厂房钢结构　　　　　　　　　　　　　　　　　　　　第　页　共　页

序号	工程名称	项目价值/元	服务内容	计算基础	费率（%）	金额/元
1	发包人发包专业工程	51900	1. 按专业工程承包人的要求提供施工并对施工现场统一管理，对竣工资料统一汇总整理 2. 为专业工程承包人提供垂直运输机械和焊接电源接入点，并承担运输费和电费	项目价值	5	2595.00
2	发包人提供材料	146250	对发包人供应的材料进行验收及保管和使用发放	项目价值	1	1462.50
	合计	—	—	—	—	4057.50

表-12-5

索赔与现场签证计价汇总表

工程名称：××工业厂房钢结构　　　　　　　　　　　　　　　　　　　　第　页　共　页

序号	签证及索赔项目名称	计量单位	数量	单价（元）	合价（元）	索赔及签证依据
1	暂停施工				3500.00	001
2	踏步式钢楼梯	t	0.194	10309.28	2000.00	002
—	本页小计	—	—	—	5500.00	—
—	合计	—	—	—	5500.00	—

表-12-6

费用索赔申请（核准）表

工程名称：××工业厂房钢结构　　　　　　　　　　　　　　　　　　

致：　　　××公司　　　（发包人全称） 　　根据施工合同条款第　12　条的约定，由于　你方工作需要　原因，我方要求索赔金额（大写）叁仟伍佰元，（小写）3500 元，请予核准。 　　附：1. 费用索赔的详细理由和依据：（详见附件 1） 　　　　2. 索赔金额的计算：（详见附件 2） 　　　　3. 证明材料：（现场监理工程师现场人数确认）   　　　　造价人员　×××　　　　　　　　　　　　　　　承包人（章） 　　　　承包人代表　×××　　　　　　　　　　　　　　日　　期×××年××月××日

复核意见： 　　根据施工合同条款第　12　条的约定，你方提出的费用索赔申请经复核： 　□不同意此项索赔，具体意见见附件。 　☑同意此项索赔，索赔金额的计算，由造价工程师复核。 　　　　监理工程师　×××　 　　　　日　　期×××年××月××日	复核意见： 　　根据施工合同条款第　12　条的约定，你方提出的费用索赔申请经复核，索赔金额为（大写）叁仟伍佰元，（小写）3500 元。 　　　　造价工程师　×××　 　　　　日　　期×××年××月××日

审核意见： 　□不同意此项索赔。 　☑同意此项索赔，与本期进度款同期支付。   　　　　　　　　　　　　　　　　　　发包人（章） 　　　　　　　　　　　　　　　　　　发包人代表　×××　 　　　　　　　　　　　　　　　　　　日　　期×××年××月××日

表-12-7

现场签证表

工程名称：××工业厂房钢结构

施工部位	指定位置	日期	××××年××月××日

致：___××公司___（发包人全称）
　　根据___××___（指令人姓名）××××年××月××日的口头指令，我方要求完成此项工作应支付价款金额为（大写）<u>贰仟元</u>，（小写）<u>2000</u>元，请予核准。
　　附：1. 签证事由及原因：
　　　　2. 附图及计算式：

造价人员___××××___

承包人代表___××××___

承包人（章）

日　期×××年××月××日

复核意见： 　　你方提出的此项签证申请经复核： 　　□不同意此项签证，具体意见见附件。 　　☑同意此项签证，签证金额的计算，由造价工程师复核。	复核意见： 　　☑此项签证按承包人中标的计日工单价计算，金额为（大写）<u>贰仟元</u>，（小写）<u>2000</u>元。 　　□此项签证因无计日工单价，金额为（大写）_____元，（小写）_____元。
监理工程师___××___ 日　期×××年××月××日	造价工程师___××___ 日　　期×××年××月××日

审核意见：
　　□不同意此项签证。
　　☑同意此项签证，价款与本期进度款同期支付。

发包人（章）
发包人代表___××___
日　　期×××年××月××日

表-12-8

工程名称：××工业厂房钢结构

序号	项目名称	计算基础	计算基数	计算费率（%）	金额（元）
1	规费	定额人工费			29087.01
1.1	社会保险费	定额人工费			229245.01
（1）	养老保险费	定额人工费		14	142641.34
（2）	失业保险费	定额人工费		2	20377.00
（3）	医疗保险费	定额人工费		6	61132.00
（4）	工伤保险费	定额人工费		0.25	2547.17
（5）	生育保险费	定额人工费		0.25	2547.17
1.2	住房公积金	定额人工费		6	61132.00
1.3	工程排污费	按工程所在地环境保护部门收取标准，按实计入			500
2	税金	分部分项工程费＋措施项目费＋其他项目费＋规费－按规定不计税的工程设备金额		3.41	133499.94
	合计				424376.95

编制人（造价人员）：×××   复核人（造价工程师）：×××

表-13

进度款支付申请（核准）表

工程名称：××工业厂房钢结构

致：＿＿×× 公司 ＿＿＿（发包人全称）

我方于＿＿××＿＿至＿＿××＿＿期间已完成了＿金属结构工程＿工作，根据施工合同的约定，现申请支付本周期的合同价款为（大写）陆拾万元，（小写）600000元，请予核准。

序号	名称	实际金额/元	申请金额/元	复核金额/元	备注
1	累计已完成的合同价款	2700000.00			
2	累计已实际支付的合同价款	210000.00			
3	本周期合计完成的合同价款	600000.00			
3.1	本周期已完成单价项目的金额				
3.2	本周期应支付的总价项目的金额				
3.3	本周期已完成的计日工价款				
3.4	本周期应支付的安全文明施工费				
3.5	本周期应增加的合同价款				
4	本周期合计应扣减的金额				
4.1	本周期应抵扣的预付款				
4.2	本周期应扣减的金额				
5	本周期应支付的合同价款	600000.00			

附：上述3、4详见附件清单。

造价人员＿＿×××＿＿　　　承包人代表＿＿×××＿＿

承包人（章）

日　期 ××××年××月××日

复核意见：
□与实际施工情况不相符，修改意见见附件。
☑与实际施工情况相符，具体金额由造价工程师复核。

监理工程师＿＿×××＿＿
日　期 ××××年××月××日

复核意见：
你方提出的支付申请经复核，本周期已完成合同价款（大写）陆拾万元，（小写）600000，本期间应支付金额为（大写）陆拾万元，（小写）600000。

造价工程师＿＿×××＿＿
日　期 ××××年××月××日

审核意见：
□不同意。
☑同意，支付时间为本表签发后的15天内。

发包人（章）
发包人代表＿＿×××＿＿
日　期 ××××年××月××日

表-17

附件1

关于停工通知

××项目部：

　　为使考生有一个安静的复习、休息和考试环境，为响应国家环保总局和省环保局"关于加强中高考期间环境噪声监督管理"的有关规定，请你们在高考期间（6月7日～6月8日）2天暂停施工。期间并配合上级主管部门进行工程质量检查工作。

××工业厂房钢结构工程指挥办公室

××××年××月××日

附件2

索赔费用计算

编号：第××号

一、人工费

1. 技工11人　10人×65元/工日×2天＝1300元
2. 焊工工13人　10人×75元/工日×2天＝1500元

小计：2800元

二、管理费

2800元×25％＝700元

小计：700元

三、合计

索赔费用合计：3500元

附录 1 钢材规格

1. 钢筋混凝土用热轧光圆钢筋的尺寸及质量表

钢筋混凝土用热轧光圆钢筋的尺寸及质量表，见附表 1-1。

钢筋混凝土用热轧光圆钢筋的尺寸及质量表　　　　　　　　　　　　附表 1-1

公称直径/mm	截面面积/mm²	理论质量/(kg/m)
8	50.27	0.395
10	78.54	0.617
12	113.1	0.888
14	153.9	1.21
16	201.1	1.58
18	254.5	2.00
20	314.2	2.47

注：材料为 Q235 钢。

2. 钢筋混凝土用余热处理钢筋的尺寸及质量表

钢筋混凝土用余热处理钢筋的尺寸及质量表，见附表 1-2。

钢筋混凝土用余热处理钢筋的尺寸及质量表　　　　　　　　　　　　附表 1-2

钢筋公称直径/mm	截面面积/mm²	理论质量/(kg/m)
8	50.27	0.395
10	78.54	0.617
12	113.1	0.888
14	153.9	1.21
16	201.1	1.58
18	254.5	2.00
20	314.2	2.47
22	380.1	2.98
25	490.9	3.85
28	615.8	4.83
32	804.2	6.31
36	1018	7.99
40	1257	9.87

注：材料为 20MnSi 钢。

3. 预应力混凝土用热处理钢筋的尺寸及质量表

预应力混凝土用热处理钢筋的尺寸及质量表，见附表 1-3。

预应力混凝土用热处理钢筋的尺寸及质量表　　　　　　　　　　　　附表 1-3

品种	钢筋公称直径/mm	截面面积/mm²	理论质量/(kg/m)
有纵肋钢筋	8.2	52.81	0.432
	10	78.54	0.617
无纵肋钢筋	6	28.27	0.230
	8.2	52.73	0.424

注：公称直径 8.2mm 为 48Si$_2$Mn 钢；公称直径 10mm 为 45Si$_2$Cr 钢。

4. 热轧钢板的尺寸及质量表

热轧钢板的尺寸及质量表，见附表 1-4。

厚度/mm	理论质量/(kg/m²)	厚度/mm	理论质量/(kg/m²)	厚度/mm	理论质量/(kg/m²)
0.35	2.748	6	47.10	48	376.80
0.50	3.925	7	54.95	50	392.50
0.55	4.318	8	62.80	52	408.20
0.60	4.710	9	70.65	55	431.75
0.65	5.103	10	78.50	60	471.00
0.70	5.495	11	86.35	65	510.25
0.75	5.888	12	94.20	70	549.50
0.80	6.280	13	102.05	75	588.75
0.90	7.065	14	109.90	80	628.00
1.0	7.850	15	117.75	85	667.25
1.2	9.420	16	125.60	90	706.50
1.3	10.205	17	133.45	95	745.75
1.4	10.990	18	141.30	100	785.00
1.5	11.775	19	149.15	105	824.25
1.6	12.560	20	157.00	110	863.50
1.8	14.130	21	164.85	120	942.00
2.0	15.700	22	175.70	125	981.25
2.2	17.270	25	196.25	130	1020.50
2.5	19.625	26	204.10	140	1099.00
2.8	21.980	28	219.80	150	1177.50
3.0	23.550	30	235.50	160	1256.00
3.2	25.120	32	251.20	165	1298.25
3.5	27.475	34	266.90	170	1334.50
3.8	29.830	36	282.60	180	1413.00
3.9	30.615	38	298.30	185	1452.25
4.0	31.400	40	314.00	190	1491.50
4.5	35.325	42	329.70	195	1530.75
5	39.25	45	353.25	200	1570.00

5. 冷轧钢板的尺寸及质量表

冷轧钢板的尺寸及质量表，见附表 1-5。

厚度/mm	理论质量/(kg/m²)	厚度/mm	理论质量/(kg/m²)	厚度/mm	理论质量/(kg/m²)
0.20	1.570	0.45	3.533	0.75	5.888
0.25	1.963	0.55	4.318	0.80	6.280
0.30	2.355	0.60	4.710	0.90	7.065
0.35	2.748	0.65	5.103	1.00	7.850
0.40	3.140	0.70	5.495	1.1	8.635

厚度/mm	理论质量/(kg/m²)	厚度/mm	理论质量/(kg/m²)	厚度/mm	理论质量/(kg/m²)
1.2	9.420	2.0	15.700	3.8	29.830
1.3	10.205	2.0	17.270	3.9	30.615
1.4	10.990	2.5	19.625	4.0	31.400
1.5	11.775	2.8	21.980	4.2	32.970
1.6	12.560	3.0	23.550	4.5	35.325
1.7	13.345	3.2	25.120	4.8	37.680
1.8	14.130	3.5	27.475	5.0	39.250

6. 花纹钢板的尺寸及质量表

花纹钢板的尺寸及质量表，见附表1-6。

花纹钢板的尺寸及质量表　　　　　　　　　　　　　　　　　　附表 1-6

基本厚度/mm	理论质量/(kg/m²)		
	菱形	扁豆形	圆豆形
2.5	21.6	21.3	21.1
3.0	25.6	24.4	24.3
3.5	29.5	28.4	28.3
4.0	33.4	32.4	32.3
4.5	37.3	36.4	36.2
5.0	42.3	40.5	40.2
5.5	46.2	44.3	44.1
6.0	50.1	48.4	48.1
7.0	59.0	52.6	52.4
8.0	66.8	56.4	56.2

7. 冷轧扭钢筋的公称截面面积和公称质量表

冷轧扭钢筋的公称截面面积和公称质量表，见附表1-7。

冷轧扭钢筋的公称截面面积和公称质量表　　　　　　　　　　　附表 1-7

类型	标志直径 d/mm	公称横截面面积 A_s/mm²	公称质量 G/(kg/m)
Ⅰ型	6.5	29.5	0.232
	8	45.3	0.356
	10	68.3	0.536
	12	96.3	0.733
	14	132.7	10.42
Ⅱ型	12	97.8	0.768

8. 热轧等边角钢的尺寸及质量表

热轧等边角钢的尺寸及质量表，见附表1-8。

热轧等边角钢的尺寸及质量表 附表 1-8

号　数	尺寸/mm		截面面积/cm²	理论质量/(kg/m)
	边宽	边厚		
2	20	3	1.13	0.889
		4	1.46	1.145
2.5	25	3	1.43	1.124
		4	1.86	1.459
3	30	3	1.75	1.373
		4	2.28	1.786
3.6	36	3	2.11	1.56
		4	2.76	2.163
		5	3.38	2.654
4	40	3	2.36	1.852
		4	3.09	2.422
		5	3.79	2.976
4.5	45	3	2.66	2.088
		4	3.49	2.736
		5	4.29	3.369
		6	5.08	3.985
5	50	3	2.97	2.332
		4	3.9	3.059
		5	4.803	3.770
		6	5.688	4.465
5.6	56	3	3.343	2.624
		4	4.39	3.446
		5	5.415	4.251
		8	6.568	6.568
6.3	63	4	4.978	3.907
		5	6.143	4.822
		6	7.288	5.721
		8	9.515	7.469
		10	11.657	9.151
7	70	4	5.57	4.372
		5	6.875	5.397
		6	8.16	6.406
		7	9.424	7.398
		8	10.667	8.373
7.5	75	5	7.412	5.818
		6	8.797	6.905
		7	10.16	7.976
		8	11.503	9.030
		10	14.126	11.089

号 数	尺寸/mm		截面面积/cm²	理论质量/(kg/m)
	边宽	边厚		
8	80	5	7.912	6.211
		6	9.397	7.376
		7	10.86	8.525
		8	12.303	9.658
		10	15.126	11.874
9	90	6	10.637	8.350
		7	12.301	9.656
		8	13.944	10.946
		10	17.167	13.476
		12	20.306	15.940
10	100	6	11.932	9.366
		7	13.796	10.830
		8	15.638	12.276
		10	19.261	15.120
		12	22.8	17.898
		14	26.256	20.611
		16	29.627	23.257
11	110	7	15.196	11.928
		8	17.238	13.532
		10	21.261	16.690
		12	25.2	19.782
		14	29.056	22.809
12.5	125	8	19.75	15.504
		10	24.373	19.133
		12	28.912	22.696
		14	33.367	26.193
14	140	10	27.373	21.488
		12	32.512	25.522
		14	37.567	29.490
		16	42.539	33.393
16	160	10	31.502	24.729
		12	37.441	29.391
		14	43.296	33.987
		16	49.067	38.518
18	180	12	42.241	33.159
		14	48.896	38.383
		16	55.467	43.542
		18	61.955	48.634

号　数	尺寸/mm		截面面积/cm²	理论质量/(kg/m)
	边宽	边厚		
20	200	14	54.642	42.894
		16	62.136	48.680
		18	69.301	54.401
		20	76.505	60.056
		24	90.661	70.168

注：（1）等边角钢的通常长度应符合附表 1-9 规定。
　　（2）定尺长度和倍尺长度应在合同中注明，其长度允许偏差为 +50mm。

等边角钢的通常长度　　　　　　　　　　　　　附表 1-9

号　数	2～9	10～14	16～20
长度/m	4～12	4～19	6～10

9. 热轧不等边角钢的尺寸及质量表

热轧不等边角钢的尺寸及质量表，见附表 1-10。

热轧不等边角钢的尺寸及质量表　　　　　　　　附表 1-10

号数	尺寸/mm			截面面积/cm²	理论质量/(kg/m)
	长边宽	短边宽	边厚		
2.5/1.6	25	16	3	1.162	0.912
		16	4	1.499	1.176
3.2/2	32	20	3	1.492	1.171
		20	4	1.939	1.522
4/2.5	40	25	3	1.890	1.484
		25	4	2.467	1.936
4.5/2.8	45	28	3	2.149	1.687
		28	4	2.806	2.203
5/3.2	50	32	3	2.431	1.908
		32	4	3.177	2.494
5.6/3.6	56	36	3	2.743	2.153
		36	4	3.590	2.818
		36	5	4.415	3.466
6.3/4	63	40	4	4.058	3.185
		40	5	4.993	3.920
		40	6	5.908	4.638
		40	7	6.802	5.339
7/4.5	70	45	4	4.547	3.570
		45	5	5.609	4.403
		45	6	6.647	5.218
		45	7	7.657	6.011

号数	尺寸/mm			截面面积/cm²	理论质量/(kg/m)
	长边宽	短边宽	边厚		
7.5/5	75	50	5	6.125	4.808
		50	6	7.260	5.699
		50	8	9.467	7.431
		50	10	11.590	9.098
8/5	80	50	5	6.375	5.005
		50	6	7.560	5.935
		50	7	8.724	6.848
		50	8	9.867	7.745
9/5.6	90	56	5	7.212	5.661
		56	6	8.557	6.717
		56	7	9.880	7.756
		56	8	11.183	8.779
10/6.3	100	63	6	9.617	7.550
		63	7	11.111	8.722
		63	8	12.584	9.878
		63	10	15.467	12.142
10/8	100	80	6	10.637	8.350
		80	7	12.301	9.656
		80	8	13.944	10.946
		80	10	17.167	13.476
11/7	110	70	6	10.637	8.350
		70	7	12.301	9.656
		70	8	13.944	10.946
		70	10	17.167	13.476
12.5/8	125	8	7	14.096	11.066
		8	8	15.989	12.551
		8	10	19.712	15.474
		8	12	23.351	18.330
14/9	140	90	8	18.038	14.160
		90	10	22.261	17.475
		90	12	26.400	20.724
		90	14	30.456	23.908
16/10	160	100	10	25.315	19.872
		100	12	30.054	23.592
		100	14	34.709	27.247
		100	16	39.281	30.835
18/11	180	110	10	28.373	22.273
		110	12	33.712	26.464
		110	14	38.967	30.589
		110	16	44.139	34.649

号数	尺寸/mm			截面面积/cm²	理论质量/(kg/m)
	长边宽	短边宽	边厚		
20/12.5	200	125	12	37.912	29.761
		125	14	43.867	34.436
		125	16	49.739	39.045
		125	18	55.526	43.588

注：（1）不等边角钢的通常长度应符合附表 1-11 的规定。
　　（2）定尺长度和倍尺长度应在合同中注明，其长度允许偏差为＋50mm。

不等边角钢的通常长度　　　　　　　　　附表 1-11

号数	2.5/1.6～9/5.6	10/6.3～14/9	16/10～20/12.5
长度/m	4～12	4～19	6～10

10. 热轧圆钢和方钢的尺寸及质量表

热轧圆钢和方钢的尺寸及质量表，见附表 1-12。

热轧圆钢和方钢的尺寸及质量表　　　　　　　附表 1-12

直径（边长）/mm	理论质量/(kg/m)		直径（边长）/mm	理论质量/(kg/m)	
	圆钢	方钢		圆钢	方钢
5.5	0.186	0.237	27	4.49	5.72
6	0.222	0.283	28	4.83	6.15
6.5	0.260	0.332	29	5.18	6.60
7	0.302	0.385	30	5.55	7.06
8	0.395	0.502	31	5.93	7.54
9	0.499	0.636	32	6.31	8.04
10	0.617	0.785	33	6.71	8.55
11	0.746	0.950	34	7.13	9.07
12	0.888	1.13	35	7.55	9.62
13	1.04	1.33	36	7.99	10.2
14	1.21	1.54	38	8.90	11.3
15	1.39	1.77	40	9.86	12.6
16	1.58	2.01	42	10.9	13.8
17	1.78	2.27	45	12.5	15.9
18	2.00	2.54	48	14.2	18.1
19	2.23	2.83	50	15.4	1936
20	2.47	3.14	53	17.3	22.0
21	2.72	3.46	55	18.6	23.7
22	2.98	3.80	56	19.3	24.6
23	3.26	4.15	58	20.7	26.4
24	3.55	4.52	60	22.2	28.3
25	3.85	4.91	63	24.5	31.2
26	4.17	5.31	65	26.0	33.2

直径（边长）/mm	理论质量/(kg/m)		直径（边长）/mm	理论质量/(kg/m)	
	圆钢	方钢		圆钢	方钢
68	28.5	36.3	125	96.3	123
70	30.2	38.5	130	104	133
75	34.7	44.2	140	121	154
80	39.5	50.2	150	139	177
85	44.5	56.7	160	158	201
90	49.9	63.6	170	178	227
95	55.6	70.8	180	200	254
100	61.7	78.5	190	223	283
105	68.0	86.5	200	247	314
110	74.6	95.0	220	298	—
115	81.5	104	250	385	—
120	88.8	113			

11. 热轧工字钢的尺寸及质量表

热轧工字钢的尺寸及质量表，见附表1-13。

热轧工字钢的尺寸及质量表　　　　　　附表1-13

型号	尺寸/mm			截面面积/cm²	理论质量/(kg/m)
	高	腿宽	腹厚		
10	100	68	4.5	14.345	11.261
12.6	126	74	5	18.118	14.223
14	140	80	5.5	21.516	16.890
16	160	88	6	26.131	20.513
18	180	94	6.5	30.756	24.143
20a	200	100	7	35.578	27.929
20b	200	102	9	39.578	31.069
22a	220	110	7.5	42.128	33.070
22b	220	112	9.5	46.528	36.524
25a	250	116	8	48.541	38.105
25b	250	118	10	53.541	42.030
28a	280	122	8.5	55.404	43.492
28b	280	124	10.5	61.004	47.888
32a	320	130	9.5	67.145	52.717
32b	320	132	11.5	73.556	57.741
32c	320	134	13.5	79.956	62.765
36a	360	136	10	76.480	60.037
36b	360	138	12	83.680	65.689
36c	360	140	14	90.880	71.341
40a	400	142	10.5	86.112	67.598
40b	400	144	12.5	94.112	73.878
40c	400	146	14.5	102.112	80.158

型号	尺寸/mm			截面面积/cm²	理论质量/(kg/m)
	高	腿宽	腹厚		
45a	450	150	11.5	102.446	80.420
45b	450	152	13.5	111.446	87.485
45c	450	154	15.5	120.446	94.550
50a	500	158	12	119.304	93.654
50b	500	160	14	129.304	101.504
50c	500	162	16	139.304	109.354
56a	560	166	12.5	135.435	106.316
56b	560	168	14.5	146.635	115.108
56c	560	170	16.5	157.835	123.900
63a	630	176	13	154.658	121.407
63b	630	178	15	167.258	131.298
63c	630	180	17	179.858	141.189

12. 热轧无缝钢管的尺寸及质量表

热轧无缝钢管的尺寸及质量表，见附表 1-14。

热轧无缝钢管的尺寸及质量表 　　　　　　　　　附表 1-14

外径/mm	壁厚/mm								
	2.5	3	3.5	4	4.5	5	5.5	6	6.5
	理论质量/(kg/m)								
32	1.82	2.15	2.46	2.76	3.05	3.33	3.59	3.85	4.09
38	2.19	2.59	2.98	3.35	3.72	4.07	4.41	4.74	5.05
42	2.44	2.89	3.35	3.75	4.16	4.56	4.95	5.33	5.69
45	2.62	3.11	3.58	4.04	4.49	4.93	5.36	5.77	6.17
50	2.93	3.48	4.01	4.54	5.05	5.55	6.04	6.51	6.97
54		3.77	4.36	4.93	5.49	6.04	6.58	7.10	7.61
57		3.99	4.62	5.23	5.83	6.41	6.99	7.55	8.09
60		4.22	4.88	5.52	6.16	6.78	7.39	7.99	8.58
63.5		4.48	5.18	5.87	6.55	7.21	7.87	8.51	9.14
68		4.81	5.57	6.31	7.05	7.77	8.48	9.17	9.86
70		4.96	5.74	6.51	7.27	8.01	8.75	9.47	10.18
73		5.18	6.00	6.81	7.60	8.38	9.16	9.91	10.66
76		5.40	6.26	7.10	7.93	8.75	9.56	10.36	11.14
83			6.86	7.79	8.71	9.62	10.51	11.39	12.26
89			7.38	8.38	9.38	10.36	11.33	12.28	13.22
95			7.90	8.98	10.04	11.10	12.14	13.17	14.19
102			8.50	9.67	10.82	11.96	13.09	14.21	15.31
108				10.26	11.49	12.70	13.90	15.09	16.27
114				10.85	12.15	13.44	14.72	15.98	17.23
121				11.54	12.93	14.30	15.67	17.02	18.35
127				12.13	13.59	15.04	16.48	17.90	19.32

外径/mm	壁厚/mm								
	2.5	3	3.5	4	4.5	5	5.5	6	6.5
	理论质量/(kg/m)								
133				12.73	14.26	15.78	17.29	18.79	20.28
140					15.04	16.65	18.24	19.83	21.40
146					15.70	17.39	19.06	20.72	22.36
152					16.37	18.13	19.87	21.60	23.32
159					17.15	18.99	20.82	22.64	24.45
168						20.10	22.04	23.97	25.89
180						21.59	23.70	25.75	27.70
194						23.31	25.60	27.82	30.00
203								29.15	31.50
219								31.52	34.06
245									38.23
273									42.64

外径/mm	壁厚/mm							
	7	7.5	8	8.5	9	9.5	10	11
	理论质量/(kg/m)							
32	4.32	4.53	4.74					
38	5.35	5.64	5.92					
42	6.04	6.38	6.71	7.02	7.32	7.60	7.88	
45	6.56	6.94	7.30	7.65	7.99	8.32	8.63	
50	7.42	7.86	8.29	8.70	9.10	9.49	9.86	
54	8.11	8.60	9.08	9.54	9.99	10.43	10.85	11.67
57	8.63	9.16	9.67	10.17	10.65	11.13	11.59	12.48
60	9.15	9.71	10.26	10.80	11.32	11.83	12.33	13.29
63.5	9.75	10.36	10.95	11.53	12.10	12.65	13.19	14.24
68	10.53	11.19	11.84	12.47	13.10	13.71	14.30	15.46
70	10.88	11.56	12.23	12.89	13.54	14.17	14.80	16.01
73	11.39	12.11	12.82	13.52	14.21	14.88	15.54	16.82
76	11.91	12.67	13.42	14.15	14.87	15.58	16.28	17.63
83	13.12	13.96	14.80	15.62	16.42	17.22	18.00	19.53
89	14.16	15.07	15.98	16.87	17.76	18.63	19.48	21.16
95	15.19	16.18	17.16	18.13	19.09	20.03	20.96	22.79
102	16.40	17.48	18.55	19.60	20.64	21.67	22.69	24.69
108	17.44	18.59	19.73	20.86	21.97	23.08	24.17	26.31
114	18.47	19.70	20.91	22.12	23.31	24.48	25.65	27.94
121	19.68	20.99	22.29	23.58	24.86	26.12	27.37	29.84
127	20.72	22.10	23.48	24.84	26.19	27.53	28.85	31.47
133	21.75	23.21	24.66	26.10	27.52	28.93	30.33	33.10
140	22.96	24.51	26.04	27.57	29.08	30.57	32.06	34.99
146	24.00	25.62	27.23	28.82	30.41	31.98	33.54	36.62

外径/mm	壁厚/mm							
	7	7.5	8	8.5	9	9.5	10	11
	理论质量/(kg/m)							
152	25.03	26.73	28.41	30.08	31.74	33.39	35.02	38.25
159	26.24	28.02	29.79	31.55	33.29	35.03	36.75	40.15
168	27.79	29.69	31.57	33.43	35.29	37.13	38.97	42.59
180	29.87	31.91	33.93	35.95	37.95	39.95	41.92	45.85
194	32.58	34.50	36.70	38.89	41.06	43.23	45.38	49.64
203	33.83	36.16	38.47	40.77	43.05	45.33	47.59	52.08
219	36.60	39.12	41.63	44.12	46.61	49.08	51.54	56.43
245	41.09	43.85	46.76	49.56	52.38	55.17	57.95	63.48
273	45.92	49.10	52.28	55.45	58.60	61.73	64.86	71.07
299		53.91	57.41	60.89	64.37	67.83	71.27	78.13
325		58.74	62.54	66.35	70.14	73.92	77.68	85.18
351			67.67	71.80	75.91	80.01	84.10	92.23
377					81.68	86.10	90.51	99.28
402					87.22	91.95	96.67	106.06
426					92.55	97.57	102.59	112.58
450					97.87	103.20	108.50	119.08
(465)					101.10	116.48	112.20	123.15
480					104.52	110.22	115.90	127.22
500					108.96	114.91	120.83	132.65
530					115.62	121.94	128.83	140.78
(550)					120.07	126.62	133.10	146.21
560					122.28	128.97	135.63	148.92
600					131.17	138.34	145.50	159.78
630					137.81	145.36	152.89	167.91

外径/mm	壁厚/mm							
	12	13	14	15	16	17	18	19
	理论质量/(kg/m)							
57	13.32	14.11						
60	14.21	15.07	15.88					
63.5	15.24	16.19	17.09					
68	16.57	17.63	18.64	19.60	20.52			
70	17.17	18.27	19.33	20.35	21.31			
73	18.05	19.24	20.37	21.46	22.49	23.43	24.41	25.30
76	18.94	20.20	21.41	22.57	23.68	24.74	25.75	26.71
83	21.02	22.44	23.82	25.15	26.44	27.67	28.85	29.99
89	22.79	24.37	25.89	27.37	28.80	30.19	31.52	32.80
95	24.56	26.29	27.97	29.59	31.17	32.70	34.18	35.61
102	26.53	28.63	30.38	32.18	33.93	35.64	37.29	38.89
108	28.41	30.46	32.45	34.40	36.30	38.15	39.95	41.70

外径/mm	壁厚/mm							
	12	13	14	15	16	17	18	19
	理论质量/(kg/m)							
114	30.19	32.38	34.53	36.62	38.67	40.67	42.62	44.51
121	32.26	34.62	36.94	39.21	41.43	43.60	45.72	47.79
127	34.03	36.55	39.01	41.43	43.80	46.12	48.39	50.61
133	35.81	38.47	41.09	43.65	46.17	48.63	51.05	53.41
140	37.88	40.72	43.50	46.24	48.93	51.57	54.16	56.69
146	39.66	42.64	45.57	48.46	51.30	54.08	56.82	59.50
152	41.43	44.56	47.65	50.68	53.66	56.60	59.48	62.31
159	43.50	46.81	50.06	53.27	56.43	59.53	62.59	65.60
168	46.17	49.69	53.17	56.60	59.98	63.31	66.59	69.82
180	49.72	53.54	57.31	61.04	64.71	68.34	71.91	75.43
194	53.86	58.03	62.15	66.22	70.24	74.21	78.13	81.99
203	56.52	60.91	65.94	69.54	73.78	77.97	82.12	86.21
219	61.26	66.04	70.78	75.46	80.10	84.69	89.23	93.71
245	68.95	74.38	79.76	83.08	90.36	95.59	100.77	105.89
273	77.24	83.36	89.42	95.44	101.41	107.33	113.20	119.01
299	84.93	91.69	98.40	105.06	111.67	118.23	124.74	131.19
325	92.63	100.03	107.38	114.68	121.93	129.12	136.28	143.37
351	100.32	108.36	116.35	124.29	132.19	140.03	147.82	155.56
377	108.02	117.00	125.33	133.91	142.44	150.93	159.36	167.74
402	115.41	124.71	133.94	143.15	152.30	161.40	170.45	179.45
426	122.52	132.41	142.25	152.04	161.78	171.47	181.11	190.70
450	130.61	140.09	150.52	160.90	171.24	181.52	191.76	201.94
(465)	134.05	144.90	155.70	166.46	177.16	187.81	198.41	208.97
480	139.49	149.71	160.88	172.00	183.08	194.10	205.07	216.00
500	145.41	156.12	167.79	179.40	190.97	202.48	213.95	225.37
530	154.29	165.74	178.14	190.50	202.80	215.06	227.27	239.42
(550)	159.20	172.15	185.05	197.90	210.70	223.44	236.14	248.79
560	163.16	175.36	188.50	201.60	214.64	227.64	240.58	253.48
600	174.00	188.18	202.31	216.39	230.42	244.40	258.34	272.22
630	183.88	197.80	212.67	227.49	242.26	256.98	271.65	286.28

外径/mm	壁厚/mm							
	20	22	(24)	25	(26)	28	30	32
	理论质量/(kg/m)							
89	34.03	36.35	38.47					
95	36.99	39.61	42.02					
102	40.44	43.40	46.17					
108	43.40	46.66	49.72	51.17	52.58	55.24		
114	46.36	49.91	53.27	54.87	56.43	59.38		
121	49.82	53.71	57.41	59.19	60.91	64.21		
127	52.78	56.97	60.96	62.89	64.76	68.36	71.76	

外径/mm	壁厚/mm							
	20	22	(24)	25	(26)	28	30	32
	理论质量/(kg/m)							
133	55.73	60.22	64.51	66.59	68.61	72.50	76.20	79.70
140	59.18	64.02	68.65	70.90	73.09	77.33	81.38	85.22
146	62.14	67.27	72.21	74.60	76.94	81.48	85.82	89.96
152	65.09	70.59	75.76	78.30	80.79	85.62	90.26	94.69
159	68.55	74.33	79.90	82.62	85.28	90.46	95.44	100.22
168	73.99	79.21	85.23	88.16	91.05	96.67	102.10	107.32
180	78.92	85.71	92.33	95.56	98.74	104.95	110.97	116.79
194	85.28	93.32	100.61	104.19	107.71	114.62	121.33	127.84
203	90.26	98.20	105.94	109.74	113.49	120.83	127.99	134.94
219	98.15	106.88	115.42	119.61	123.75	131.89	139.83	147.57
245	110.97	120.98	130.80	135.63	140.41	149.83	159.06	168.08
273	124.78	136.17	147.37	152.89	158.37	169.17	179.77	190.18
299	137.60	150.28	162.76	168.92	175.04	187.12	199.01	210.70
325	150.43	164.38	178.14	184.95	191.71	205.07	218.24	231.21
351	163.25	178.49	193.53	200.98	208.38	223.04	237.48	251.73
377	176.07	192.59	208.92	217.01	225.05	240.98	256.71	272.25
402	188.10	206.16	223.72	232.42	241.08	258.24	275.21	291.97
426	200.25	219.18	237.92	247.22	256.46	274.82	292.96	310.91
450	212.08	232.20	252.12	262.01	271.85	291.38	310.72	329.85
(465)	219.37	240.34	261.00	271.26	281.47	301.74	321.81	341.69
480	226.87	248.47	269.88	280.51	291.09	312.10	332.91	353.53
500	236.74	259.32	281.72	292.84	303.91	325.91	347.71	369.31
530	251.53	275.60	299.47	311.33	323.14	346.62	369.90	92.93
(550)	261.40	286.45	311.31	323.66	335.97	360.43	384.70	406.76
560	266.33	291.88	317.23					
600	286.06	313.58	340.90					
630	300.85	329.85	358.66					

外径/mm	壁厚/mm							
	(34)	(35)	36	(38)	40	(42)	(45)	(48)
	理论质量/(kg/m)							
140	88.88	90.63	92.33					
146	93.91	95.81	97.66					
152	98.94	100.99	102.99					
159	104.81	107.03	109.20					
168	112.35	114.80	117.19	121.83	126.26	130.50	136.50	
180	122.41	125.15	127.84	133.07	138.10	142.93	149.81	
194	134.15	137.24	140.27	146.19	151.91	157.43	165.35	
203	141.70	145.00	148.26	154.62	160.78	166.75	175.33	183.47
219	155.11	158.81	162.46	169.61	176.57	183.33	193.10	202.41

外径/mm	壁厚/mm							
	(34)	(35)	36	(38)	40	(42)	(45)	(48)
	理论质量/(kg/m)							
245	176.91	181.265	185.54	193.98	202.22	210.25	221.94	233.18
273	204.58	204.73	214.84	224.90	234.76	244.43	258.56	272.45
299	222.19	227.86	233.58	244.58	255.48	266.18	281.86	297.10
325	244.99	250.30	256.56	268.94	281.12	293.11	310.72	327.88
351	265.79	272.74	279.64	293.31	306.77	320.04	339.57	358.86
377	287.58	295.18	302.73	317.67	332.44	346.97	368.42	389.45
402	308.55	316.76	324.92	341.10	357.08	372.86	396.16	419.02
426	328.69	337.49	346.27	363.61	380.77	397.74	422.82	447.43
450	348.79	358.19	367.53	386.08	404.42	422.56	449.43	475.84
(465)	361.37	371.13	380.85	400.13	419.22	438.11	466.07	493.59
480	373.94	384.08	394.17	414.19	436.01	453.64	482.72	511.35
500	390.71	401.34	411.92	432.93	453.74	474.35	504.91	535.02
530	415.87	427.23	438.55	461.04	483.34	505.42	538.20	570.53
(550)	432.64	444.30	456.31	479.79	503.06	526.15	560.40	594.21

外径/mm	壁厚/mm						
	50	56	60	63	(65)	70	75
	理论质量/(kg/m)						
203	188.65						
219	208.38						
245	240.44						
273	281.12						
299	307.02	335.57	535.62	366.64	375.08	395.3	414.29
325	339.08	371.48	392.09	407.04	416.75	44.34	462.28
351	371.13	407.38	430.56	447.43	458.43	485.24	510.46
377	403.19	442.29	469.03	484.82	500.10	529.98	558.55
402	434.02	477.81	506.02	526.66	540.18	573.10	604.79
426	463.61	510.96	541.53	563.95	578.65	614.56	649.21
450	493.20	544.10	577.04	601.24	617.12	655.96	693.56
(465)	511.7	564.81	599.24	624.54	641.16	681.84	721.31
480	530.19	585.53	621.43	632.84	665.20	707.74	749.05
500	554.85	613.15	651.02	678.91	697.26	742.27	780.04
530	591.84	654.58	695.41	725.52	745.35	794.05	841.52
(550)	616.50	682.19	725.00	756.59	777.41	828.58	878.51

注：带（ ）的规格不推荐使用。

13. 热轧槽钢的尺寸及质量表

热轧槽钢的尺寸及质量表，见附表1-15。

热轧槽钢的尺寸及质量表

型　号	尺寸/mm			截面面积/cm²	理论质量/(kg/m)
	h	b	d		
5	50	37	4.5	6.928	5.438
6.3	63	40	4.8	8.451	6.634
8	80	43	5.0	10.248	8.045
10	100	48	5.3	12.748	10.007
12.6	126	53	5.5	15.692	12.318
14a	140	58	6.0	18.516	14.535
14b	140	60	8.0	21.316	16.733
16a	160	63	6.5	21.962	17.24
16	160	65	8.5	25.162	19.752
18a	180	68	7.0	25.699	20.174
18	180	70	9.0	29.299	23.000
20a	200	73	7.0	28.837	22.637
20	200	75	9.0	32.831	25.717
22a	220	77	7.0	31.646	24.999
22	220	79	9.0	36.245	28.453
25a	250	78	7.0	34.917	27.410
25b	250	80	9.0	39.917	31.335
25c	250	82	11.0	44.917	35.260
28a	280	82	7.5	40.034	31.427
28b	280	84	9.5	45.634	35.823
28c	280	86	11.5	51.234	40.219
32a	320	88	8.0	48.513	38.083
32b	320	90	10.0	54.913	43.107
32c	320	92	12.0	61.313	48.131
36a	360	96	9.0	60.910	47.814
36b	360	98	11.0	69.110	53.466
36c	360	100	13.0	75.310	59.118
40a	400	100	10.5	75.068	58.928
40b	400	102	12.5	83.068	65.208
40c	400	104	14.5	91.068	71.488

经供需双方协议也可以供下表规定规格的槽钢。

热轧槽钢的尺寸及质量表

型　号	尺寸/mm			截面面积/cm²	理论质量/(kg/m)
	h	b	d		
6.5	6.5	40	4.3	8.547	6.709
12	120	53	5.5	15.362	12.059
24a	240	78	7.0	34.217	26.860
24b	240	80	9.0	39.017	30.628
24c	240	82	11.0	43.817	34.396

型　号	尺寸/mm			截面面积/cm²	理论质量/(kg/m)
	h	b	d		
27a	270	82	7.5	39.284	30.838
27b	270	84	9.5	44.684	35.077
27c	270	86	11.5	50.084	39.316
30a	300	85	7.5	43.902	34.453
30b	300	81	9.5	49.902	39.173
30c	300	89	11.5	55.902	43.883

注：（1）h——高度；b——腿宽；d——腰厚。
　　（2）定尺长度和倍尺长度应在合同中注明。槽钢的通常长度应符合附表1-17规定。

槽 钢 的 通 常 长 度　　　　　　　　　　　　附表 **1-17**

型号	5～8	10～18	20～40
长度/m	5～12	5～19	6～19

14. 热轧扁钢的尺寸及质量表

热轧扁钢的尺寸及质量表，见附表1-18。

热轧扁钢尺寸及质量表　　　　　　　　　　　　附表 **1-18**

宽度/mm	厚度/mm								
	3	4	5	6	7	8	9	10	11
	理论质量/(kg/m)								
10	0.24	0.31	0.39	0.47	0.55	0.63			
12	0.28	0.38	0.47	0.57	0.66	0.75			
14	0.33	0.44	0.55	0.66	0.77	0.88			
16	0.38	0.50	0.63	0.75	0.88	1.00	1.15	1.26	
18	0.42	0.57	0.71	0.85	0.99	1.13	1.27	1.41	
20	0.47	0.63	0.78	0.94	1.10	1.26	1.41	1.57	1.73
22	0.52	0.69	0.86	1.04	1.21	1.38	1.55	1.73	1.90
25	0.59	0.78	0.98	1.18	1.37	1.57	1.77	1.96	2.16
28	0.66	0.88	1.10	1.32	1.54	1.76	1.98	2.20	2.42
30	0.71	0.94	1.18	1.41	1.65	1.88	2.12	2.36	2.59
32	0.75	1.00	1.26	1.51	1.76	2.01	2.26	2.55	2.76
35	0.82	1.10	1.37	1.65	1.92	2.20	2.47	2.75	3.02
40	0.94	1.26	1.57	1.88	2.20	2.51	2.83	3.14	3.45
45	1.06	1.41	1.77	2.12	2.47	2.83	3.18	3.53	3.89
50	1.18	1.57	1.96	2.36	2.75	3.14	3.53	3.93	4.32
55		1.73	2.16	2.59	3.02	3.45	3.89	4.32	4.75
60		1.88	2.36	2.86	3.30	3.77	4.24	4.71	5.18
65		2.04	2.55	3.06	3.57	4.08	4.59	5.10	5.61
70		2.20	2.75	3.30	3.85	4.40	4.95	5.50	6.04
75		2.36	2.94	3.53	4.12	4.71	5.30	5.89	6.48
80		2.51	3.14	3.77	4.40	5.02	5.65	6.28	6.91

宽度/mm	厚度/mm								
	3	4	5	6	7	8	9	10	11
	理论质量/(kg/m)								
85			3.34	4.00	4.67	5.34	6.01	6.67	7.34
90			3.53	4.24	4.95	5.65	6.36	7.07	7.77
95			3.73	4.47	5.22	5.97	6.71	7.46	8.20
100			3.92	4.71	5.50	6.28	7.06	7.85	8.64
105			4.12	4.95	5.77	6.59	7.42	8.24	9.07
110			4.32	5.18	6.04	6.91	7.77	8.64	9.50
120			4.71	5.65	6.59	7.54	8.48	9.42	10.36
125				5.89	6.87	7.85	8.83	9.81	10.79
130				6.12	7.14	8.16	9.18	10.20	11.23
140					7.69	8.79	9.89	10.99	12.09
150					8.24	9.42	10.60	11.78	12.95

宽度/mm	厚度/mm							
	12	14	16	18	20	22	25	28
	理论质量/(kg/m)							
20	1.88							
22	2.07							
25	2.36	2.75	3.14					
28	2.64	3.08	3.53					
30	2.83	3.30	3.77	4.24	4.71			
32	3.01	3.52	4.02	4.52	5.02			
35	3.30	3.85	4.40	4.95	5.50	6.04	6.87	7.69
40	3.77	4.40	5.02	5.65	6.28	6.91	7.85	8.79
45	4.24	4.95	5.65	6.36	7.07	7.77	8.83	9.89
50	4.71	5.50	6.28	7.06	7.85	8.64	9.81	10.99
55	5.18	6.04	6.91	7.77	8.64	9.50	10.79	12.09
60	5.65	6.59	7.54	8.48	9.42	10.36	11.78	13.19
65	6.12	7.14	8.16	9.18	10.20	11.23	12.76	14.29
70	6.59	7.69	8.79	9.89	10.99	12.09	13.74	15.39
75	7.07	8.24	9.42	10.60	11.78	12.95	14.72	16.48
80	7.54	8.79	10.05	11.30	12.56	13.82	15.70	17.58
85	8.01	9.34	10.68	12.01	13.34	14.68	16.68	18.68
90	8.48	9.89	11.30	12.72	14.13	15.54	17.66	19.78
95	8.95	10.44	11.93	13.42	14.92	16.41	18.64	20.88
100	9.42	10.99	12.56	14.13	15.70	17.27	19.62	21.98
105	9.89	11.54	13.19	14.84	16.48	18.13	20.61	23.08
110	10.36	12.09	13.82	15.54	17.27	19.00	21.59	24.18
120	11.30	13.19	15.07	16.96	18.84	20.72	23.55	26.38
125	11.78	13.74	15.70	17.66	19.63	21.58	24.53	27.48
130	12.25	14.29	16.33	18.37	20.41	22.45	25.51	28.57
140	13.19	15.39	17.58	19.78	21.98	24.18	27.48	30.77
150	14.13	16.48	18.84	21.20	23.55	25.90	29.44	32.97

宽度/mm	厚度/mm							
	30	32	36	40	45	50	56	60
	理论质量/(kg/m)							
45	10.06							
50	11.78	12.56	14.13					
55	12.95	13.82	15.54					
60	14.13	15.07	16.96	18.84	21.20			
65	15.31	16.33	18.37	20.41	22.96			
70	16.49	17.58	19.78	21.98	24.73			
75	17.66	18.84	21.20	23.55	26.49			
80	18.84	20.10	22.61	25.12	28.26	31.40	35.17	
85	20.02	21.35	24.02	26.69	30.03	33.36	37.37	40.04
90	21.20	22.61	25.43	28.26	31.79	35.32	39.56	42.39
95	22.37	23.86	26.85	29.83	33.56	37.29	41.76	44.74
100	23.55	25.12	28.26	31.40	35.32	39.25	43.96	47.10
105	24.73	26.38	29.67	32.97	37.09	41.21	46.16	49.46
110	25.90	27.63	31.09	34.54	38.86	43.18	48.36	51.81
120	28.26	30.14	33.91	37.68	42.39	47.10	52.75	56.52
125	29.44	31.40	35.32	39.25	44.16	49.06	54.95	58.88
130	30.62	32.66	36.74	40.82	45.92	51.02	57.15	61.23
140	32.97	35.17	39.56	43.96	49.46	54.95	61.54	65.94
150	35.32	37.68	42.39	47.10	52.99	58.88	65.94	70.65

注：表中的粗线用以划分扁钢的组别：第1组——理论质量小于或等于19kg/m，通常长度为3～9m；第2组——理论质量大于19kg/m，通常长度为2～6m。

15. 方钢管规格表

方钢管规格表，见附表1-19。

方钢管规格　　　　　　　　　　　　　　　　　　　　**附表1-19**

高度/mm	壁厚/mm	截面面积/cm²	重量/（kg/m）
25	1.5	1.31	1.03
30	1.5	1.61	1.27
40	1.5	2.21	1.74
40	2.0	2.87	2.25
50	1.5	2.81	2.21
50	2.0	3.67	2.88
60	2.0	4.47	3.51
60	2.5	5.48	4.30
80	2.0	6.07	4.76
80	2.5	7.48	5.87
100	2.5	9.48	7.44
100	3.0	11.25	8.83
120	2.5	11.48	9.01
120	3.0	13.65	10.72

高度/mm	壁厚/mm	截面面积/cm²	重量/（kg/m）
140	3.0	16.05	12.60
140	3.5	18.58	14.59
140	4.0	21.07	16.44
160	3.0	18.45	14.49
160	3.5	21.38	16.77
160	4.0	24.27	19.05
160	4.5	27.12	21.15
160	5.0	29.93	23.35

16. 冷弯薄壁矩形钢管的规格

冷弯薄壁矩形钢管的规格，见附表1-20。

冷弯薄壁矩形钢管的规格　　　　　　　　　　　附表1-20

高度/mm	宽度/mm	壁厚/mm	截面面积/cm²	每米长质量/（kg/m）
30	15	1.5	1.20	0.95
40	20	1.6	1.75	1.37
40	20	2.0	2.14	1.68
50	30	1.6	2.39	1.88
50	30	2.0	2.94	2.31
60	30	2.5	4.09	3.21
60	30	3.0	4.81	3.77
60	40	2.0	3.74	2.94
60	40	3.0	5.41	4.25
70	50	2.5	5.59	4.20
70	50	3.0	6.61	5.19
80	40	2.0	4.54	3.56
80	40	3.0	6.61	5.19
90	40	2.5	6.09	4.79
90	50	2.0	5.34	4.19
90	50	3.0	7.81	6.13
100	50	3.0	8.41	6.60
100	60	2.6	7.88	6.19
120	60	2.0	6.94	5.45
120	60	3.2	10.85	8.52
120	60	4.0	13.35	10.48
120	80	3.2	12.13	9.53
120	80	4.0	14.95	11.73
120	80	5.0	18.36	14.41
120	80	6.0	21.63	16.98
140	90	3.2	14.05	11.04
140	90	4.0	17.35	13.63
140	90	5.0	21.36	16.78
150	100	3.2	15.33	12.04

附录 2 施工用临时设施资料

1. 施工用水不均衡系数表

施工用水不均衡系数，见附表 2-1。

编号	用水名称	系数
K_2	现场施工用水	1.5
	附属生产企业用水	1.25
K_3	施工机械、运输机械	2.00
	动力设备用水	1.05～1.10
K_4	施工现场生活用水	1.30～1.50
K_5	生活区生活用水	2.00～2.50

2. 施工生产用水参考定额表

施工生产用水参考定额，见附表 2-2。

施工生产用水参考定额表　　　　　　　　　　　附表 2-2

用水对象	单位	耗水量	备　注
浇注混凝土全部用水	L/m³	1700～2400	—
搅拌普通混凝土	L/m³	250	—
搅拌轻质混凝土	L/m³	300～350	—
搅拌泡沫混凝土	L/m³	300～400	—
搅拌热混凝土	L/m³	300～350	—
混凝土养护（自然养护）	L/m³	200～400	—
混凝土养护（蒸汽养护）	L/m³	500～700	—
冲洗模板	L/m³	5	—
搅拌机清洗	L/台班	600	—
人工冲洗石子	L/m³	1000	当含泥量大于2％小于3％时
机械冲洗石子	L/m³	600	—
洗砂	L/m³	1000	—
砌砖工程全部用水	L/m³	150～250	—
砌石工程全部用水	L/m³	50～80	—
抹灰工程全部用水	L/m²	30	—
耐火砖砌体工程	L/m³	100～150	包括砂浆搅拌
浇砖	L/千块	200～250	—
浇硅酸盐砌块	L/m³	300～350	—
抹面	L/m²	4～6	不包括调制用水
楼地面	L/m²	190	主要是找平层
搅拌砂浆	L/m³	300	—
石灰消化	L/t	3000	—

用水对象	单位	耗水量	备 注
上水管道工程	L/m	98	—
下水管道工程	L/m	1130	—
工业管道工程	L/m	35	—

3. 施工机械用水量参考定额表

施工机械用水量参考定额，见附表 2-3。

施工机械用水量参考定额表

用水机械名称	单位	耗水量/L	备注
内燃挖土机	m³·台班	200～300	以斗容量 m³ 计
内燃起重机	t·台班	15～18	以起重量吨数计
蒸汽起重机	t·台班	300～400	以起重机吨数计
蒸汽打桩机	t·台班	1000～1200	以锤重吨数计
内燃压路机	t·台班	15～18	以压路机吨数计
蒸汽压路机	t·台班	100～150	以压路机吨数计
拖拉机	台·昼夜	200～300	—
汽车	台·昼夜	400～700	—
标准轨蒸汽机车	台·昼夜	10000～20000	—
空压机	(m³/min)·台班	40～80	以空压机单位容量计
内燃机动力装置（直流水）	马力·台班	120～300	—
内燃机动力装置（循环水）	马力·台班	25～40	—
锅炉	t·h	1050	以小时蒸发量计
点焊机 25 型	台·h	100	—
点焊机 50 型	台·h	150～200	—
点焊机 75 型	台·h	250～300	—
对焊机	台·h	300	—
冷拔机	台·h	300	—
凿岩机（01-30型／01-38型）	台·min	3～8	—
凿岩机（YQ-100型）	台·min	8～12	—
木工场	台班	20～25	—
锻工房	炉·台班	40～50	以烘炉数计

4. 现场生活用水量参考定额表

现场生活用水量参考定额，见附表 2-4。

现场生活用水量参考定额表

用水对象	单位	耗水量/L
生活用水（盥洗、饮用）	L/人·日	20～40
食堂	L/人·次	10～20
浴室（淋浴）	L/人·次	40～60
淋浴带大池	L/人·次	50～60
洗衣房	L/kg·干衣	40～60

5. 施工临时用水量计算公式表

施工临时用水量计算公式，见附表 2-5。

施工临时用水量计算公式表 附表 2-5

项次	项目	计算公式
1	施工用水量	$$q_1 = K_1 \sum \frac{q_1 \cdot N_1}{T_1 \cdot t} \times \frac{K_2}{8 \times 3600}$$ 式中　q_1——施工用水量/（L/s） K_1——未预计的施工用水系数（1.05～1.15） Q_1——年（季）度工程量（以实物计量单位表示） K_2——用水不均衡系数 T_1——年（季）度有效作业日/d t——每天工作班数/班 N_1——施工用水定额
2	施工机械用水量计量	$$q_2 = K_1 \sum Q_2 N_2 \times \frac{K_3}{8 \times 3600}$$ 式中　q_2——机械用水量/（L/s） Q_2——同一种机械台数/台 K_3——施工机械用水不均衡系数 N_2——施工机械台班用水定额
3	施工现场生活用水量	$$q_3 = \frac{P_1 \cdot N_3 \cdot K_4}{t \times 800 \times 3600}$$ 式中　q_3——施工现场生活用水量/（L/s） P_1——施工现场高峰昼夜人数/人 N_3——施工现场生活用水定额（一般为20～60L/人·班） K_4——施工现场用水不均衡系数
4	生活区生活用水量	$$q_4 = \frac{P_2 \cdot N_4 \cdot K_5}{24 \times 3600}$$ 式中　q_4——生活区生活用水/（L/s） P_2——生活区居民人数/人 N_4——生活区昼夜全部生活用水定额，每人每昼夜为100～120L；各分项用水参考定额 K_5——生活区用水不均衡系数
5	消防用水量	消防用水量 q_5
6	总用水量（Q）计算	1. 当 $(q_1+q_2+q_3+q_4) \leqslant q_5$ 时，则 $Q = q_5 + 1/2 \ (q_1+q_2+q_3+q_4)$ 2. 当 $(q_1+q_2+q_3+q_4) > q_5$ 时，则 $Q = (q_1+q_2+q_3+q_4)$ 3. 当工地面积＜5ha且 $(q_1+q_2+q_3+q_4) < q_5$ 时，则 $Q = q_5$，最后计算出的总用量还应增加10%，以补偿不可避免的水管漏水损失

6. 现场作业棚所需面积参考指标表

现场作业棚所需面积参考指标，见附表 2-6。

现场作业棚所需面积参考指标表 附表 2-6

名　称	单　位	面积/m³	备　注
电锯房	m²	80	34～36in 圆锯 1 台
电锯房	m²	40	小圆锯 1 台
钢筋作业棚	m²/人	3	占为建筑面积的 3～4 倍

名　　称	单　位	面积/m³	备　注
搅拌棚	m²/台	10～18	
卷扬机棚	m²/台	6～12	
焊工房	m²	20～40	
电工房	m²	15	
白铁工房	m²	20	
油漆工房	m²	20	
机、钳工修理房	m²	20	
立式锅炉房	m³/台	5～10	
发电机房	m²/kW	0.2～0.3	
水泵房	m²/台	3～8	
空压机房（移动式）	m²/台	18～30	
空压机房（固定式）	m³/台	9～15	

7. 现场机运站、机修间、停放场所所需面积参考指标表

现场机运站、机修间、停放场所所需面积参考指标，见附表 2-7。

现场机运站、机修间、停放场所所需面积参考指标表　　　附表 2-7

序号	施工机械名称	所需场地/(m²/台)	存放方式	检修间所需建筑面积 内容	检修间所需建筑面积 数量/m²
1	一、运输机械类： 汽车（室内） （室外）	20～30 40～60	一般情况下室内不小于10%	每20台设1个检修台位（每增加1个检修台位）	170（增160）
2	平板拖车	100～150			
3	二、其他机械类： 搅拌机，卷扬机，电焊机，电动机，水泵，空压机，油泵，少先吊等	4～6	一般情况下室内占30%露天占70%	每50台设1个检修台位（每增加1个检修台位）	50（增50）

注：1. 露天或室内视气候条件而定，寒冷地区应适当增加室内存放。
　　2. 所需场地包括道路、通道和回转场地。

8. 仓库面积计算所需数据参考指标表

仓库面积计算所需数据参考指标，见附表 2-8。

仓库面积计算所需数据参考指标表　　　附表 2-8

序号	材料名称	单位	储备天数/天	每平方米储存量	堆置高度/m	仓库类型
1	钢材	t	40～50	1.5	1.0	—
	工槽钢	t	40～50	0.8～0.9	0.5	露天
	角钢	t	40～50	1.2～1.8	1.2	露天
	钢筋（直筋）	t	40～50	1.8～2.4	1.2	露天
	钢筋（盘筋）	t	40～50	0.8～1.2	1.0	棚或库约占20%
	钢板	t	40～50	2.4～2.7	1.0	露天
	钢管 ϕ200 以上	t	40～50	0.5～0.6	1.2	露天
	钢管 ϕ200 以下	t	40～50	0.7～1.0	2.0	露天
	钢轨	t	20～30	2.3	1.0	露天
	铁皮	t	40～50	2.4	1.0	库或棚

序号	材料名称	单位	储备天数/天	每平方米储存量	堆置高度/m	仓库类型
2	生铁	t	40～50	5	1.4	露天
3	五金	t	20～30	1.0	2.2	库
4	钢丝绳	t	40～50	0.7	1.0	库
5	水泥	t	30～40	1.4	1.5	库
6	生石灰（块）	t	20～30	1～1.5	1.5	棚
	生石灰（袋装）	t	10～20	1～1.3	1.5	棚
	石膏	t	10～20	1.2～1.7	2.0	棚
7	砂、石子（人工堆置）	m³	10～30	1.2	1.5	露天
	砂、石子（机械堆置）	m³	10～30	2.4	3.0	露天
8	块石	m³	10～20	1.0	1.2	露天
9	钢筋骨架	t	3～7	0.12～0.18	—	露天
10	金属结构	t	3～7	0.16～0.24	—	露天
11	铁件	t	10～20	0.9～1.5	1.5	露天或棚
12	水、电及卫生设备	t	20～30	0.35	1	棚、库各约占1/4
13	工艺设备	t	30～40	0.6～0.8	—	露天约占1/2
14	多种劳保用品	件	—	250	2	库

注：1. 当采用散装水泥时设水泥罐，其容积按水泥周转量计算，不再设集中水泥库。
　　2. 块石、砖、水泥管等以在建筑物附近堆放为原则，一般不设集中堆场。

9. 施工机械用电定额参考表

施工机械用电定额参考，见附表2-9。

施工机械用电定额参考表 附表2-9

机械名称	型号	功率/kW	机械名称	型号	功率/kW
塔式起重机	红旗Ⅱ-16（整体托运）	19.5	自落式混凝土搅拌机	JD150	5.5
	QT40（TQ2-6）	48		JD200	7.5
	TQ60/80	55.5		JD250	11
	TQ90（自升式）	58		JD350	15
	TQ100（自升式）	63		JD500	18.5
卷扬机	JJK0.5	3	钢筋切断机	QJ40	7
	JJK-0.5B	2.8		QJ40-1	5.5
	JJK-1A	7		QJ32-1	3
	JJK-5	40	钢筋弯曲机	GW40	3
	JJZ-1	7.5		WJ40	3
	JJ1K-1	7		GW32	2.2
	JJ1K-3	28	交流电焊机	BX3-120-1	9*
	JJ1K-5	40		BX3-300-2	23.4*
	JJM-0.5	3		BX2-100-（BC-1000）	76*
	JJM-3	7.5	强制式混凝土搅拌机	JW250	11
	JJM-5	11		JW500	30
	JJM-10	22	电动弹涂机	DJ120A	8

机械名称	型号	功率/kW	机械名称	型号	功率/kW
混凝土搅拌楼（站）	HL80	41	混凝土输送泵	HB - 15	32.2
混凝土喷射机（回转式）	HPH6	7.5	混凝土喷射机（罐式）	HPG4	3
冲击式钻机	YKC - 20C	20	直流电焊机	AX1 - 165（AB - 165）	6
	YKC - 22M	20		AX4 - 300 - 1（AG - 300）	10
	YKC - 30M	40		AX - 320（AT - 320）	14
钢筋调直切断机	GT4/14	4		AX5 - 500	26
	GT6/14	11		AX3 - 500（AG - 500）	26
	GT6/8	5.5	液压升降台	YSF25 - 50	3
	GT3/9	7.5	液压控制台	YKT - 36	7.5
自动控制自动调平液压控制台	YZKT - 56	11	静电触探车	ZJYY - 20A	10
			载货电梯	JT1	7.5
			建筑施工外用电梯	SCD100/100A	11

注：＊为各持续率时功率其额定持续率/（kV·A）。

10. 按系数计算仓库面积参考指标表

按系数计算仓库面积参考指标，见附表 2-10。

按系数计算仓库面积参考指标表　　　　附表 2-10

名　　称	计算基数/m	单位	系数 ϕ
仓库（综合）	按年平均全员人数（工地）	m²/人	0.7～0.8
水泥库	按当年水泥用量的 40%～50%	m²/t	0.7
其他仓库	按当年工作量	m²/万元	1～1.5
五金杂品库	按年建安工作量计算时	m²/万元	0.1～0.2
五金杂品库	按年平均在建建筑面积计算	m²/百 m²	0.5～1
电器器材库	按年平均在建建筑面积	m²/百 m²	0.3～0.5
化工油漆危险品仓库	按年建安工作量	m²/万元	0.05～0.1
三大工具堆场（脚手、跳板、模板）	按年平均在建建筑面积 按年建安工作量	m²/百 m² m²/万元	1～2 0.3～0.5

11. 临时加工厂所需面积参考指标表

临时加工厂所需面积参考指标，见附表 2-11。

临时加工厂所需面积参考指标表　　　　附表 2-11

加工厂名称	年产量		单位产量所需建筑面积	占地总面积/m²	备　　注
	单位	数量			
混凝土搅拌站	m³	3200	0.022m²/m³	按砂石堆场考虑	400L 搅拌机 2 台
	m³	4800	0.021m²/m³		400L 搅拌机 3 台
	m³	6400	0.020m²/m³		400L 搅拌机 4 台
临时性混凝土预制厂	m³	1000	0.25m²/m³	2000	生产屋面板和中小型梁柱板等，配有蒸养设施
	m³	2000	0.20m²/m³	3000	
	m³	3000	0.15m²/m³	4000	
	m³	5000	0.125m²/m³	小于 6000	

加工厂名称	年产量		单位产量所需建筑面积	占地总面积/m²	备　注
	单位	数量			
钢筋加工厂	t	200	0.35m²/t	280～560	加工、成型、焊接
	t	500	0.25m²/t	380～750	
	t	1000	0.20m²/t	400～800	
	t	2000	0.15m²/t	450～900	
现场钢筋调直或冷拉 拉直场 卷扬机棚 冷拉场 时效场	所需场地/（长×宽） （70～80m）×（3～4m） 15～20m² （40～60m）×（3～4m） （30～40m）×（6～8m）				卷扬机棚含3～5t电动卷扬机一台其余场地包括材料及成品堆放
钢筋对焊 对焊场地 对焊棚	所需场地/（长×宽） （30～40m）×（4～5m） 15～24m²				包括材料及成品堆放寒冷地区应适当增加
钢筋冷加工 冷拔、冷轧机 剪断机 弯曲机φ12以下 弯曲机φ40以下	所需场地/（m²/台） 40～50 30～50 50～60 60～70				—
金属结构加工 （包括一般软件）	所需场地/（m²/t） 年产500t为10 年产1000t为8 年产2000t为6 年产3000t为5				按一批加工数量计算
沥青锅场地	20～24m²				台班产量1～1.5t/台

12. 施工现场室外照明参考用电量表

施工现场室外照明参考用电量，见附表2-12。

施工现场室外照明参考用电量表　　　　　　　　　　附表 2-12

用电名称	容量/（W/m²）	用电名称	容量/（W/m²）
人工挖土工程	0.8	安装及铆焊工程	2.0
机械挖土工程	1.0	设备堆放、砂石、木材、钢筋、半成品堆放	0.8
混凝土浇灌工程	1.0	车辆行人主要干道	2000W/km
砖石工程	1.2	车辆行人非主要干道	1000W/km
打桩工程	0.6	夜间运料（夜间不运料）	0.8（0.5）
卸车场	1.0	警卫照明	1000W/km

13. 施工现场室内照明用电定额参考表

施工现场室内照明用电定额参考，见附表2-13。

施工现场室内照明用电定额参考表　　　　　　　　　　附表 2-13

用电定额	容量/（W/m²）	用电定额	容量/（W/m²）	用电定额	容量/（W/m²）
混凝土及灰浆搅拌站	5	浴室、盥洗、厕所	3	汽车库或机车库	5
钢筋室外加工	10	理发室	10	锅炉房	3
钢筋室内加工	8	宿舍	3	仓库及棚仓库	2
木材加工锯木及细木作	5～7	食堂或俱乐部	5	诊疗所	6

用电定额	容量/(W/m²)	用电定额	容量/(W/m²)	用电定额	容量/(W/m²)
木材加工模板	8	空气压缩机及泵房	7	托儿所	9
混凝土预制构件厂	6	卫生技术管道加工厂	8	招待所	5
金属结构及机电修配	12	设备安装加工厂	8	学校	6
办公楼、试验室	6	发电站及变电所	10	其他文化福利	9

参 考 文 献

［1］ 中华人民共和国住房和城乡建设部. 建设工程工程量清单计价规范 GB 50500－2013 ［S］. 北京：中国计划出版社，2013.

［2］ 中华人民共和国住房和城乡建设部. 房屋建筑与装饰工程工程量计算规范 GB 50854－2013 ［S］. 北京：中国计划出版社，2013.

［3］ 上官子昌. 钢结构工程造价与实例详解 ［M］. 北京：化学工业出版社，2013.

［4］ 金大伟. 钢结构工程造价实训 ［M］. 南京：江苏科学技术出版社，2012.

［5］ 魏群. 钢结构工程造价员必读 ［M］. 北京：中国建筑工业出版社，2010.

［6］ 黄健. 钢结构工程造价控制与预决算 ［M］. 北京：机械工业出版社，2012.

［7］ 虞骞，杨桂芳. 工程量清单计价 ［M］. 北京：中国建材工业出版社，2011.